霁光人文丛书

古代礼学礼制文献研究丛稿

闫宁 著

商务印书馆
创于1897　The Commercial Press

2018 年·北京

本书为江西省社科规划项目"《表记》与先秦儒家'仁义礼'三位一体思想体系的建构"(16ZX07)成果。

出版前言

　　2015年，国家提出高等教育的"双一流"战略。为了对接这一伟大的战略部署，南昌大学实施了"三个一"工程，即建设一批"一流学科"、"一流平台"和"一流团队"。南昌大学人文学科也有幸被列入"一流学科"建设行列，获得了一定的经费资助。出版高水平的学术论著是人文学科学术发展的重要内容。为了提升人文学院的学术水准，经过教授委员会讨论，学院选取了16本质量比较高的学术论著，命名为"霁光人文丛书"，统一由商务印书馆出版发行。

　　谷霁光先生是我国著名的历史学家，他虽是湖南人，但却长期在江西工作，对江西的学术产生了深刻的影响，至今学术界提起江西史学研究，必提谷老。他亲手创办的历史系，也成为目前南昌大学人文学院的三个系之一。2017年5月，南昌大学人文学院在学校支持下，举办了"纪念谷霁光先生诞辰110周年暨传统中国军事、经济与社会"学术研讨会，目的在于继承谷老精神，弘扬人文学术。因此，我们把这套丛书命名为"霁光人文丛书"，一方面是为了承续谷老所倡导的刻苦、专一和精深的优良学术传统，另一方面，也希望借助"霁光"这个名字，隐喻南昌大学人文学科的美好愿景。

丛书编委会

2017年8月1日

目　录

小　引

　　本书第一部分收录了四篇先秦礼学研究论文，主要围绕《礼记》中"义数之辨"这一重要问题，也旁及孔子、荀子的礼学思想。谈到"礼学"这一概念，原本不当仅仅局限于对具体礼仪制度的考证（尽管时至今日仍有学者持类似态度）。如对《礼记》一书，自来的看法可用"难而可贵"来概括，言其"难"，固然在于仪文度数之难明，任铭善《礼记目录后案》中说："《礼记》之难读甚于《仪礼》远矣"，便是因为其"文奥而仪繁""名物制度之琐碎纷若而不一致"，但诚如钱玄先生在《三礼通论》中指出的，自郑玄《三礼目录》，"礼"便已用作"三礼"之总称，而不专指偏重礼制的《仪礼》。徐复观先生也曾说："礼可以概括仪，仪不能概括礼"（《周官成立之时代及其思想性格》），无疑是十分有道理的。事实上，《礼记》为历代很多学者推重，正是由于其所记录的关于礼之精神的讨论，清人焦循《礼记补疏叙》云："《周官》《仪礼》一代之书，《礼记》万世之书……'时为大'（笔者按，出自《礼运》）此一言也，以蔽万世制礼之法可也。"曹元弼《礼经学》亦云："既明礼文，尤当明礼意"，而"义在《礼记》"，还认为"据《礼记》以读《礼经》，其学乃神"。本书所涉及的先秦礼学正是侧重礼之精神内涵、哲学意蕴而言。

　　礼义可贵，而对其研究也并不比名物制度考证来的容易，《礼记》中的哲学，涵盖范围甚广，更不是一句"时为大"便可以概括（事实上，焦氏《补疏》仍是偏于礼制考证），龚建平先生《意义的生成与实现——〈礼记〉哲学思想》研究即涵盖了天道观宇宙观、人生哲学、政治哲学等多个领域，且有极多创获，不过我们认为，关于礼的哲学，最核心的问题是义与数，也就是礼的形式与内容间关系。从思想史角度看，"义数之辨"可上溯至于孔子哲学中仁与礼的关系，也和荀子礼学中情与文有关，贯串了先秦儒家思想发展，研究这一问题对于我们理解礼的本质无疑有着最直接的帮助。《礼记》中不少篇章涉及这一话题，例如："太上贵

1

德,其次贵施报。"(《曲礼》)"礼以义起。"(《礼运》)"忠信之人可以学礼,苟无忠信之人,则礼不虚道。"(《礼器》)"礼之所尊,尊其义也。"(《郊特牲》)"制度在礼,文为在礼,行之其在人乎。"(《仲尼燕居》)"仁者天下之表也,义者天下之制也,报者天下之利也。"(《表记》)等等。对于这些说法,古代注家多倾向于理解为:一方面,礼制的变动(数)主要是由政治、社会需要(义)所决定,从这个意义上讲,礼义甚至可以生成礼文;同时,行礼是否成功则取决于行礼者的道德修养、情感真挚程度等内在因素(义)。概言之,便是《郊特牲》所说的"礼之所尊尊其义"。这样的思路与将《论语》中"人而不仁,如礼何?""礼云礼云,玉帛云乎哉?"等说法解释为仁重于礼,甚至仁决定礼可谓一脉相承,而现代研究者中大多数仍然认同这样的解读。不过,当我们回到《礼记》文本脉络中进行分析便会发现,把以上这些命题一概解读为"义重于数"的说法大多其实难以成立,甚至颇有"削足适履"之嫌。事实上,《礼记》中"义数之辨"这条线索牵动着当时言礼者更为精致、复杂的思考,这些思考在理论上最大的特点便是立足礼来讨论仁、义等重要范畴间的关系,其思想倾向总体偏于外向而非内向,从这一点出发,对于礼的哲学自然会有一些新的认识。

书中第二部分主要是礼制史领域的考证,涉及魏晋南北朝宗庙制度及元代宗庙礼。清人陈澧曾赞誉郑玄礼学"非但注解,且可为朝廷定制也"。对于中古郊庙制度沿革,以往研究也多是从郑玄与王肃经说对立的角度切入,不过中古郊庙礼并不是简单地由经入史转换而形成。首先,想要从史料较为简略的仪注记载中识别出其背后经学思想,本身就是一件困难的事情。另一方面,从两晋几次有代表性的郊祀制度变革中,我们即可观察到一些单就郑、王经学理论难以完全解释的现象,这固然与二人学说本身的复杂性有关,但也反映出当时学者在实际制礼过程中常常对经学理论进行反思,以至于衍生出一些从传统经礼学角度看来颇为"另类"的礼制设计主张,这一点在东晋几次关于庙制的辩论中显得尤为突出。

从某种意义上讲,中古礼制史研究同样存在"义数之辨",不少研究者对礼制领域一些重大变动的解读是与当时特定的政治、文化背景相结合,这种思路预设了礼仪制度会忠实地反映整体社会背景。应当说,这一看法在先秦时代并无很大问题,但是在中古时期却未必如此,《新唐书·礼乐志》云:"由三代而上,治出于一,而礼乐达于天下;由三代而下,治出于二,而礼乐为虚名。"汪晖先生在《天理之形成》一文中将这一现象概况为"礼乐与制度分化",简单地说,早期的礼更接近于真实的社会政治制度,而随着社会分化进程的加剧,礼仪制度与行政司法体系日益分离,礼仪不再与兵刑钱谷之类的实际政务有关。很显然,礼乐与制度的分离趋势,自然会使得礼对实际社会政治的反映能力"变弱",以郊天礼为例,理论上看,王肃"一天说"自然比郑玄"六天说"更有利于王朝大一统,但事实上,我们却很难在每一次王肃学说在制礼活动中占主导地位时都观察到这种大一统的政治需要。有时这种反映甚至会出现一些"扭曲",例如,元代宗庙礼中一些仪节,常常被置于蒙古族传统宗教祭祀这个大背景下进行解读,而事实上,通过对比元代仪注与唐宋礼制,却会发现元代宗庙制度其实更接近汉代古礼传统。

朱熹曾感叹,"礼学多不可考,盖其为书不全",《四库总目·礼类三》亦云:"礼不可以空言解。"文献学的视角,无论对于礼的哲学内涵还是名物制度层面的研究都不可或缺。本书第三部分关注的正是两种中古礼书文献,它们分别代表两种对"礼"的不同分类方式,本应在中古礼制史占有重要地位,但却因为种种原因或多或少被过去的研究所忽视。第一种是历经齐梁两代递修而成的《五礼仪注》,作为一部近千余卷国家礼典,此书卷帙之浩繁,远超后来的《开元礼》,而齐梁两代名儒、学者多参与修撰,更堪称学术史上的盛事。就体例而言,仪注之体较说经之文切于实用,因而此书更能反映当时行用仪制,故称其为南朝礼乐制度之渊薮,实非过誉。可惜的是,此书经太清之乱,毁去大半,至隋时已不足百卷,故历代学者均未加重视。陈寅恪先生曾论及隋唐礼仪制度三源中梁陈之源,对于与这部书相关的问题也探讨较少。第二种是《宋书·礼志》,我们知道,从魏晋开始,五礼制度开始成熟,但《宋志》的编纂却独辟蹊径,选择了对《后汉书》中《礼仪志》《祭祀志》两分的形式加以继承与改造,最终形成了前二卷侧重仪注形式的"经国诞章",后二卷主要收录礼论形式的神祀之礼这一独特体例。在"五礼"体系成为礼乐制度主流后,这种独特的作法渐渐为人们所遗忘了。

书内第四部分收录的是对三种正史礼志的校勘研究。主要是针对中华书局点校本《晋书·礼志》《宋书·礼志》《南齐书·礼志》中存在的失校、误校、标点不当等问题。

第一编

《礼记》与先秦儒家礼论研究

孔子道论中的创造性与"实得"概念：
从王船山到安乐哲与陈来

　　道在孔子的思想体系中占有非常重要的地位,但关于道的内涵,却与对仁的理解一样,至今仍众说纷纭。杨伯峻先生认为在《论语》中,"道"有"道德、学术、方法""合理的行为""技艺"等八种含义①,颜炳罡先生认为这主要是"从文字、语言学角度理解","没有指出道的哲学意义"②。现在,研究者们已经很少单纯采用这种方法,而是更多地通过将道与孔子哲学中其他重要概念,尤其是仁、义、礼三者进行对比,来探讨孔子道论内涵。③

　　例如,劳思光先生认为孔子"论道大抵以仁为主"④,这是主张道为仁道的说法。韩石萍先生则认为,孔子之道"以义贯之",道之本体是"义",是"理",而达到这一本体之方法以及道的价值也和"义"与"理"密切相关。⑤ 主张礼道说的学者,如蔡尚思先生认为:"当孔子把仁礼合一而论时,实质上是以礼为仁,纳仁入礼,礼为目的,仁为手段。"⑥

　　无论仁道、义道,还是礼道说,都有着文献及义理方面的证据⑦,但是一方

---

① 杨伯峻:《论语译注》,中华书局 1980 年,第 293—294 页。
② 颜炳罡:《孔子道的形而上学意义及精神价值》,《贵州社会科学》,2010 年第 2 期。
③ 这里限于篇幅,我们只选择了明确以孔子之道为研究对象成果中的一小部分代表性说法,至于将道宽泛地视为"孔子哲学""孔子推崇的生活方式"等,此类研究成果更多,兹不备述。
④ 劳思光:《新编中国哲学史》(第一卷),广西师范大学出版社 2005 年,第 97 页。
⑤ 韩石萍:《孔子之道"义"以贯之》,《史学月刊》,1996 年第 1 期。
⑥ 蔡尚思:《孔子思想体系》,上海人民出版社 1982 年,第 240 页。严格来讲,此说是以仁礼合一论道,更明确主张礼道说者,如梁家荣认为:"复礼才是孔子之道的最终目标,仁只不过是其中的一个条件。"(《仁礼之辨——孔子之道的再释与评估》,北京大学出版社 2010 年,第 33 页)此外,劳思光先生也曾提出礼乐之道为孔子早年的思想。参看氏著:《新编哲学史》(第一卷),第 115 页。
⑦ 另有学者提出如忠恕之道、中庸之道的说法,在此不备举。

面,这些说法互相矛盾,更重要的是,将三者作为道之内涵,这些重要范畴自身与道之间的界限也变得模糊起来。《论语·先进》"以道事君,不可则止",杨伯峻先生翻译为:

> 最符合仁义的内容和方式。①

这种译法固然无可厚非,但无形中还是将道等同于仁义,这样一来,道本身完全由仁义之德来决定,难免有虚位化的嫌疑。②

纵观学术史,我们注意到三种诠释思路,既结合仁、义、礼,但同时也赋予道以独立地位。这三种说法同时都涉及道之规范性与行道动力、内在依据的问题。

古代学者中,王夫之对孔子道论的诠释汇通仁义礼,极富创见。他认为"仁义之用,因于礼之体……礼生仁义,而仁义以修道"。以道为"古今之圣教,天下之显道"③,又言"德因行道而有"④,凸显了道之独立价值。但另一方面,王氏又提出"德实"而"道虚"之说:

> 盖道,虚迹也,德,实得也,故仁、义、礼、智曰四德……而若诚、若直,则虚行乎诸德者……直为虚,德为实。虚不可以为实。⑤

"虚道"说目的是为了防止将道视为纯粹外在规范,实得之德则是道的基础与动力所在。⑥ 故云:

---

① 《论语译注》,第 134 页。
② 正如韩愈《原道》所云:"仁与义为定名,道与德为虚位。""道""德"只是评价式的含义而没有描述式含义,只是说"这是道、这是德",而不像是"仁""义",不仅仅是一种评价,更有对评价内容的说明。
③ 王夫之:《读四书大全说》,中华书局 1975 年,第 126 页。船山解释《泰伯》"笃信好学,守死善道"句认为:"郑氏之失,总缘误将信字作虚位说……(朱子)但云信得深固,其所信果为何事? 朱子言外、意中有一'道'在。"(《读四书大全说》,第 329 页)
④ 此本朱子《集注》"据德则道得于心而不失"说,而更突出道之功用。
⑤ 《读四书大全说》,第 307 页。"诚"与"直"今天看来也是德,船山却归于道,而与四德之实得不同,后文将有详述。
⑥ 尽管有时由于重德,道也显得彻底虚化:"忠信之外有道,而忠信为求道之敲门砖子,不亦悖与? 君子之大道,虽是尽有事在,然那一件不是忠信充满发现底? 故曰:'夫子之道,忠恕而已矣。'……双峰则是以道作傀儡,忠信作线索,搬动他一似生活,知道者必不作此言也。"(《读四书大全说》,第 51 页)

虚不可以为实。必执虚迹以为实得,则不复问所直者为何事,而孤立一直,据之以为德,是其不证父攘羊者鲜矣。①

船山"道德合一"之道论可谓集宋明理学之大成,某种意义上,与之遥相呼应的则是西方学者郝大维、安乐哲《通过孔子而思》②,书中指出:

> 道存于人,由人发扬、习得。而且每个人都是以绝无仅有和在质的意义上不同的方式接收和体现道的。
> 道是人类文明绵延不断的过程,是一代又一代的人们勘察和铺垫出的人类经验的一种诠释。③

这里的道无疑是一种实道,作为文明的传承,深深植根于人之存在,从而具有独立价值。相比船山之"虚道",尽管不再将天性之德作为道内在依据,但这种道论仍很依赖一种道之外的因素,那就是对"义"的创新性理解,"人所特有义一个重要作用即它是道的最初根源"。④ 以此为基础,两位学者对道之内涵与仁、义、礼之间的关系,较之其他研究,有着更为系统、清晰的整合。首先,道与仁同样作为一种"过程性"存在而具有一种"成就"的意味,仁作为"人之造就",道作为"世界之造就"。⑤ 其次,道在存在形态上与礼有着极大的重合,礼可以视为道的

---

① 《读四书大全说》,第307页。
② 颜炳罡先生认为此书是"对《论语》的道进行哲学解读最为完整者"。见颜炳罡:《孔子道的形而上学意义及精神价值》。
③ 郝大维、安乐哲:《孔子哲学思微》,凤凰出版社2012年,第180页。
④ 《孔子哲学思微》,第68页。颜炳罡先生对此说提出了批评,他举出了"隐居以求其志,行义与达其道"(《论语·季氏》),认为"行义是致道的手段、方式、方法",义与道是手段与目标的关系。这种批评固然很有道理。但郝大维、安乐哲的认为义是道的根源,主要与他们重视道与义的创新性有关,且关键在于,这种"创新性"反对的恰恰是"超越式"的理论概念,"应竭力防止将这些纯概念的区别具体化,以避免运用手段——目的、方法——目的的范畴"。"要更忠实地刻画义,就不能使用超越的语言。"(《孔子哲学思微》,第74页)
⑤ 《孔子哲学思微》,第179页。不过当说到"道的最终源泉是个人在造就自己时所作的努力",似乎仁与义都视为道之源泉了。书中还认为:"礼的终极根源是人类展现意义的能力,而它的改造及适当的应用则在于个人的独特性。"(《孔子哲学思微》,第186页)这里礼的根源仍在于人所具有的某种创造性。

"内部结构"①。

两位学者对孔子道论的研究,与王夫之类似,指向的是一种融汇了仁与义的礼乐之道,其中包含颇为独特的重要观点:"领会道的新颖性和创造性""重视道的连续性"。我们认为这两点基本上值得肯定,但相应地,也有两处需要补充与修正:

关于创造性原则,是谈及较多的,主要基于义与道的关系:

> 在各个历史时期,每一个重要的文化人物不仅以一种同他的环境相适应的独特方式体现道,而且由于他的创造性贡献,他能够以新的方式建立道。②

道之创造性不仅仅体现在伟人身上,而是任何处在具体情景中的行动者都必须遵从的:

> 情境人不能为一些决定性原则所摆布,而必须作出自己的创造性判断,以同它的当时情景保持融洽。③

对此,我们认为,对创造性的强调,不应建立在否定道之规则、规范义的前提上,就孔子学说中道与义的关系来看,也不能简单地说是义决定了道或礼。

与创造性原则紧密联系的是关于道不同层次以及不同层次间连续性,也就是作为"质"之道的说法④,被引用的相对较少,但仍很重要:

> 道必须用质的概念加以描述……可以把道描述为一组文化矢量,这组矢量通向各个面,收束于一个概念性的聚结,由于道具有重要性不同的许多领域以及程度不同的成就,所以道的较低层次可以是十分琐碎的东西,而其

---

① 《孔子哲学思微》,第186页。
② 《孔子哲学思微》,第181页。
③ 《孔子哲学思微》,第67页。
④ 此处明显可以看出其与前引道与仁作为一种成就、过程意义说法的联系。

最高层次则是对人们生活的关心……我们面对的仍是同一个道,只不过从质的观点看,要用不同程度的聚结和包含力来加以评价。①

我们认为,如果将创造性视为道的必要条件,难免与道存在"较低层次"这一事实相矛盾。② 较低层次意味着较差的创造性吗? 道固然有着不同高下等级,但理论上承认"较差的创新性"存在,无异于伤害了"创造性"概念本身的价值③,或者说,当谈到"不同领域及程度不同的成就"时,确实触及了道论中一个重要的问题,但仅仅用创造性这一概念(或者基于此概念理解的仁与义),是无法充分说明的。

孔子之道本质上是一种人道④,道的一项最重要内容是阐明人如何完美的执行礼乐制度⑤;以此为基础,引导人们通过继承礼乐所代表的文化传统,过上道德的生活。孔子之道是关于行道的理论,但这不意味着其道论缺乏哲学深度。通过研究,我们将会论证,关于人如何能行道的依据及动力问题,孔子学说中存在一种类似"实得"的概念,这种思路不同于我们更熟悉的依靠"天道"的"内在超越论"。

《孔子哲学思微》对道提出的见解如此富有启发性,尤其关于义(道)创新性原则的强调,提示我们应将道放置在规则伦理学与美德伦理学研究的视野中进行考察。从这一思路出发,陈来先生明确地提出,孔子的伦理学是一种结合了规则伦理与美德伦理的精密体系,"仁"不只是"德","仁"也是"道"。⑥ 我们非常赞同这一结论,但是陈来先生的理论并未解释清规则与美德在孔子道论中的矛盾,我们也不同意将"仁"作为道的唯一内涵。

---

① 《孔子哲学思微》,第 180 页。
② 《论语》中提到的这种道,例如"相师之道"(《卫灵公》),"射不主皮,为力不同科,古之道也"(《八佾》),以及子夏所说的"虽小道,必有可观"(《子张》)。
③ 《论语》中一些道的用法明显只能解释为外在规范而与创新性无涉,两位学者的说法会在文本解读方面出现问题,后文有详细讨论。
④ 杜维明先生认为:"道在本质上是人类学的,或更为恰当地说,是天人学(anthropocosmic)问题。"(《杜维明文集》第三卷,第 503 页)《孔子哲学思微》中的阐释思路基本上以人道为中心,与内在超越论有很大的不同。
⑤ 例如《季氏》云:"天下有道,则礼乐征伐自天子出",即展现了道之秩序的达成与礼乐制度密切的关系。
⑥ 陈来:《论语的德行伦理体系》,《清华大学学报》,2011 年第 1 期。

事实上,以上三种思路目的均涉及行道过程中规范性与创新性的矛盾①,其理论关键点在于:"实德与虚道""义的创造性""结合了道德与原则的仁"。

我们认为,孔子道论具有终始合一、内外合一的特点,道有着不同的层次,在规则义上,道与义相通。作为一种美德人格养成的哲学,道又与仁有着密切关系。最终使道独立仁义,而主要以礼乐的形式存在,并将以上两个层面的内容结合,在于孔子之道有一种基于"实得"的特质。

一、游夏之争中所见道的内在矛盾:"心行合一"与行道"动力不足"

陈来先生基于对《论语》伦理体系的研究,提出:

> 孔子伦理学的体系虽然包含部分德性的讨论,但却是以德行为主导框架的,始终不脱离"行为"来展开的,这体现了古代中国哲学的一个特点,即"心行合一"的立场,在德目的讨论中,不离开行而去谈心,不离开行为谈做人,总是倾向于把两者联系起来讨论。
>
> 以君子作为理想人格,美善行为作为整体体现,从而超越了单纯的德性伦理学。②

"心行合一"反映的道德与规范的统一,但道的本质,在孔子最出色的弟子中间似乎也存在着不同意见,《论语·子张》中有一段记载:

> 子游曰:"子夏之门人小子,当洒扫应对进退,则可矣,抑末也。本之则无,如之何?"
>
> 子夏闻之,曰:"噫!言游过矣!君子之道,孰先传焉,孰后倦焉?譬诸草木,区以别矣。君子之道,焉可诬也?有始有卒者,其惟圣人乎!"

---

① 要特别指出,本文在此无意检讨三种学说的思想全貌,而只是就孔子道论中心与行、规范性与创新性、义务论与德性论的矛盾,提炼出几位学者的主要观点。
② 陈来:《论语的德行伦理体系》,《清华大学学报》,2011年第1期。

子游重视以本末之别言道,让我们想起有子所说的"本立而道生"(《论语·学而》)。不同于洒扫应对之类的具体仪节,"道之本"指向的是某种本源性、内在性的基础(如有子所说的"孝"),另外,鉴于子游"亡于礼者之礼,其动也中"(《礼记·檀弓》)的说法,他所强调的道之本,也可以从与固定仪节区别的角度来理解,体现了某种对礼义创造性的认识。相比之下,子夏理解的君子之道则是由浅入深、次序井然的一种清晰可见的学习规范,而强调只有圣人才能做到"有始有卒",也暗示了这里的始终所指的不仅是一般性程序。① 对于二子之间的争论,王夫之试图以程颐说法为基础②,加以弥合:

> 子游欲于知上统一,而以本贯末,故误。程子推子夏之意,于知上分次第,教者但能教人以知,行则存乎其人,非教者所能传。而所以行之者一,则虽有次第,而非洒扫应对之得末而丧本也。③

在王夫之看来,完美的行道,涉及"知"与"行"两个方面,二子之误,并不在于重本或分次第,而是只从"知"的角度考虑,所以都有着局限性。作为行道内在依据的"所以行之者"则是"存乎其人",有其"一"而不可分的特性,不单纯是分次第或依靠教导的格物之知能够涵盖的。"所以行之者"是使得本末不可分的关键,指向的则是一种"内在知识",即"致知之知",《尚书引义》云:

> 博取之象数,远证之古今,以求尽乎理,所谓格物也,虚以生明,思以穷其德,所谓致知也。④

"虚以生明,思以穷其德",正是陈来先生指出的:"在船山看来,凡不由格物而知,

---

① 子夏主张学以致道,基于常识,凡人之学固当皆有一可见之终始次第,那么此处之"有始有卒"所谈的就应该是一种更高的境界。如皇侃引用张凭说,即云:"唯圣人始终如一,可谓永无先后之异也。"(程树德:《论语集释》,中华书局 1980 年,第 1322 页)宋明理学家亦多有类似说法。
② 程子曰:"凡物有本末,不可分本末为两段事,洒扫应对是其然,必有所以然。"
③ 《读四书大全说》,第 493 页。
④ 王夫之:《尚书引义》,中华书局 1976 年,第 109 页。

必反求于己而可明者,这些内在的知识,都属于致知之知。"①

这里要着重指出的是,王夫之的解释出现了一个不易察觉而又相当重要的推进,道之"有始有卒"被视为道的基本要求②,而非程朱侧重所讲的圣人境界③。

　　子夏先传后倦之说,其失正在此,自非圣人,固不能有始而即有卒,而方其始不知所卒,则亦适越而北辕,又奚可也?④

由此,船山对孔子"一以贯之"的理解也与朱子"万殊还归一原"的说法不同⑤,而与其内在"致知"的理论更加融贯,也显示了船山哲学在"心行合一"传统

---

① 陈来:《诠释与重建——王船山的哲学精神》,生活·读书·新知三联书店 2010 年,第 81 页。

② 基于此,王夫之固然反对子游割裂本末,"如子游之言,则末自为末,而不生于本,本自为本,而非末之可通,则立一本以治末,而即末不可以达本,此子游之过也"。但对子夏之说也不无微词:

　　子夏之言,教有等,学有序,是已,然以为先后始卒之必有异教,若今日传末而他日传本,圣人有始而即有卒,而学者当其始可不图其卒,是始之外有卒,其卒也有异于始,则本外有末,岐而为二,亦犹之乎子游之见也。(《四书训义》,第 961 页)

无疑,王夫之认为学者亦当如圣人,有始即有其卒,所以王夫之并不是全然赞同子夏,而是用"程子推子夏之意"。回头审视子夏的说法,王夫之的理解也可以讲通,毕竟若是将"学"作为一般人至道的途径,这是一种很自然的思路。

③ 在解释《中庸》"自诚明,之谓性,自明诚之谓教。诚则明矣,明则诚矣"一节时,针对朱子"圣人之德……天道也,贤人之学……人道也",王夫之认为:"圣人之德,要其成而言也,贤人之学,推其始而言也。""'未至于圣',圣功尚未成也。'此则所谓人之道',既已为人则必务乎此,虽圣人亦以此尽其人道,好问察察,拳拳服膺,皆圣功也。"(王夫之:《礼记章句》,岳麓书社 2011 年,第 1288、1291 页)他还提出:"须知天道者,在人之天道。""圣人之德,自诚而明,而所以尔者,则天命之性自诚明也,贤人之学,自明而诚,而其能然者,惟圣人之教自明诚也。"显然是把圣人之"自明诚"植入贤人修养过程之中。较之朱子之说,"内在化"程度更高。

④ 《读四书大全说》,第 428 页。

⑤ 船山认为"一以贯之"其重点在于:"谓圣功之所自成,而非言乎圣功之已成也。"关于"一":

　　然则夫子自志学以来,即从事于一以贯之,而非其功在多,得悟在"一"。然学者之始事,固无能贯之力,而要不可昧于一之理……所谓"主敬力行以反于约"者,即初入德之"一以贯之"也。子固曰"予一以贯之",而不曰"予既已能贯之于一"也,则子固以为功焉,而非豁然贯通之速效矣。
　　若其功之深浅,几之生熟,固必有之。……其未至者,多有扞格不合之处,然其不合者,亦非不可必合……非当其未之能贯,则姑"不得于言,勿求于心",且埋头瞎撞,依样循持而不求其故。(《读四书大全说》,第 427 页)

这里显然强调的是一种从过程性出发的视角,"一"存在于修道过程中的每一刻,而非一种抽象之理。

中独特的地位：

> 因此船山最终的立场，对于《大学》的工夫条目，既不像阳明那样注重致知，忽略格物，也与朱子学注重格物，忽略致知有所不同。①

王夫之心目中，孔子之道结合了子游重本、子夏有始有卒（不是仅仅就圣人而言），是一种本末、终始合一之道，但本末不可分并不意味着泯灭本末之别，尤其不是否定子夏的渐进修养，即如朱熹所云："非谓末即是本，但学其末而本即在此也。"经过船山阐释的孔子之道有"内在知识"作为行道的依据，同时也体现为一种渐进的修养历程，诚如陈来先生指出的：

> 朱子强调格物，因此认为致知只是格物的实践在主体方面所产生的结果，致知并不是一种与格物相独立的功夫……正如王阳明以正意念解释格物，会导致正心一条的虚化，而在经典上引起疑问一样。船山不赞成朱子格物则知自致的主张，认为这竟抹下致字一段工夫。②

君子之道本末、终始合一而又不可孤立③，王夫之在《四书训义》中，批评二子之说皆误，正缘于此：

> 末者即本之末，本者为末之本，道无二致，而本末之不可以分，固已。子游、子夏皆有见于此，而歧本末为二，始卒为差，则其末未能达于一贯之理，固已。④

其实，先秦儒学大师荀子已经有了类似的看法，《大略》云：

---

① 《诠释与重建》，第81页。
② 《诠释与重建》，第85页。
③ 王夫之认为："孟子曰：'梓匠轮舆，能与人规矩，不能使人巧。'规矩者，物也，可格者也。巧者非物也，知也，不可格者也。巧固在规矩之中，故曰'致知在格物'，规矩之中无巧，则格物、致知亦自为二，而不可偏废矣。"（《读四书大全说》，第326页）
④ 《四书训义》，第687页。

故礼之生,为贤人以下至庶民也,非为成圣也,然而亦所以成圣也。不学不成。尧学于君畴,舜学于务成昭,禹学于西王国。

游夏二子关于道的论辩有着广阔的诠释空间,王夫之的理解是否更好地阐明了孔子之道,是否可在《论语》中找到其他证据,后文还有详述。值得注意的是,现代很多学者认为儒家尤其是思孟一系学说中,先天内在道德基础的存在(程子、王夫之理论中"所以行之者")与渐进式的后天修养理论(始于洒扫应对的子夏之道)之间并不存在矛盾。① 例如,杜维明先生认为:

> 从中庸的观点看来,自我实现在本体论上的自决与自我修养在生存论上的必要之间并不存在任何冲突,其实,人道所要求的正是:人的内在道德性在具体的日常事务中得到实现。②

梁涛先生对孟子"心"的研究也指出:"并不是说孟子将心分成了形上、形下两个层面,最多只能说,孟子的心包含了这两个层面的内容,并强调这两个层面实际是一个整体。"也就是说,先天的道德依据与后天的道德修养正是一种互补而非冲突的关系。③

在此,我们发现了一个耐人寻味的现象,王夫之极力欲辨明的游夏二子关于道之本末、终始,道之本源、规范之间的争议似乎消解于无形。尽管古今学者思路差异巨大,但这里可以大胆地推测,类似"内在超越论"的看法是应当是导致这种情况出现的关键。

相比之下,美国学者倪德卫对这个问题分析更具启发性,他提出在孟子学说

① 道德内在化是儒家哲学中最为核心的问题之一,无法在此全面展开论述。关于道德内在化、内在超越论的相关问题的梳理,本文参考了钱永祥《如何理解儒家的"道德内在说"——以泰勒为对比》(《台湾政治大学哲学学报》,2008 年 1 月,第 19 期)一文中的观点。

② 杜维明:《中庸:论儒学的宗教性》,生活·读书·新知三联书店 2013 年,第 90 页。

③ 梁先生认为:"在超越、先天的层面,他肯定恻隐、羞恶、是非、恭敬之心与仁、义、礼、智是一致的,在经验、事实层面,他则强调恻隐、羞恶、是非、恭敬之心只是仁、义、礼、智之端。……两个表述实际是相互配合、相互补充的,是针对两个不同层面而言的。……所谓超越、先天与经验、事实两个层面的区分,只有逻辑、认识的意义,而没有实际存在的意义。"参看梁涛:《孟子道性善的内在理路及其思想意义》,《哲学研究》,2009 年第 7 期。

中存在一个矛盾,并其称为"立刻行动的问题":

> 做它(由"被推的"同情心适当地行动)就是捡起此心,并把它放到那里,就像移动一个棋子一样。……道德上的发展需要精细的自我修养,强迫的发展,做一些你没有准备去做的事情,实际上会伤害你。①

很明显,在王夫之以及现代学者们看到一致的地方,倪德卫则强调了内在的冲突:

> 这里有两种看法,它们似乎都是孟子要说的,而孟子这样说会引起怀疑,是否每个都存在困难,需要另一个来补偿?②

这里,我们似乎听到了游夏之争的回响,如果君子以务本为要务,本立则道生,又何必从洒扫应对这类道之末节做起? 另一方面,渐进性的修养之道在《论语》中有多处体现③,如何与道之本的说法相融贯,自然成了很大的问题。倪德卫在孟子学说中的发现很自然会延伸到孔子道论之中。

倪氏的研究更进一步将此动力问题放置在整个宋明理学中观察,他提出:

> 这种批评会一般地运用于儒者吗? 可能不会,但我不敢肯定。……确实,对于像朱熹和王阳明这样的新儒家来说,一个形而上学的事实是:我(在任何时刻)总是有现成的能力认识正确的行动,并有动力去做正确的行动。因此,在某种程度上,动力不足的问题被新儒家在形而上学的意义上排除了。④

---

① 参看氏著:《儒家之道——中国哲学之探讨》,江苏人民出版社 2006 年,第 134 页。作者所说的,前者如《梁惠王上》"举斯心加诸彼",后者如《公孙丑上》中对"养"的讨论。
② 《儒家之道》,第 131 页。
③ 无论是"兴于《诗》,立于礼,成于乐"(《泰伯》),还是孔子自言:"吾十有五,而志于学。三十而立。四十而不惑。五十而知天命。六十而耳顺。七十而从心所欲,不逾矩。"(《为政》)皆可为证。
④ 《儒家之道》,第 150 页。

倪氏似乎认为这个问题是儒家无法也无意去解决的,甚至可以说正是孟子学说的特色。① 将这一问题移来审视孔子之道,很明显,"现成的能力"也就是船山所谓"所以然""所以行之者",行道者"动力不足"的问题最让我们感兴趣的在于,就我们讨论子游子夏的争议,亦即孔子道论内在创造性与外在规则性而言,两种矛盾本质上其实是一致的,而倪氏"动力不足"问题提示我们,从行道而非静态的理论视角来看,无论是船山哲学还是任何一种基于内在超越论的立场,是无法完美解决这一矛盾的。②

在此,我们有必要再来回顾郝大维、安乐哲关于义(道)创新性的强调,以及由此谈及的义与规范性的关系,同样会发现"动力不足"带来的问题:

> 义具有规范的力量,但其本身并不是规范,实现义的行动并非按照严格的指导行事。至少在某种程度上可以说,这样的行动是自发的、创新的。这意味着,义既是具体的决定或者行动的原因,又是它的结果,尽管义的活动有创新的因素,但它仍不失为一种规范的力量。阐明特定情境下的义,包括明了在特定情境下孰是孰非,以及怎样行事才能实现最高程度的义,这本身就同时阐明了行动本身。③

必须要指出的是,这里对创新、特定情景的强调④使得"不失为规范力量"的说法多少显得有些空洞,如果我们进一步问,义是如何完成创新,除了近乎重复的说

---

① 《儒家之道》,第 145 页。
② 如王夫之认为,能否行道最终"存乎其人",并非全靠教导可以决定,无疑很正确。但是,将普遍存在于人的"内在知识"作为"所以行之者",仍然没有解释为何只有圣人"有始有卒",部分人却始终缺乏行道的动力。此外还要指出的是,王夫之对行道动力解释是基于"天命之谓性",人道的依据在"内在之天道",不过诚如钱永祥指出的:"今时今日,这些概念的存在意义已经并非自明,仍要它们来承担重任,陈述、支撑这样一套道德视野,固然捉襟见肘,即使在儒家门墙之内,也并非自明之理,亟待概念性、哲学性的厘清。"(《如何理解儒家的"道德内在说"——以泰勒为对比》,第 13 页)我们的目的和钱氏一样,不是彻底批评内在超越论,而是试图在经典原文中找到另一种诠释道论基础的思路。
③ 《孔子哲学思微》,第 136 页。
④ "孔子义的最重要之点在于,情境人把意义引入了世界……人的行为就要体现新的情境,即在永恒变动、推陈出新的情境中不断展现义。这就必然意味着,世界上没有两个相同的义的行动。……义的创新是孔子所一再强调的中心论题。"(《孔子哲学思微》,第 66 页)

义即是创新之外①，似乎答案也只有心性哲学一条通路②。更重要的是，这一段话中反复强调的正是基于经验而非哲学理论来理解的"义"，书中认为：

> 任何以牺牲义的基本经验方面来夸大它的规范方面的解释，都会认为孔子思想是保守的、框架式的哲学体系的看法。③

这意味着，创新性理论是一种基于行动的哲学，义是一种行动而非原则④，由此，如果我们从规则伦理学与德性伦理学之别的角度来审视这一理论，前者重视对行为对错的判断，后者则包含对人的品质整体作出判断，不是关注某一个具体行为，而是关心整体人生的问题。看起来，"创新性"的说法最终是基于对行为的分析，反而使得其在更深层次上贴近了强烈反对的规则伦理、义务论。⑤

当然《孔子哲学思微》也很重视从质的角度看待道，那么关于道之过程性、连续性的说法是否可以弥补创新性理论的不足呢？类似这样的说法：

---

① "义主要是一种由行动和情境的和谐构成的过程，这些过程产生实现义的义士。"（《孔子哲学思微》，第 73 页）

② 先秦关于礼的哲学中也可以看到这样的思路，《礼记·郊特牲》云："礼之所尊，尊其义也。失其义，陈其数，祝史之事也。故其数可陈也，其义难知也。知其义而敬守之，天子之所以治天下也。"从义难知似乎很容易推出一个基于"知义"水平的等级结构（很类似创造性原则在关于道之质理论中起的作用），但事实上，在《礼记》探讨礼之哲学的文本中，还有一些与内在化非常不同的思路，例如《礼器》"礼有近人情者，非其至者也"。而荀子在《礼论》把礼比喻为"坛宇宫廷"："人有是，士君子也；外是，民也；于是其中焉，方皇周挟，曲得其次序，是圣人也。故厚者，礼之积也；大者，礼之广也；高者，礼之隆也；明者，礼之尽也。"士君子与圣人同在礼的范围之内，二者的区别则通过行礼方式体现，这里并没有用内在道德或"知义"水平来区别不同行礼者境界差别（尽管他在其他地方提到了类似观点），相反，厚、大、高、明之德是通过礼来体现的。

③ 《孔子哲学思微》，第 70 页。

④ 类似的说法还有："义并非是西方传统意义上的原则的意思，而是随着情景而定、与情境共生的，它包含有意义的行动，这种行动并不要求将先存的意义应用于某个行动或事态……因此，义和实现自身的情景是内在地交织在一起。""义不是增加于事件之上的先在范式这种秩序，而是包括意义的获得或赋予，目的是实现唯一适宜于具体情景的新范式。……对于获得意义的活动来说，如果它是义的，那么就是适宜的、创新的、不可重复的。"《孔子哲学思微》，第 71、73 页。

⑤ 关于义务论对行动本身的关注胜过行动者的关注（美德伦理学则恰恰相反，这也导致了前者重行事之规矩，后者重成人之教导），唐文明先生结合海德格尔的时间观作了细致的分析，其结论很具说服力。可参看氏著：《隐秘的颠覆：牟宗三、康德与原始儒家》，生活·读书·新知三联书店 2012 年，第 114—118 页。

仁是一个过程词……仁始终是自我超越的,是应该用美学的、质的标准而不是逻辑的完成或达到这样的标准来评价的。成为仁是一种构想……同做近义,永远不能为人所完全把握。

仁远非指的内部的原则。①

但不得不说,倒向子夏(当然是经王夫之重新诠释)重终始、过程性的理论并不意味着就可以驳倒子游关于道之本末的看法。重视义、道创造性的观点意味着个体在每一次行义、行道的具体情境中彰显出有别于单纯遵行外在规范的关于行动的内在知识与理解,而将人生视为一个整体而非人所有行动的总和的德性伦理学则意味着义与道的获得都要经历一个修养的过程,那么如何看待一个行道者在每一个成功的瞬间所体现出的标志其成功行道的创新性或动力呢?② 或者说,安乐哲的不同层次的道的学说中,一次具体的成功与一个积累了一生的圣人,就体悟或成就道而言,其质的方面是否有差别呢? 前文已经提到,如果坚持"创新性"作为义与道的严格界定,那么这种差别其实就是量,而非质了。事实上,这王夫之关于"仁的积累"的学说中也有类似的看法:

知是初时用功,但后来已知,则现成更不用力,仁则虽当已熟之余,存心不可间断,与初入德时亦不甚远。知有尽而仁无尽,事有数而心无量。③

----

① 《孔子哲学思微》,第88、90页。

② 有意思的是王夫之也有类似"不存在两个相同的义"的观点,陈来先生对此有精彩的分析:

照"一事之义止了一事之用"的说法,义不是抽象的,而是具体的,义是对应于某一具体的事物而产生的一个具体的断制意念,事物过去了,这个义之念也就过去了,船山这里似乎认为,义念完全是对具体事物的具体反应,该事物过去当然此义念也就随之过去。不过,在船山这种说法中,作为人性的义,或人的稳定的仁义之心,就没有地位了,这与后面所说的见义于内的讲法便不同。并且,如果义念只是对外物的反应,外物未至之时,又如何积集义呢? 所积的义又从何处而来呢? 义的积集必须成为一备用的道德心理状态,集义才有意义,这里船山显然没有说清楚。(《诠释与重建》,第298页)

这一批评是很有道理的,从"道德合一"说与义之创新性说法均存在的类似问题,不难体会二者深层理路上的相似性。

③ 《读四书大全说》,第298页。这里是对《论语·雍也》"樊迟问知"章的解说。

"知"有着从浅入深的功夫层次,修炼圆熟之仁却和入德之初的仁无别①,以内在知识为基础的仁是没有终始之别的,或者说只存在仁与非仁之别,本质上却不存在"更仁"(所以可以看到,关于仁修炼水平的差别,王夫之更愿用"熟"这样的词来描述,以避免理解为一种本质上的差异),正是这一点使得仁心"无尽无量",这是基于内在致知或是创造性理论必然导向的结果。

在此,我们要强调的是,从创新性出发定义道与义,总会遇到动力不足的问题,如果内在之"知"(无论是强调其创造性或归为"内在知识")不能担负起行道动力的功能,道的依据又当在何处呢?

二、孔荀礼学中的"通道"观:作为规则的道与义

承认孔子之道与礼的密切关系,则很难完全否定道之规范意义。无论是子夏门人的"洒扫应对",还是子贡口中的"文武之道",尽管行礼、行道者道德修养、对礼义的理解水平的不同会导致行道不同结果,"君子学道则爱人,小人学道则易使"(《阳货》),而且道本于人,"贤者识其大者,不贤者识其小者,莫不有文武之道焉"(《子张》),但在孔子眼中,礼道还是一种要考虑到继承、学习,故而有章可循的外在规范,"夫礼,为可传也,为可继也,故哭踊有节";孔子也不赞同完全由情感做主的"孺子泣",尽管后者发自内心,"哀则哀矣"(《礼记·檀弓下》)。

所以,孔子对于道的看法究竟应当归属于以法则为本位的义务论还是以美德为本位的德性伦理学,成为学术界关注的一个问题。② 还有一种值得期待的思路,那便是论证孔子之道同时兼具二者的特质③,上文分析过的王夫之道论以及郝大维、安乐哲基于义之创新性的理论也可归为此类。而相比船山"虚道"说,尤其两

---

① 可参看前文所引对"一以贯之"之"一"的解说。

② 唐文明先生就认为:"儒家伦理是以美德为本位的美德伦理学"非"以法则为本位的义务论","尤其从孟子的语录可以看出,若把儒家所说的义理解为某种普遍法则,则相当扭曲。概而言之,儒家伦理思想乃是一种以美德为本位,以成人为旨归的伦理学,与康德式的义务论相去甚远"。参看氏著:《隐秘的颠覆:牟宗三、康德与原始儒家》,第114页。不过唐文明这一结论主要限定在孟子。相比之下,《孔子哲学思微》对义的创新性的理解则明显包括孔子学说。

③ 从这一角度出发,代表性研究有刘余莉:《儒家伦理学:规则与美德的统一》,中国社会科学出版社2011年;万俊人:《儒家美德伦理及其与麦金泰尔之亚里士多德主义的视差》,《清华哲学年鉴》,2000年。

位西方学者对道之规范性的警觉①,陈来先生通过对《论语》德行伦理体系的研究,明确提出,"仁"不只是"德","仁"也是"道"。也就是说,仁不仅是德性,而且是原则:

> 由金律和忠恕一贯之道来看,孔子的伦理思想不能全部归结为"德性伦理"(virtue ethics),因为孔子更多地说到准则、法则、规则、原理等。孔子所说的一以贯之的"道"不是那些单方面的德性,而是社会道德生活的根本原则和定律。②

我们同意陈来先生认为道不仅是道德同时也具有法则义的观点,不过把这种意义上的道完全归为仁道,陈来先生主要依靠的是《论语》中仅有的一则证据,而他对于这段文本的解读,我们并不完全赞同,后文将会加以说明。

在此要强调的是,任何一种试图论证孔子学说中规则与美德结合的理论仍面临着行道动力不足问题的挑战,或者说,必须要考虑孔子道论中有没有包含对行道依据的说明,能够使孔子之道不是仅仅作为一种单纯的外在规范? 如果有,这种说明是存在于道之外,还是内涵于道论本身?

从这一角度出发,审视孔子学说中占有重要地位的仁、义、礼,仁无法完全外化,礼无法完全内在化,这使得二者皆不足以成为规则与美德伦理学说的完美结合点③,而我们知道,《论语》中的义既是一种外在的伦理规范,也作为德性修养

---

① 书中对成中英将义视为"总的和普遍的原则"进行了严厉批评,即是一个很好的例证。《孔子哲学思微》,第 71 页。

② 文中进一步指出:"孔子提供了对德性、嘉行、原则综合探究,而非把三者割裂对立的典范。与罗尔斯(Rawls)以规则为伦理学全部探究任务,麦肯太尔(MacIntyre)只以美德为伦理学首要任务都不同。"不过,陈来先生认为仁就是西方伦理学中所谓的"金律"的说法,梁家荣引用了包括康德在内的许多西方学者认为"金律"不足以作为"道德原则"之说。可参看氏著:《仁礼之辨:孔子之道的再释与重估》,第 179 页。

③ 尽管所有研究者都承认,仁与礼之间有着密切的关系,但如果说孔子哲学中,一方面由仁体现了美德,另一方面由礼体现了法则,这更像是说孔子说到过法则,也说到过德性,在理论深层次上并未有一明确的结合点(同时我们也知道,在关于仁礼关系的研究中,仁礼并重的说法并未完全压倒仁重于礼的观点)。陈来先生对类似的理论有过批评(参看氏著:《论语的德行伦理体系》,第 136 页注),在其提出的仁既是德也是道的理论中,其实将礼视为了"近于亚里士多德所说的社会习惯",礼属于"社会学的规则"而不是"伦理学的规则"(同上)。目的显然也是试图单独用"仁"来结合法则与美德。

之一①,那么能够做到这一点的是似乎只有"义"了。问题在于,孔子所说的"义"并不是先天内在于人心人性,因为一般认为直到孟子,才为"义"提供了先验的存有证据②,则其与道的关系,还需要进一步辨析。

孔子之道既是规则又超乎规则,是一个引人入胜的问题,《论语》中有一处重要的段落似乎暗示了孔子之"义"也出现了如孟子学说中的"内在化",我们会对此着重辨析,大致结论是:孔子之道并未将"义"作为其动力或依据,道论的一大特色即在于道之动力内涵于道本身,孔子以一种非常不同于道德内在化的思路看待道。

《论语·卫灵公》中孔子这段话,是关于"义"内在化程度的重要材料:

> 君子义以为质,礼以行之,孙以出之,信以成之。君子哉!

对这段话有很多不同的解读,主要围绕义是否作为人之质,成为行礼、行道内在根据与动力。

劳思光先生认为:"义是礼之实质,礼是义之表现,于是,一切仪文制度,整个生活秩序,皆以'正当性'或'理'为其基础。换言之……要求正当之意识方是礼之真基础。……自觉之意识为价值标准之唯一根源。"③从而有"摄礼归义"再"摄礼归仁"之说:

> 孔子之学,由礼观念开始,进至仁义诸观念。故就其基本理论言之,仁义礼三观念为孔子理论之主脉。

---

① 参看陈晨捷:《论先秦儒家"仁义礼"三位一体的思想体系》,《孔子研究》,2010年第2期。
② 方颖娴认为,孔子的主要成就乃在为中国传统的政教与礼文的外化制约提出一内在理性根据,为人揭示一内在自主的道德潜能以凸显人的存在价值与意义,至于此道德潜能是否人人具有的问题,即人之道德行为是否可自主自发地纯依一先天内具之道德主体的问题,仍有待解决。孟子……正是为孔子所揭示之实践理性主体提出一超越之形上根据。安乐哲关于义之创新性作为人类某种本质(尽管他们避免使用本质这种说法)的理论其实是将孟子哲学的某种结论反推回孔子。
③ 《新编哲学史》,第149页。牟宗三先生也认为礼是被"仁"决定的,他认为:"我们说仁是礼乐的原则,是表示仁是礼乐的超越原则,礼乐要有真实的意义,就要靠这个仁,所以'人而不仁,如礼何?人而不仁,如乐何?'"(见氏著:《中国哲学史十九讲》,第54页)当然,这是学界对于仁礼关系的普遍看法。

如果劳氏的说法成立,以义为桥梁,沟通仁礼,三位一体体系在孔子学说中业已建立,那么也就可以说这"三位一体"中体现了规则(礼)与德性(仁义)伦理较为完美的融合,可是也有学者并不赞同劳氏对这里义的解说,翟志成便指出:

> 劳氏摄礼归义的根据,只有《论语·卫灵公》……这一条,可以明白地使义和礼直接发生关系,但这一孤证中的义字,愚以为作善(诸德之总名,即仁)解比作宜(即劳氏所谓的正当性)解更为符合孔子原义,故孔子是否有摄礼归义的观念,便真成问题。①

这样一来,规则与美德在孔子哲学中又回到了分属仁与礼的局面。同样反对内在之义决定礼的还有梁家荣,他注意到了这一句的语气:"这句话其实是一句劝导之辞(prescription),而没有包含任何理证的成分在内。这句话的主题是义分,义以为质就是劝导的主要内容。(后面三句)则是具体地实行义以为质的方法。"②

但是,如将这一句与其他文献中联系考虑,似乎仍可以支持劳氏的观点③:

> 《左传·桓公二年》:"夫名以制义,义以出礼,礼以体政,政以正民。是以政成而民听,易则生乱。"
>
> 《成公二年》(孔子云):"名以出信,信以守器,器以藏礼,礼以行义,义以生利,利以平民,政之大节也。"

---

① 翟志成:《以宜为义与以利为义——先秦儒墨义利观之比较研究》,东亚哲学研究所 1986 年第 4 号专刊,第 2 页注 10。

② 梁氏还认为:"即使我们不取义分这个含义,而仅将义解释为适宜的或正当性,这句话其实也不会有任何理证的成分。依照这种解释,则孔子就只是说礼是适宜的。"(《仁礼之辨》,第 161 页)另外,杨伯峻先生将这一句翻译为:"君子(对于事业),以合宜为原则",这样一来,义主要与事有关,而非人之质。但古代注家对义往往还是结合德行来理解,朱子说:"义者,制事之本,故以为质干,行之必有节文,出之必以退逊,诚之必以诚实,乃君子之道也。"诸家之说,可参看《论语集释》,第 1101—1103 页。

③ 事实上,劳思光可能不会认同梁家荣对他的批评(见上注),劳氏言"义"除了正当性,还与"命"有关,他认为"孔子有义观念"是与"命观念对扬","命观念表必然,义观念则表自由"。(《新编中国哲学史》,第 105 页)

尽管不涉及内在化的问题,义似乎仍然决定了礼,当然也决定了礼乐之道的执行。陈锡勇先生就认为:"'义以出礼'即孔子'礼以义行'之说也。"①

另一方面,我们注意到,类似《卫灵公》章这样将一组重要概念放在一起论述,甚至着意突出其间一种"连锁式"关系的说法在先秦文献中屡见不鲜:

> 《左传·宣公十五年》:"君能制命为义,臣能承命为信,信载义而行之为利。"
>
> 《国语·周语中》:"以义死用谓之勇,奉义顺则谓之礼,畜义丰功谓之仁。"
>
> 《大戴礼记·四代》(孔子云):"食为味,味为气,气为志,发志为言,发言定名,名以出信,信载义而行之,禄不可后也。"……子曰:"圣,知之华也;知,仁之实也;仁,信之器也;信,义之重也;义,利之本也。委利生孽。"
>
> 《左传·文公十八年》:"先君周公制周礼曰:则以观德,德以处事,事以度公,功以食民。"

回顾"义""礼""孙""信",程颐认为:"此四句只是一事,以义为本。"王夫之的解释基本继承了四者一体,而进一步淡化了"义为本"②,这提示我们,将四者拆散,单论义与礼关系,似乎忽略了全句的语境以及这种表达方式本身的含义。我们认为,类似这样描述一组重要的概念循环生成,互为基础,不仅仅是一种当时知识界习用的表述方式,事实上还可以从哲学层面进行解读,《荀子·大略》中一段话提供了一个很好的视角:

> 亲亲、故故、庸庸、劳劳,仁之杀也。贵贵、尊尊、贤贤、老老、长长,义之伦也。行之得其节,礼之序也。
>
> 仁,爱也,故亲。义,理也,故行。礼,节也,故成。
>
> 仁有里,义有门。仁非其里而虚之,非仁也。义,非其门而由之,非

---

① 参看氏著:《宗法天命与春秋思想初探》,台北文津出版社1992年,第144页。
② 《四书训义》,第847页。

义也。

　　推恩而不理，不成仁；遂理而不敢，不成义；审节而不知，不成礼；和而不发，不成乐。

"行之得其节"，明显是从行道角度审视仁、义与礼的关系①，从"杀""伦"，即等差角度来看仁与义，则二者即是礼②。这里对仁义礼的论述大体可以看出四个层次③，有学者认为"仁义礼三者融会贯通而又相辅相成，然后方能达于至道"④，这是不错的。更为重要的是，下文对仁、义、礼乐与道的关系的说明：

　　故曰：仁、义、礼、乐，其致一也。君子处仁以义，然后仁也；行义以礼，然后义也；制礼反本成末，然后礼也。三者皆通，然后道也。

"三者皆通"方为道的讲法似乎与孔子"一以贯之"之道有着一定的渊源，但这里的理论无疑要精致很多。在荀子看来，道除了仁、义、礼乐"其致一也"外，还有着特殊的要求，那就是仁义礼的交融、汇通，道最本质的要求是一种贯通性，"行之得其节"，正是在这个意义来讲。一旦贯通后，在"处仁以义""行义以礼""制礼反本成末"这个逻辑链条上，从任何一点着眼，都可以视为一种通"道"的存在。"通道"概念中，道既是仁也是义，同时也是礼。由此，这三者间的关系，则不能僵化地认为义是手段，仁是目标，因为"其致一也"，即是道；也不能将这些说法视为单纯的"劝导之辞"，那样便忽视了对"道"的特殊要求，那就是"通""反本成末"。

　　荀子所推崇的内外贯之通道也必然指向一种终始之道，其本质则是礼义，《王制》云：

---

① 此为荀子一贯主张，《儒效》云："先王之道，仁之隆也，比中而行之。曷谓中？曰：礼义是也。道者，非天之道，非地之道，人之所以道也，君子之所道也。"

② 王夫之据《中庸》二十章言："仁义之用，因于礼之体，则礼为仁义之所会通，而天所以其自然之品节以立人道者也。礼生仁义，而仁义以修道。"（《读四书大全说》，第126页）

③ 首先是三者的"杀""伦""序"，既然从等差着眼，以礼统仁义，"行之"行的即是仁义所内涵的等差之"理"；然后从三者特征上看，即"亲""行""成"；再之后强调的是仁义皆由特殊的行为方式而达成，最后则从结果、效用的角度来定义。

④ 参看刘余莉的研究：《儒家伦理学：规则与美德的统一》。

> 以类行杂，以一行万，始则终，终则始，若环之无端也，舍是天下以衰矣。天地者，生之始也；礼义者，治之始也；君子者，礼义之始也。为之，贯之，积重之，致好之者，君子之始也。
>
> 故天地生君子，君子理天地；君子者，天地之参也，万物之总也，民之父母也。无君子则天地不理，礼义无统，上无君师，下无父子，夫是之谓至乱。

初看上去，"始则终，终则始"，荀子的治平天下之道似乎是一种循环，但从"生之始""治之始""礼义之始""君子之始"皆言"始"，不言"终"来看，这里强调的是道之"始"即是礼义之源头，亦即经由道德主体选择而达成的"君子之始"。这种道之始具有的创造性功用与天地的生成作用不同（"生之始"非"治之始"），因为后者无法形成价值（无君子天地不理），道之创造性，也就是价值的来源，同时指向一种必然性，所谓的"始则终"之"终"意味着每一次起始都已经必然预示了终之达成。① 这里我们看到的仍是一种通道的概念，"终"指向的是内涵于道之始的永恒无尽的效用，而经理天地的礼义之道，其源头不在内心之德义，而在于人学而为君子的过程。《劝学》篇云：

> 学恶乎始？恶乎终？曰：其数则始乎诵经，终乎读礼；其义则始乎为士，终乎为圣人，真积力久则入，学至乎没而后止也。故学，数有终，若其义则不可须臾舍也。为之，人也；舍之，禽兽也。

---

① 《不苟》云："天地始者，今日是也，百王之道，后王是也。"则是从道之创始角度来审视、理解天地。王夫之认为："凡自未有而有者皆谓之始，而其成也，则皆谓之终。既生以后，刻刻有所成，则刻刻有所终。刻刻有所生于未有，则刻刻有所始。故曰曾子易箦，亦始也，而非终也。"（《读四书大全书》，第360页）陈赟对这一理论有着很深入的解读，他认为：

　　开始是从未有到有，也就是行动与事件的创有，因此，它一方面是发生，另一方面是创始。所以，创造与新颖乃是开始的构成要素。终结不是结束，不是完结，而是行动与事件的成就。换言之，始的意思是"生"（发生），终的意思是"成"（成就）。在这里，始终与仁义发生了内在的关联，始终就是生成，而生成就是仁义。只要刻刻有所所"生"，那么，就刻刻有所"始"，只要刻刻有所"成"，那么，就刻刻有所"终"。因此，始终在其最为深刻、最为源始的意义上就是生生、日新之仁义流行的过程。广义的"仁"包含着仁义，它就是人道，也即人的存在方式。生生不息为仁，这是儒学从程颐那获得的一个基本信念。（《回归真实的存在——王船山哲学的阐释》，华东师范大学博士学位论文，2001年，第302页）

"学"的重心在于礼,故云:

> 故学至乎礼而止矣。夫是之谓道德之极。礼之敬文也,乐之中和也,诗
> 书之博也,春秋之微也,在天地之间者毕矣。

这里的说法似乎是子夏"学以致道"与"有始有卒"之道的结合,通过学来达成道,包含着数(格物)与义(内在致知)两个层面:数的层面上,一如子夏所云,学有次第;义的层面上同样有始终之别,但并非纯是子游式的重本。[1] 不过在此,我们仍可以问,创造性的义与真积着落在始乎之士与终乎之圣人身上是否有质的区别? 抑或只是真积的量之差异?[2] 显而易见的是,如果存在质的区别,那么这里荀子强调的义与数区别从一开始不就多此一举了吗? 事实上,这里我们看到了一种非常不同于"道德合一"或"创造性的义"的思路。荀子这段文字用近乎矛盾的方式点明,一方面,始终之义有士与圣人之别,另一方面,因为其义"不可须臾舍",无疑又在暗示至少在人之生命历程中没有终止,这意味着学道者时时刻刻都在努力达成学为圣人的最终目标,同时也在某种意义上,时时刻刻达成着这一目标。这样的理解再次将我们引向了一种"通道"概念[3],这里,道的"成就义"与道的"阶段性"是不能割裂开的,否则便成了从"数"而非"义"的层面来看待道了。唐君毅先生对荀子言学与道论中的这一特质有着精彩的分析,他认为:

---

① 日人冢田虎认为:"此乃博文约礼之序,而实孔门之学则也。然其曰'终乎为圣人'者,乃是子思、孟子之流而已。孔子之教,言学以为圣人,未之见也。"(《荀子校释》,第35页)按,孔子固未明言学为圣人,但其遵奉圣人之道,至于"朝闻道,夕死可也",学以为圣人之说并未违背其基本理论。

② "真积力久则入",高正、王天海训为"得",至确。荀子言"积",《劝学》云:"积善成德,而神明自得,圣心备焉。"《儒效》云:"故积土而为山,积水而为海,旦暮积谓之岁。至高谓之天,至下谓之地,宇中六指谓之极;涂之人百姓,积善而全尽谓之圣人。彼求之而后得,为之而后成,积之而后高,尽之而后圣。故圣人也者,人之所积也。"

③ 荀子也有关于"一"的理论,《劝学》云:

> 学也者,固学一之也。一出焉,一入焉,涂巷之人也;其善者少,不善者多,桀纣盗跖也;全之尽之,然后学者也。君子知夫不全不粹之不足以为美也,故诵数以贯之,思索以通之,为其人以处之,除其害者以持养之。使目非是无欲见也,使耳非是无欲闻也,使口非是无欲言也,使心非是无欲虑也。及至其致好之也,目好之五色,耳好之五声,口好之五味,心利之有天下。是故权利不能倾也,群众不能移也,天下不能荡也。生乎由是,死乎由是,夫是之谓德操。德操然后能定,定然后能应。能定能应,夫是之谓成人。天见其明,地见其光,君子贵其全也。

荀子言学,以圣王之道为至足,乃自其不同于"人对万物之知,殁世穷年不能遍",而是一人可于此得其止息,而可知可行道之而言。……人即当下有所止,而有其所自得自足者在。故人时时知此道,时时行此道,人即步步有所止,步步有其所自得而自足者,故曰至足。……非谓只以某一特定圣王之若干特定之言行为法。……由此而荀子之言学,即要在学之能继续进行而不已……而时时有所增益。……人在生之时,固无休歇处,所谓止者,即止于此"积与专一以至于久"之道而已。①

终始之道"一以贯之"的是礼义,既为通道,则亦可言"本",故云:

> 君臣、父子、兄弟、夫妇,始则终,终则始,与天地同理,与万世同久,夫是之谓大本。故丧祭、朝聘、师旅一也。贵贱、杀生、与夺一也。君君、臣臣、父父、子子、兄兄、弟弟一也。农农、士士、工工、商商一也。

"君臣、父子、兄弟、夫妇"作为人道的本质,"与天地同理,万世同久远",这种"本"很容易让我们想到"本立而道生",当我们把视线转向《礼记·仲尼闲居》篇②,孔子与子夏讨论礼乐时提到的"五至",从本质上看,也是一种"终始之道"。

> 子夏曰:"敢问《诗》云'凯弟君子,民之父母'何如斯可谓民之父母矣?"孔子曰:"夫民之父母乎! 必达于礼乐之原,以致五至,而行三无,以横于天下,四方有败,必先知之。此之谓民之父母矣。"
> 子夏曰:"民之父母,既得而闻之矣,敢问何谓五至?"孔子曰:"志之所至,诗亦至焉。诗之所至,礼亦至焉。礼之所至,乐亦至焉。乐之所至,哀亦至焉。哀乐相生。是故,正明目而视之,不可得而见也;倾耳而听之,不可得而闻也;志气塞乎天地,此之谓五至。"

---

① 唐君毅:《中国哲学原论·原道篇》,台北学生书局1984年,第475页。
② 关于这一篇,庞朴先生结合出土文献,认为:"不能不承认,它们确系孟子以前遗物,绝非后人伪造所成。"(《喜读"五至三无"——初读上博简(二)》,"简帛研究"网,2003年1月12日)

这里的"五至"描绘了由"志""诗""礼""乐""哀"构成的不可分割的链条,五至既是从情感、意志到教化的极致状态,也暗示着五者中每一种的达成都会带来一系列连通式的后果。对比荀子的"三者皆通",五者皆至,最终指向了也是"志气塞乎天地"的完美的"礼乐之道"。

孔荀礼学中对"通道"境界的描述,有着深厚的渊源,无疑也在一定程度上帮助我们解决了,或者说,至少提示我们从另一个角度去看待困扰我们已久的行道"动力不足"问题。"通道"说不必求助于内在化的"义",从唐君毅先生对荀子的解读,我们不难发现,通道说本身意味着一种可以视为行道基础与动力的"实得"概念,基于"实得",礼道方可贯通仁义,更可以成为规范与美德的结合点。但是,到目前为止,"通道"与"实得"两个概念的成立还是依靠互相界定,这使荀子的通道,更多地仍表现为一种描述式的理论,所以下一节,我们还将回到孔子,从关于仁的学说中继续探索"实得"。此外,排除了内在之义、礼以行义等说法的"干扰",我们可以大胆地说:孔子道论兼具规范性与创造性,正是因为它是一种礼乐之道。礼本身即是一种消极的规范,但同时也代表了积极的获得。

将《论语》中出现的义与道进行比较,不难发现,关于"义",孔子及其弟子谈得更多的是人对义的遵行①,"义"体现了礼道外在规范性的一面②。相比之下,人与道之间的关系则要复杂很多,道与义的这种对比有时会显得十分明显。《论语·先进》云:

> 季子然问:"仲由、冉求,可谓大臣与?"子曰:"吾以子为异之问,曾由与求之问。所谓大臣者,以道事君,不可则止。今由与求也,可谓具臣矣。"曰:"然则从之者与?"子曰:"弑父与君,亦不从也。"

---

① 尽管也称义为行动的原因,但郝大维、安乐哲也小心地视其为"禀赋"而非德行(《孔子哲学思微》,第74页)。不过这使得他们在阐释时,更多地从某种近乎美学的意义上去理解,而近似于《礼器》《荀子·礼论》中都提到的"礼义文理"。

② 梁家荣认为,礼与义都有为"周代特殊的社会结构所规定……的历史事实与社会事实的因素在内,因此我们就不能说'礼外义内',或者礼是外在的仪文,而义是内在的心性。是脱离了具体社会因素的抽象的'正当性'"。他进一步指出:"先秦儒家论述礼,根本就没有'礼外义内'这种讲法。就孟子而言,礼与义都是'内'的。"所以就"战国儒家一般立场"而言,"荀子其实才是儒家的大宗,而孟子则是'异端'"(可参看氏著:《仁礼之辨》,第149、158页)。这些说法,尤其是关于义之内外,是很有道理的。

而这里言"从",仍可见人与义之间的关系较为单纯①,以道事君则有可与不可之别,行道者自己的判断显得非常重要,这种判断有对君臣②、对天下③,可能也包括对"命"的衡量与判断④。《子罕》载孔子云:

> 可与共学,未可与适道;可与适道,未可与立;可与立,未可与权。

"立"与"权"比单纯的依道而行更受孔子推崇,或者说是行道的较高境界⑤,这也昭示了人与道之间多层次的关系⑥。而在荀子礼道学说中,除了通道外,道德主体行道的意志也是很重要的内容。《解蔽》云:

> 心知道然后可道,可道然后能守道以禁非道。以其可道之心取人,则合于道人而不合于不道之人矣。以其可道之心与道人论非道,治之要也。
>
> 欲之多寡,异类也,情之数也,非治乱也。欲不待可得,而求者从所可。欲不待可得,所受乎天也。求者从所可。所受乎心也。……故欲过之而动不及,心止之也。心之所可中理,则欲虽多,奚伤于治!……故治乱在于心之所可,亡于情之所欲。

人心对于道的选择最终还是要受到礼、理的限制,这里呈现出的内在意志与外在法则的互相规定。

陈来先生曾援引韦伯关于"仪式伦理"(专注于仪式礼义、行为)与"心志伦理"(前者的内在化,即不承认"神圣的法"而是承认"神圣的思想"后者可以根据

---

① 子路曾说:"不仕无义","君子之仕,行其义也"。
② 甚至会出现君主无道,而臣下"有道"的情况,"子言卫灵公之无道也,康子曰:'夫如是,奚而不丧?'孔子曰:'仲叔圉治宾客,祝鮀治宗庙,王孙贾治军旅。夫如是,奚其丧?'"(《宪问》)
③ 《论语》中邦国及天下言道处甚多,如"齐一变,至于鲁;鲁一变,至于道"(《雍也》)。此不备举。
④ "道之将行也与,命也。道之将废也与,命也。"(《季氏》)
⑤ 程颐认为"权"的意思是指行道者自己成为"权",也就是道的根源。
⑥ 孟子云:"悦亲有道:反身不诚,不悦于亲矣;诚身有道:不明乎善,不诚其亲身矣。……至诚而不动者,未之有也;不诚,未有能动者也。"这里的"反身"与"诚"说明人在行道方面极大的自由与动力所在。荀子云:"从道不从君,从义不从父。"(《子道》)尽管提到了不从,但仔细读来,这里不从的君与父,所从的道与义仍更近似于法则与规范。

情况而认可不同的准则)的理论来解释春秋时期的"礼仪之辩",并指出"向内在化发展似乎是古代文化向下发展的一个趋势。"关于儒家的礼,一方面,"'礼'当然不是原始宗教的禁忌体系,而是相当发达的文明的仪式准则体系。"但同时,他也指出:

> (礼)仍然是一种外在的约束体系,是"仪式准则"的约束体系。而当礼乐社会不能再继续维持的时候,当礼治秩序危机四伏的时候,德性体系必然应运而发展起来。伦理精神从自在(习惯)上升到自觉(内在)的过程中,从相对消极的"礼"到比较积极的"德",仪式准则体系必然要引入德性体系并最终将主导地位让位于德性体系。

有些矛盾的是,陈来先生似乎也并未将"德性伦理"完全归于内在化,他认为:

> 西周春秋思想的发展,是从"仪式伦理"到"德行伦理",不仅意味着"德行伦理"是从外在化到内在化发展的一个中间阶段,也意味着"德行伦理"在类型上是内外结合的,而不是非内即外的。

那么,孔子在外在准则的"礼"与内在之"德义"之间是否有所侧重呢? 关于这个问题甘怀真先生的看法很值得参考,他认为:

> 相较于孔子的重要学生子贡与宰我对于古礼的修正态度,孔子更坚持仪式的形式意义,虽然孔子能深刻自觉这些仪式符号的意义。①

这里涉及"仁"与"礼"关系这个大的话题,不过至少,孔子后学没有因重视仁、德、义的伦理自觉而彻底否定相对消极的礼之规范,《礼记·经解》云:

---

① 甘怀真:《先秦礼观念再探》,《皇权、礼仪与经典诠释:中国古代政治史研究》,华东师范大学出版社2008年,第17页。

夫礼,禁乱之所由生,犹坊止水之所自来也。故以旧坊为无所用而坏之者,必有水败。以旧礼为无所用而去之者,必有乱患。

故礼之教化也微,其止邪也于未形,使人日徙善远罪而不自知也,是以先王隆之也。易曰:"君子慎始。差若毫厘,谬以千里。"此之谓也。

礼作为强制性规范,《坊记》一篇亦多有论,但此处关于"礼之教化"能够使人"日徙善远罪而不自知",近于郭店楚简《尊德义》所云:"养心于慈良,忠信日益而不自知也。民可使道之,而不可使知之。民可导也,而不可强也。"而廖明春先生很久以前就将简文与《泰伯》中"民可使由之,不可使知之"联系起来。① 其实在这类说法荀子礼学中也有体现,《不苟》篇云:"君子大心则天而道,小心则畏义而节。"《非相》中则有所谓"兼术",也是就礼道两面性而言。

故君子之度己则以绳,接人则用抴。度己以绳,故足以为天下法则矣;接人用抴,故能宽容,因求以成天下之大事矣。

故君子贤而能容罢,知而能容愚,博而能容浅,粹而能容杂,夫是之谓兼术。

三、实得之道:礼道的两个层次及与"仁"的关系

上文我们论证了孔子之道本质上是一种本末、终始合一的礼乐之道,孔子之道呈现出一种"通道"的特点,使其能够实现创造性与规范性的结合,既有次第,可供学习者依循,也可以是一种法则②,同时,"实得性"允许行道所获在非先验意义上"内在"于人,而不需要借助孟子式的"义"。但关于行道动力与依据,究

---

① 廖明春:《荆门郭店楚简与先秦儒学》,载《郭店楚简研究》,《中国哲学》第二十辑,第56页。《荀子·大略》云:"君子之于子,爱之而勿面,使之而勿貌,导之以道而勿强。"其意亦同。
② 《孔子家语·六本》云:"子夏三年之丧毕,见于孔子。子曰:'与之琴。使之弦。'侃侃而乐,作而曰:'先王制礼,不敢不及。'子曰:'君子也!'闵子三年之丧毕,见于孔子。子曰:'与之琴,使之弦。'切切而悲,作而曰:'先王制礼,弗敢过也。'子曰:'君子也!'子贡曰:'闵子哀未尽,夫子:君子也。子夏哀已尽,又曰:君子也。二者殊情,而俱曰君子,赐也惑,敢。'孔子曰:'闵子哀未忘,能断之以礼;子夏哀已尽,能引之及礼;虽均之君子,不亦可乎?'"这个例子中,君子断情,引情皆以礼为规范。

竟是什么使得道在每一点皆通可以实现,"通道"论似乎只是提供了一种描述式的说明,进一步了解实得性,就必然涉及仁,以及仁与礼的关系。

陈来先生认为,"仁"不只是"德","仁"也是"道"。就是说,仁不仅是德性,而且是原则。依据主要是《论语·里仁》中一段孔子的话:

> 富与贵,是人之所欲也。不以其道得之,不处也。贫与贱,是人之所恶也。不以其道得之,不去也。
>
> 君子去仁,恶乎成名?君子无终食之间违仁,造次必于是,颠沛必于是。

这样理解,这一段话前半部分所说的"道"即是后边所说的"仁",两节间是一种平行的关系,似乎没有问题。徐复观先生对这一段的解读却有不同,尽管他也认为孔子"一贯"之道为"仁":

> 孔子总提一贯之道,应当即是"仁"。他(孔子)说:"君子无终食之间违仁,造次必于是,颠沛必于是。"可见仁是贯穿于人的整个生命生活之中。在孔子,仁是功夫,是一切学问行为的总动力,又是本体,是一切学问行为的总归宿。①

徐复观先生所言之"仁道",显然是专就后半段来讲,此作为"本体""总动力"之仁道看起来似乎当是高于前半节中合理对待富贵、贫贱之道了。古代学者中,王夫之正持类似观点,其解释且更能兼顾文本与义理。他认为:

> "君子去仁"两句,只结上文,无生下意。……只"不处""不去",便是存仁、去仁一大界限。到得"君子无终食之间违仁",则他境界自别,赫然天理相为合一……不但防人欲之见侵,虽人欲不侵,而亦唯恐天理之不现前矣。

---

① 劳思光先生也认为这一段:"道即依仁而立……(行道)动力即是仁。"(《新编中国哲学史》,第 97 页)徐复观先生还认为:"首先应当了解,《论语》上之所谓仁……只是一个人的自觉地精神状态。自觉地精神状态,可以有许多层级,许多方面。为了使仁的自觉地精神状态,能明白地表洽出来,应首先指出它必需包括两方面。一方面是对自己人格的建立及知识的追求,发出无限地要求。另一方面,是对他人毫无条件地感到有应尽的无限的责任。在简单说一句,仁的自觉地精神状态,即是要求成己而同时即是成物的精神状态。"将仁概括为"自觉的精神状态",和《孔子哲学思微》主张的"创造性"理论有共通之处。

始学之与极致,可同予以"不处""不去"之名,而其所不同者,则言去,言违,浅深自别也。……无违则不但存,而更不可以不去言矣。①

仁的境界高于规则之道,体现为仁不仅须"不违",且必须有所获得,即一种"实得",王夫之认为:

"三月不违仁"中有"雷雨之动满盈"意思。

异端所尚,只挣到人欲净处……圣贤学问,明明有仁,明明须不违,明明可至,显则在视听言动之间,而藏之有万物皆被之实。②

这种实德显然是本源自天理、天道。我们知道,王夫之很重视道与德的区别,目的就是为外在之道找到一内在基础,《读四书大全说》提出了从获得角度来看,存在着两种"德":德有源自性者而得者,又有因行道而得之德,前者才是最为可靠的"实得",后者则因为没有内在德的保障,被视为一种"弋获"。③ 所以,总体说来,道只是德之载体。④ 应当指出的是,这样的说法实质上还是贬低了道的价值。因为对行道者的要求主要限于"不违",不像"德"必有所获。⑤

----

① 《读四书大全说》,第236页。

② 《读四书大全说》,第283、284页。

③ 具体来说,王夫之认为:

德者,得也,有得于天者,性之得也。有得于人者,学之得也。学之得者,知道而力行之,则亦可以为德矣。性之得者,非静存动察以见天地之心者,不足与于此也。故不知德者,未尝无德,而起为德也,所谓弋获也,从道而得者也。(《读四书大全说》,第243页)

④ 关于这一点,王夫之的说法本"苟不至德,至道不凝"而来:

天下之大本者,性之德也;发而中节者,天下之道也。于天下见道者,如子路故优为之,于吾心见德者,非达天德者不能。从道而生德,可云有得,不可云知德……从德以凝道,则行焉而道无不行。……德也者,所以行夫道,道也者,所以载夫德也。(《读四书大全说》,第246页)

⑤ 两者的区别,王夫之曾在很多地方谈到,例如:

言德必有得,既去凶德,而抑必得夫令德,若言直,则即不周之谓。道者,离乎非道而即道也。故天地生生必有以生之,而非止不害其生,直特不害,而无所益。……仁智以进德,而直以遵道,进德者以精义入神,遵道者以利用安身。(《读四书大全说》,第430页)

初看起来,王夫之同《孔子哲学思微》一样,不愿意太过强调道之规范意味,很警惕将道视为刻板原则。王氏甚至认为"道不可笃信"①,但这里不应理解为完全否定规范,"离乎非道而即道""直以遵道"之类说法都可以看出船山并不否定遵守规范性质的道,"道不可法",但其"可用",道的作用是载德。

基于此,对《里仁》一节中道与仁,王夫之认为"境界自别""浅深自别",二者分属"始学"与"极致",分明是两种不同水平的道,既未如《孔子哲学思微》否定前者的规范性,也不像是陈来先生,对二者的区别未加重视。②

德之"实得"属性对于道有着重要意义。我们通过以下例子加以说明:钱穆先生在《论语新解》同样利用了《中庸》的"苟不至德,至道不凝焉",以此来阐发

---

① 对于子张"执德不弘,信道不笃"之说,王夫之持强烈的批判态度,尤其指出"道不可笃信",他认为:

   > 夫君子之于道,虽无或疑之也,虽未尝不率循之也,而穷变通久以曲成夫道者,则曰善道,其于德也,虽不执一以废百也,虽扩充之而达乎天下也,额洗心藏密以复其性之德者,则必曰笃信。故道可弘也,而不用夫笃信,德必笃信也,而不弘以执之也。唯笃吾所自信之德,而不徒信夫道,故患有所不避,而有时乎不死,以异匹夫之谅;非义所必不取,而有时不辞,以成上下之交。(《读四书大全说》,第488页)

   不过在对《泰伯》"笃信好学"的解释中,王夫之又提出信为"四德统综",君子于"天下之显道,固所深信,而疑之与信,相反相成。"这里所"信"的则是道德合一,基于"实得"之道,与虚道说并不矛盾。

② 王夫之需要为道之规范义找到某种内在的理据,才有了源自天的性德理论。而我们知道,关于德之"日新",是王夫之很有特色的一个理论,日新之德的存在使得行道所得仍具有"内在"价值。事实上,如果我们去掉王夫之学说中性德的部分,以"日新"即"日有所获"之"实得"取而代之,其理论在很大程度上仍可成立。对比《孔子哲学思微》坚持义之创新,王氏之说有着更好的弹性,可以容纳作为规范的道。曾昭聪先生认为:

   > 船山之所谓性,非单指一本质纯一不变之先天性德,而实兼指一涵有丰富内容之实存性藏也。此性藏以日发其钦明之心,以与物交故,乃亦日受天地之精,日备万物之理于己,而有其日新日成之内容……于是船山之说性,遂不同于阳明一派即心以说性,程朱一派即理以说性,或告子以下道家一派即存在之气质以说性。而是合创造之心、奉持之理、存在之气质为一之说性也。(《王船山哲学》,第82页)

   由此,对行道"阶段性所得",也就是"通道"中某一点而言,其实赋予了其更高的价值,这是由于船山对于个体与形而上本体间关系有着独特的认识:

   > 固然,船山、朱子俱是肯定此体(天及性)为一存有之密藏,然而不同者,是朱子仍偏于从形而上看,故其体是超越静存的、纯而不杂的,从散殊之众理中提炼成的统体之理。船山则不然……个体非是形上本体所作用之对象(若然则体用分为两截矣),而直是本体之一端而可直通全体者,于是个体乃真有其超越无限之尊严,且直是就其有限之存在而立其无限之尊严,非只就其心之创造性说其无限,而在不知不觉中贬损了形色之价值。(《王船山哲学》,第82页)

"人能弘道"之意,他说:

> 弘,廓大之义。道,指人道。道由人兴,亦由人行。自有人类,始则浑浑噩噩,久而智德日成,文物日备,斯即"人能弘道"。人由始生,渐至长大,学思益积益进,才大则道随而大,才小则道随而小。《中庸》云:"苟不至德,至道不凝焉。"此言非有大德之人,大道亦不在其身凝聚,此亦人能弘道,非道弘人也。若道能弘人,则人人尽成君子,世世尽是治平,学不必讲,德不必修,坐待道弘矣。

有学者指出这一说法,"因为取消了道的内在的规定性,道完全由人之行规定的时候,道就不是道了。因此,钱穆所理解的道,已经没有了任何价值意义。"①不得不说,这种批评有一定道理,"德""才"实际上是靠着道来显现,而道之成就又是由二者来决定,这样互相规定,确实失去了意义。

而本文将"通道"概念作为对内在超越论的替代,"三者皆通"意味着在任何行礼、行道过程中都可以视为"实得",这样的获得概念在《论语》中也有出现,体现为仁,《卫灵公》章载孔子云:

> 知及之,仁不能守之,虽得之,必失之;知及之,仁能守之,不庄以莅之,则民不敬;知及之,仁能守之,庄以莅之,动之不以礼,未善也。②

这里以"守"而非"爱人"言仁,王夫之认为旧说"以仁为主"存在问题,他认为:

> 但言仁,则为心德之全。今曰仁能守之,此其为德,唯在能守,而所守者又但其知之所及,则不可遽以全德归之。

应当说,王夫之在此已经接近以"获得"言仁,可惜始终无法突破"内在之德"的

---

① 冯晨:《"我欲仁,斯仁至矣"——对孔子仁的解读》,复旦大学博士学位论文,2012 年,第 67 页。
② 梁家荣认为:"这句话对我们理解孔子之道中的仁礼关系是甚为重要的,但可惜却为多数当代中国的儒学研究者所忽略。"(《仁礼之辨》,第 36 页)他认为这里表明,"孔子并没有把仁视为礼的充分条件,换言之,有礼则有仁,有仁却不一定有礼。"他还认为:"孔子不可能认为'仁能守之'犹是未善,而另外还须要'动之以礼'。"(《仁礼之辨》,第 36 页)我们认为梁氏这里显然忽略了一种可能,仁能守之云"未善"但却不一定是不善的意思,只是言其未尽善,未能成为一种通道。这里存在不同境界,而不是非此即彼。

限制。《荀子·不苟》云：

> 君子养心莫善于诚，致诚则无他事矣。唯仁之为守，唯义之为行。诚心守仁则形，形则神，神则能化矣；诚心行义则理，理则明，明则能变矣。

可以看出孔子和荀子都是以"守"（获得）言仁与仁义。① 孔子言"恒"，云"善人，吾不得而见之矣；得见有恒者，斯可矣。亡而为有，虚而为盈，约而为泰，难乎有恒矣。"皆是此义。②

---

① 梁涛先生认为："荀子则把诚看作实践仁、义的手段……荀子的'诚'恰恰是'行仁义也'，而不是'由仁义行'，是他律的道德活动而不是自律道德行为。"（梁涛：《荀子与中庸》，《邯郸师专学报》，2002年第2期）把荀子这里说的仁义视为对诚的限制，从而将仁视为一种"法则"，用孟子的"行仁义""由仁义行"之别批评，其实不尽合适。

《荀子》全书集中论"诚"之处并不多，尽管出现了"慎独"，但此处之"诚"也不应简单理解为对《中庸》学说的沿用或改造。这里诚统仁义，其实即是《大略》中"反本成末"之礼道，诚虽从心而言，但仍包含了"通道"的意味。至诚之道的功用或达到后境界乃在使所守为能"神"、能"化"之仁，所行者为能"明"、能"变"义，诚的功夫贯通仁义，并非目的与手段的关系能完全概况。而且，从这一段整体来看，"诚"所指也非心性，而是礼道，圣王以礼义治政之"操术"，后文云：

君子审后王之道，而论于百王之前，若端拜而议。推礼义之统，分是非之分，总天下之要，治海内之众，若使一人。故操弥约而事弥大；五寸之矩，尽天下之方也。故君子不下室堂而海内之情举积此者，则操术然也。

关于此种道之境界、功用，则云：

君子位尊而志恭，心小而道大；所听视者近，而所闻见者远。是何邪？是操术然也。故千人万人之情，一人之情是也；天地始者，今日是也；百王之道，后王是也。

心小道大，则并非"夸大诚心的能动性"，道与诚固然可以由"政事"推广至"天地"，云：

善之为道者，不诚则不独，不独则不形，不形则虽作于心、见于色、出于言，民犹若未从也，虽从必疑。天地为大矣，不诚则不能化万物；圣人为知矣，不诚则不能化万民；父子为亲矣，不诚则疏；君上为尊矣，不诚则卑。夫诚者，君子之所守也，而政事之本也。

但并不意味着诚纯乎心性概念。《礼论》言礼亦云：

天地以合，日月以明，四时以序，星辰以行，江河以流，万物以昌，好恶以节，喜怒以当，以为下则顺，以为上则明，万变而不乱，贰之则丧也。礼岂不至矣哉！立隆以为极，而天下莫之能损益也。

② 《礼运》云："故治国不以礼，犹无耜而耕也；为礼不本于义，犹耕而弗种也；为义而不讲之以学，犹种而弗耨也；讲之于学而不合之以仁，犹耨而弗获也；合之以仁而不安之以乐，犹获而弗食也；安之以乐而不达于顺，犹食而弗肥也。"仁言获、礼则言肥。

《论语》中还有一处涉及仁之"实得"：

> 樊迟问知。子曰："务民之义，敬鬼神而远之，可谓知矣。"问仁。曰："仁者先难而后获，可谓仁矣。"（《雍也》）

虽然还是拘泥于"全德"之说，但王夫之对"先难后获"的解读还是把握住了仁之获得义：

> 其云仁者，又云可谓仁矣，盖括始终以为言也，知者无不知，唯民义之尽，而鬼神之通，仁者心得之全，则日进于难，而日有所获也。故务民义、敬远鬼神是居要之务；先难后获，是彻底之功。

值得注意的是，这里孔子所言之"知"实质上即是礼①，船山提出"知有尽而仁无尽，事有数而心无量也"，"无尽无量"指向的正是日有所获之"仁"，也可以认为是一种从获得角度定义的"道"。至于知与事显然属于义的范畴，"有尽有数"，自然是一种规范义，二者间有始终之别（"居要"与"彻底之功"），但并不是非此即彼的关系。

仁的实得性是礼乐之道成为"通道"的关键，或者说，有了仁，通道也成了一种实得之道。没有仁，无论"三者皆通"，还是礼乐之"五至"，都只是对行礼最高境界的一种描述而已，但是随之而来的问题就是：仁本身为什么不能成为道？这

---

① 清人刘宝楠即主此说(参看：《论语正义》，第1113页)。此外，《礼记·礼运》云："夫礼之初，始诸饮食。其燔黍捭豚，污尊而抔饮，蒉桴而土鼓，犹若可以致其敬于鬼神。""后圣有作……以养生送死，以事鬼神上帝，皆从其朔也。""礼义也者，人之大端也……所以养生、送死、事鬼神之大端也。"此皆"务民之义，敬鬼神而远之"，《大戴礼记·诰志》也将礼与仁知、事神与民义合讲，其云：

> 公曰："然则何以事神？"子曰："以礼会时。夫民见其礼则上不援，不援则乐，乐斯无忧，此以怨省而乱不作也。夫礼会其四时，四盂四季，五牲五谷，顺至必时其节，丘未知其可以远灾也。"
> 公曰："然则为此何以？"子曰："知仁合则天地成，天地成则庶物时，庶物时则民财散，民财散以时作；时作则节事，节事以众众，动众则有极；有极以使民则劝，劝则有功，有功则无怨，无怨则嗣世久，世久惟圣人！"

可见，礼"会时"以"事神"，尤重使民"无怨"。会时之礼能"节"，欲"远灾"则还须"知仁合"，这是圣人才能做到的。

还要谈到孔子学说中仁与礼乐之道的关系。

涉及"仁"与"礼"的关系,《论语》最重要的段落莫过于《八佾》中这一句:

> 子曰:"人而不仁,如礼何? 人而不仁,如乐何?"

对这一句的解读大多可以归纳为仁决定了礼①,我们在此要质疑的恰恰是这一点,仁与礼是孔子最常提起,也最珍视的,但无论是在《论语》还是其他文献中,我们很少看到孔子因为"不仁"的原因而批评行礼者不知礼或失礼。考虑到孔子不轻以仁许人,这无疑是很正常的,因为承认仁是一种很难达成的成就,再将其视为决定礼存在与否的必要条件,那孔子只能面对极少人能真正知礼、行礼的难题了,又怎么会将"立于礼、成于乐"作为修养的必要课程呢? 近来梁家荣先生指出"仁只是入门功夫""复礼即仁"的说法,尚有待商榷。② 另一方面,如果仁并不是很难的事情③(容易又必要这种说法本身也显得很别扭),孔子又何必在此加以强调呢?

如果说以上我们对仁的解释显得过于极端,宽泛一些,这句话表达的意思也许是:"仁方面的成就决定了行礼方面的成就",似乎可以避免前面的问题,但这种说法在《论语》中找不到其他证据,即使不认为这是错误的说法,也会使我们错过孔子思想中更有价值的内容。

孔子并没有认为礼是一种被决定的东西,恰恰相反,礼在孔子道论中处于核心的地位,而"仁"的重要性则在于,孔子认为以仁为旨归的行礼方式,是一种更好的行礼方式,如果一定要谈"决定",仁也只有在一种意义上决定礼——"仁决定了最完美的礼必然是一种包含仁的因素的礼"。在孔子与其二位弟子的对话中,我们可以看到这种思路,巧合的是,这两位弟子仍然是子游与子夏,《孔子家

---

① 可参看梁家荣对旧说的总结,《仁礼之辨》,第 33—35 页。

② "颜渊问仁",孔子的回答"克己复礼",主要是从戒律角度言礼,《家语·正论解》亦记孔子言"克己服义,可谓善改"。单从字面上解释,似乎可以推出复礼便即是仁,但仁与礼皆有不同层次成就,不能由此认为孔子对"更好的仁"没有从积极、获得一面进行要求,正如不能因为孔子言"四非",就把礼限定为关于"不能作什么"的戒律。

③ 杜维明先生认为:"仁象征着人性在其最普遍的也是最高的完善状态中的整体表现。"见氏著:《仁:论语中一个充满活力的隐喻》,《杜维明文集》(三),武汉出版社 2003 年,第 275 页。

语·曲礼子夏问》云：

> 子夏问于孔子曰："客至无所舍，而夫子曰：'生于我乎馆'，客死无所殡。夫子曰，'于我乎殡'，敢问礼与？仁者之心与？"
>
> 孔子曰："吾闻诸老聃曰：'馆人使若有之恶有之，而不得殡乎。'夫仁者制礼者也，故礼者不可不省也，礼不同不异，不丰不杀，称其义以为之宜，故曰我战则克，祭则受福，盖得其道矣。"

"于我乎殡"的做法大约为礼书不载，而子夏显然是认为作为规则的礼与仁者之心不同，期待孔子在二者间做一选择。从这一点来看，孔子回答不是那么直接，但很耐人寻味，"仁者"是制定礼的人，无疑是指出礼不能被视为单纯遵守即可的法条（因为总会有礼文不备的情境），故而行礼者还须"省"。① 关键在于，从下面孔子的话来看，也并不就是直指行礼的依据、基础全在仁者之心，换言之，仁之于礼的必要性显然不是讨论的重点，否则"仁者制礼者也"之后就当顺理成章谈论仁之重要性，而不会着重言礼了，孔子这里的意思是说："行礼中体会到仁的存在，方可称之为完美的行礼（称其义），进而成为一种必然成功之道。"这里的"制"，与其说讲仁决定了礼，不如说已经默认礼中皆有仁的成分（仁人所制）②，关键还是在行礼、行道中体察仁之于礼"多出的东西"，如此才能在面对行礼难题时更好的化解。并不是如子夏所问，将规则之礼与仁者之心割裂开来。正如《中庸》"苟不至德，至道不凝"，也不是意在将德与道分开谈论其关系（那样便成了"无德则道不凝"），而是强调"至道"如何达成。

如果说子夏是因为重视礼之规范性而缺乏对仁所代表的行礼创造性体会，那么孔子对于本来已经对"礼之本"体会颇深子游，又会有怎样的教诲呢？《礼记·仲尼燕居》云：

> 子贡越席而对曰："敢问将何以为此中者也？"子曰："礼乎礼！夫礼所

---

① 此句又见于《礼记·礼器》。
② 至于仁与礼二者孰轻孰重，仁是否决定礼的存在，后人自然可以讨论，但并不是孔子所要论述的重点。

以制中也。"

子贡退,言游进曰:"敢问礼也者,领恶而全好者与?"子曰:"然。然则何如?"子曰:"郊社之义,所以仁鬼神也;尝禘之礼,所以仁昭穆也;馈奠之礼,所以仁死丧也;射乡之礼,所以仁乡党也;食飨之礼,所以仁宾客也。"

这一段之前,孔子对礼之重要性已经强调的无以复加①,精于礼学的子游,自然也不会再问礼本身是否有价值,或仪文度数之类,此问当是就礼之精神内涵或精微之处而言。有趣的是,子游问礼,孔子却答之以仁,"鬼神、昭穆、死丧、乡党、宾客",皆以仁言,这里的仁如果用"爱人"来解释显得颇为勉强,而"仁者,人也",则比较合适。孔子所说,显然不是郊社诸礼仅仅是"达成仁的手段"的意思,这里的仁是被置于鬼神诸礼之中来理解的,体现的是"以礼周流,无不遍也""君子无物而不在礼",与其说认为礼全由仁决定,倒不如说孔子在引导子游从礼之最广泛、最完美形式中看到了仁的存在,这才是"领恶全好"的真谛。礼不仅是消极的规范,更有积极的获得,而孔子为子游讲明的正是"全好"的达成,礼之功用最大化的达成必须借助仁,唯如此,由"无物不在礼"而"无物不在仁"。这里一问一答,说的不是礼的基本功能,而是最高境界,礼使人在"鬼神、昭穆、死丧、乡党、宾客"所有的这些关系与处境之中,达到一种完美的存在,这才是一种真正的"生命"。② 这里讨论的是因仁之介入而达成的完美之礼,即造就真正的人,这种造就更是在现实政治中完成的,所以孔子才会接下来说:

明乎郊社之义,尝禘之礼,治国其如指诸掌而已乎! 是故,以之居处有礼,故长幼辨也;以之闺门之内有礼,故三族和也;以之朝廷有礼,故官爵序也;以之田猎有礼,故戎事闲也;以之军旅有礼,故武功成也。是故,宫室得其度,量鼎得其象,味得其时,乐得其节,车得其式,鬼神得其飨,丧纪得其

① 参看《仲尼燕居》开篇,此处不备引。
② 如《礼记·哀公问》:孔子为哀公言礼,"民之所由生,礼为大,非礼无以节事天地之神也,非礼无以辨君臣、上下、长幼之位也,非礼无以别男女、父子、兄弟之亲、昏姻、疏数之交也。君子以此之为尊敬然。"此为礼之"大者"。后云:"然后以其所能教百姓,不废其会节。有成事,然后治其雕镂文章黼黻以嗣。其顺之,然后言其丧算,备其鼎俎,设其豕腊,修其宗庙,岁时以敬祭祀,以序宗族。即安其居,节丑其衣服,卑其宫室,车不雕几,器不刻镂,食不贰味,以与民同利。"方是一般意义上的"礼"。

38

哀,辨说得其党,官得其体,政事得其施。加于身而错于前,凡众之动得其宜。

这里对礼、义的洞察带来政治领域成功(天下有道、天下有礼)①,绝不意味着孔子是把礼之数或义直接代换至政治领域②,混淆了二者的界限,以仁为旨归的行礼,人道才是孔子的政治理想,《哀公问》云:

> 孔子侍坐于哀公,哀公曰:"敢问人道谁为大?"孔子愀然作色而对曰:"君之及此言也,百姓之德也! 固臣敢无辞而对? 人道,政为大。"

言人道,并不因为"政为大"而成为虚位,人道的价值恰恰在于使得政道达成最大的成功,反过来也意味着政道存在本身不是全由仁道所能概况。仁与礼之间的关系,亦当如此。③

综上,"人而不仁如礼何"并不是抽象地来探讨没有仁就没有礼④,这一命题即使成立,对于关注如何更好行礼行道的孔子道论也没有任何实质性的帮助,或者说只是一种不言自明的入门课程⑤,孔子真正想说的是:"以仁为旨归的行礼

---

① 言"明礼"与"治国",不难读出由礼而仁,"先难后获"。《礼记·祭义》云:"天下之礼,致反始也,致鬼神也,致和用也……合此五者,以治天下之礼也,虽有奇邪,而不治者则微矣。"

② 孔子说"为政以德"(《为政》)"为政先礼"(《礼记·哀公问》),子张问政,子曰:"君子明于礼乐,举而错之而已。"(《仲尼燕居》)仍须有明之、措之之功,孔子说"为国以礼"(《先进》),但事实上,除了对"颜渊问为邦",孔子少有单纯以礼乐作为治国之道,著名的"道之以政,齐之以刑,民免而无耻;道之以德,齐之以礼,有耻且格。"(《论语·为政》)朱子认为,德礼与政刑"不可偏废""圣人为天下,何曾废刑政"。作为一个清醒的政治家,孔子有这样的主张,其实很正常。《孔子家语·刑政》亦云:

> 仲弓问于孔子曰:"雍闻至刑无所用政,至政无所用刑。至刑无所用政,桀纣之世是也;至政无所用刑,成康之世是也。信乎?"
> 孔子曰:"圣人之治化也,必刑政相参焉。太上以德教民,而以礼齐之,其次以政言。导民以刑,禁之刑,不刑也。化之弗变,导之弗从,伤义以败俗,于是乎用刑矣。"

也是德礼、政刑并用。

③ 梁家荣认为"仁是礼的必要条件,礼是仁的充分条件",还认为,"二者关系并不对称"。我们认为,孔子强调的是:仁是"更好行礼"的必要条件,而说充分条件,也只能就这种达成"通道"之礼而言。

④ 亦不能就此推出有礼就有仁。

⑤ 毕竟,人如果不仁,带来的问题就不仅仅是导致人不能行礼了。

方式才能够达成最为完美的礼",才能使得礼道成为一种"实得",进而作为"通道"的基础。礼乐之道尽管有着与仁义密切的联系,但本质上是一种礼的哲学,事实上,尽管仁礼关系《论语》中由于决定说而显得有些混乱,但如果我们将视野放宽到《礼记》所收录的全部关于礼的哲学,很容易发现,很多地方谈到了两种礼,《曲礼》云:

> 太上贵德,其次务施报。礼尚往来,往而不来,非礼也;来而不往,亦非礼也。人有礼则安,无礼则危。故曰:礼者不可不学也。

这里以往来、施报言礼,是《礼记》的特色,而《礼记》言德,固然高于施报之礼,但却绝非完全隔绝,亦非某种"内在超越",而是代表着一种能带来更大报偿的行礼方式,《坊记》云:

> 子云:"上酌民言,则下天上施;上不酌民言,则犯也;下不天上施,则乱也。"故君子信让以莅百姓,则民之报礼重。《诗》云:"先民有言,询于刍荛。"

"信让以莅百姓"无疑就是《论语·里仁》孔子所说的,"能以礼让为国乎,何有?不能以礼让为国,如礼何"①的意思。《坊记》这里在一般施报之外,谈的显然是如果君主能酌民言,为政以德,则百姓以君主所施之礼为"天上施"②,其报礼重,自然是形容君子行"信让"之德政、德礼带来的回报,《荀子·大略》云:

> 人主仁心设焉,知其役也,礼其尽也。故王者先仁而后礼,天施然也。

---

① 王夫之有一个很独到的见解,他认为礼让"非对争夺而言",孔子的目的是指出如何更好地以礼为国(即行礼中体现"让"),而不是一般性讨论"礼让"与"为国"间的关系。王夫之敏锐地看到,这段话已默认了以礼治国的前提(毕竟礼当时还是"天经地义"的存在),因为世间并不存在以"争夺为国"的君主或理论,即使有这等荒谬之说,又何须孔子去驳斥呢? 所以旧说显得孔子之言无的放矢。这一解释对我们理解仁礼关系有很大的参考价值,可惜王氏自己还是没有将这一说法应用到"人而不仁如礼何"的解读中。
② 这里的天道,《哀公问》也有论述:"君子何贵乎天道也? ……无为而物成,是天道也。已成而明之,是天道也。"但天道之于礼道,显然不是为内在之德提供形而上基础。

这里礼言"尽"而统仁义,自不待言,先仁后礼,如果理解为仁决定了礼,则显然与前文矛盾。"先仁"无疑仍是"太上贵德",以仁为旨归的行礼方式,而高于一般施报之礼,原因即在于其"仁""德"如天之"施"。

对两种礼道阐释最为详尽的是《表记》一篇,其云:

> 子言之:"仁者,天下之表也;义者,天下之制也;报者,天下之利也。"
>
> 子曰:"以德报德,则民有所劝;以怨报怨,则民有所惩。《诗》曰:'无言不雠,无德不报。'《太甲》曰:'民非后无能胥以宁;后非民无以辟四方。'"
>
> 子曰:"以德报怨,则宽身之仁也;以怨报德,则刑戮之民也。"

这里"仁""德"之礼与施报之礼的关系显得尤其紧密,四种"报"中,以德报德显然带来最高的报偿,即所谓"天下之利"①,德以施报而言,固然意味着德在礼之中,但一方面,德存在于行礼双方,不求报而必报,如"天上施";另一方面,这种德的本质,显然即是天下之表的"仁",包含仁的行礼才能带来最大的回报。

"报者,天下之利也",也是从礼之施报而言,报即是礼,只是但这里强调的是最为完美的一种礼的实现②,"天下之利",也就是《坊记》所说的"报礼重"。这种最为完美的礼的境界不是一般的礼所能涵盖,所以或言德,或言报,此处显然认为通过以仁为"天下之表"来达成。总之,是两种层次的礼之政治秩序的实现,而不是隔绝或相反。

这两种礼,归根到底是两种不同的行道或行道方式,《表记》云:

> 仁者右也,道者左也。仁者人也,道者义也。厚于仁者薄于义,亲而不尊;厚于义者薄于仁,尊而不亲。道有至(有)义有考。至道以王,义道以霸,考道以为无失。

---

① 这里的"天下"即如"天下有道",如云"报者,利也",则难以表达这种含义。

② 对此处仁、义、报(礼)并列,古代注家的解说往往没有将三者作为一个整体来考虑,此处"义"的含义尤其不能释为"德行"或"宜",本篇后文云:"君子之所谓义者,贵贱皆有事于天下",则义之所指即为礼义、分义,是就人于礼之秩序中地位而言。"仁者天下之表",指的是仁的加入使得礼义的实现达到一种最大化,这里即是以礼统仁义,同时也体现了礼道两个不同层次。

《表记》中孔子言论的真实性学术界尚有争议①,这里以仁、义言道,似乎却还有一个显而易见的矛盾,既然"道者义也",又存在高于"义道"的"至道",那么"至道"指的是什么呢? 古代注家各持己见,却没有注意"道有至(有)义有考"句中的"道"其实是"行道"的意思。② 作为一个抽象的概念,道具有义的性质,正如仁包含人的要素,在较低层次上,道由义或者说规则来界定,但就较高层次,或者说完美的行道而言,道则同时包含了仁与义。基于"实得",这两个层面的"道"并不矛盾,此外,《表记》还从二者难易及收获的角度加以分别:

> 仁之为器重,其为道远,举者莫能胜也,行者莫能致也,取数多者仁也;夫勉于仁者不亦难乎? 是故君子以义度人,则难为人;以人望人,则贤者可知已矣。

"以义度人"对应的"义道",即将道视为外在规范的行道,要注意的是,这里尽管说难为人,但并未否定义道(即礼义之道)价值,"取数多者,仁也",数同样需要从"实得"角度理解③,意味着义道也可以获得仁("难为人"未必不可为)。但是,"以人望人"的行礼行义方式才是通达"至道"的最好途径(贤者可知)。这里古代注家对"望"的解释多与"度"之法则、测度之义无别,其实错过了重点,"望"代表了不同于单纯规范性的行道方式,也就是"仁者天下之表"所蕴含的最为完美的行道方式,本质上依靠的是生命意志(仁者人也)作为表率的力量。

关于两种不同境界的礼道,在《礼运》大同小康之论中体现得淋漓尽致,大

---

① 程颐认为:"《表记》亦近德。"王锷先生认为:"是战国前期子思的著作。"(参看氏著:《礼记成书考》,中华书局 2007 年,第 79 页)黄怀信先生认为,篇中"子曰"者,当为子思之言(《由〈表记〉之仁看〈表记〉之子》,《中国哲学史》,2014 年第 1 期)。不过我们认为,本篇关于仁的思想尽管与《论语》有别,但二者间有着深刻的内在联系。郭店简《语丛三》说:"仁生于人,义生于道,或生于内,或生于外",也与《表记》之说类似。

② "道"释为"行",宾语"蒙下文而省",仍是行道之义。旧说皆释为名词之"道",所以在文本上难以讲通。

③ 所以上文云:"仁有数,义有长短小大。中心憯怛,爱人之仁也;率法而强之,资仁者也。《诗》云:'丰水有芑,武王岂不仕! 诒厥孙谋,以燕翼子,武王烝哉!'数世之仁也。国风曰:'我今不阅,皇恤我后。'终身之仁也。"古代注家多将"数"与"长度大小"理解为互文,其实"长短小大"指的是突出作为规范性的礼义,仁之"数"则是"实得"。正与下文言仁、义呼应。

同之世,"大道之行,天下为公",而"大道既隐"的"小康"之世则有"礼义以为纪"。这里对于大同小康境界之别,尤其礼的起源的说法,自来多有怀疑①,但不少学者也试图加以弥合,从我们之前阐释的两种礼道说来看,一些沟通大同小康说法颇有价值。宋人张载即认为:

> 孔子言王者必有世而后仁,仁即大道之行也,……仁固有深浅,大道之行,由礼义而行者也。礼义以为纪,行礼义者也。……(大同之世)虽则无为,亦未尝忘礼义以为纪,盖不可无也。②

张载认为:"礼运本是大片段文字,……大意须是据大体而观之乃能见,若字字句句细碎求之,必不能得。"牟宗三先生的看法可谓不谋而合,他认为"礼运可晚出,而其义必有传授""孟荀俱大儒,而对于政权政道之反省终不及":

> 大同实可说是礼运之历史发展中要逐步实现之理想。今置于历史之开端,故于言三代小康之局时,措辞稍有不妥,或令人有可误会之处,……在小康之局时,须谨于礼,则一方礼似乎只是消极之意义,一方似乎在大同时即可不须谨于礼。此即措辞不妥,而可误引也。礼无时可缺,无时不须谨。即大同时亦然,且其实现与表现将更多。是以此段措辞不妥,而有误引,然吾人不可顺之而有误解也。③

其实,萧公权先生也曾指出:

> 大同之义,高尚优美,虽出于孔子雅言之范围,尚不与儒学之宗旨相反

---

① 近年来,杨朝明先生对这一问题有较为细致的研究,他结合对《孔子家语》所收《礼运》的异文分析,认为孔子只谈论大同,而大同即是三代行礼道之时,《礼记》中的"小康"部分是后来编者所加。参看氏著:《〈礼运〉成篇与学派属性等问题》,《中国文化研究》2005 年春之卷,第 24—34 页。这些看法都很有价值,但是我们认为,很多坚持大同小康为孔子学说的说法仍有可继续探讨的余地。
② 《礼记集说》,第 246 页。要注意,张载这里说"礼义"而非"仁义",礼道有两种相通的不同境界。显然与孟子关于"由仁义行""行仁义"的说法有很大分别。
③ 牟宗三:《政道与治道》,《牟宗三先生全集》第十册,台北联经出版社 2003 年,第 13 页。

背。例如称天下为公,斥世及为礼,殆即引申以德取位之教,不独亲其亲、子其子,殆脱化于泛爱之言,大同似仁道之别名,小康近从周之大意,彼此虽有程度之差,而内容无实质之别,吾人如放弃疑古之谨慎态度,承认大同为孔子之理想,或不至蹈严重之错误。[①]

由此我们发现,"大同小康"论正是孔子融会规则与"实得"概念的礼乐之道在政治哲学方面的完美体现。

---

① 萧公权:《中国政治思想史》,辽宁教育出版社 1998 年,第 70 页。

《礼记》中的"义数之辨"

——对《礼运》《礼器》中两处文本的重新解读

　　先秦礼学中,将礼划分为"义"与"数"进行探讨是一种很常见的思路,而对义与数二者间关系的说法,从《论语》到《礼记》诸篇,有着很大的变化。《论语·阳货》记孔子云:

> 礼云礼云,玉帛云乎哉? 乐云乐云,钟鼓云乎哉?

孔子这里的意思只是讲礼不只是器物、仪节,除此之外,礼还有着更丰富的内容,很显然,并没有对礼之名物度数有贬低的意思①,程颐说:

> 礼只是一个序,乐只是一个和……天下无一处无礼乐……礼乐无处无之,学者要须要识得。

这是把礼乐全然理解成了义理、性情层面的东西,未必准确,但说"天下无一处无礼乐",着眼于礼乐的范围来谈,应当与孔子这句话的原意较为接近。② 相比之下,王夫之则一依朱子"本末"之说,则将这一句与著名的"人而不仁如礼何"

---

① 《论语》中另一个著名的例子是孔子对子路所说的"尔爱尔羊,我爱其礼"(《八佾》)。不少学者将其解读为孔子更重视礼之精神内涵,但这里的爱"礼"完全可以从孔子主张坚持仪节完整性的角度来解释,可以参看甘怀真:《先秦礼观念再探》,收入《皇权、礼仪与经典诠释:中国古代政治史研究》,华东师范大学出版社 2008 年,第 17 页。

② 《仲尼燕居》记孔子云:"吾语女礼,使女以礼周流,无不遍也。""礼者何也? 即事之治也。君子有其事,必有其治。""君子无物而不在礼。"

结合起来,认为这里说的其实就是"不仁之人"不能"兴于礼乐"①,也就是礼之义决定了礼之数的意思。

《礼记》中言义与数关系最著名的段落在《郊特牲》一篇:

> 礼之所尊,尊其义也。失其义,陈其数,祝史之事也。故其数可陈也,其义难知也。知其义而敬守之,天子之所以治天下也。

义尊于数的说法②对后来的礼学家影响极大,沈文倬先生曾指出:"《郊特牲》谓'礼之所尊尊其义',无义,礼何云哉!"③不过,其实这段话里贬低为祝史之事的只是"失其义陈其数"的做法,而不全是针对礼数本身而言。但主张义尊于数的学者在《礼记》中还会发现其他有利的证据,其中最常被提及的有两则:"礼以义起"(《礼运》)与"忠信之人可以学礼"(《礼器》)。前者中的"义"被理解为适宜,依据"义"的原则,可以改动或创造礼文。后一说则认为行礼者的道德修养决定了礼的存在与否。可以看到"义起"说中的"义"指的是礼的意义与功用,而"忠信"说则将义理解为德,而最终均指向尊义而轻数。与这两种说法相关类似的段落,《礼记》中还有不少,大多也被从这两个角度加以诠释。这里要指出的是,这两种说法后世广为人知,我们在此无意探讨其在思想史上的影响,更不是试图否定其在历史上的积极影响,而是试图回到《礼记》文本脉络之中,去探求此类说法原本的含义及其与义数之辨间的关系。

一、"义"作为礼之意义:"礼以义起"辨析

《礼运》篇中曾提出过一个关于人心与教化的难题:

---

① 王夫之:《四书训义》,岳麓书社 2011 年,第 474 页。

② 这段话与孔子对易的看法类似,马王堆帛书《要》篇记录孔子云:"《易》,我后其祝卜矣,我观其德义耳也。幽赞而达乎数,明数而达乎德,……赞而不达于数,则其为之巫;数而不达于德,则其为之史。……吾求其德而已,吾与史巫同途而殊归者也。"

③ 沈文倬:《宗周礼乐文明考论》,浙江大学出版社 1999 年,第 29 页。

> 饮食男女,人之大欲存焉;死亡贫苦,人之大恶存焉。故欲恶者,心之大端也。人藏其心,不可测度也。

人心无法测度,自然难以治理,对此,精于礼学的作者,给出答案并不意外:"美恶皆在其心,不见其色也,欲一以穷之,舍礼何以哉?"而在《礼运》的最后一节中,礼与人情的问题被再一次提起:

> 故礼义也者,人之大端也,所以讲信修睦而固人之肌肤之会、筋骸之束也。所以养生送死事鬼神之大端也。所以达天道,顺人情之大窦也。故唯圣人为知礼之不可以已也,故坏国、丧家、亡人,必先去其礼。

这里再度强调礼之重要性,也呼应了开篇大同小康论后,孔子对礼之重要性的强调。

> 夫礼,先王以承天之道,以治人之情。故失之者死,得之者生。《诗》曰:"相鼠有体,人而无礼;人而无礼,胡不遄死?"

而之前提及的"故礼义也者,人之大端"这一段,元代学者吴澄认为:"'顺人情'三字,为此条之体要,自此以至终篇,皆演'顺'字之意。"①后面研究会发现,这一说法是很正确的。

礼作为"大端""大窦"之意,古代注家往往理解为一种使人成人之工具、凭借或途径,成人的具体内容即是三个并列"所以"所指出的。古代学者多持此说。例如,孔疏云:"孔穴开通,人之所出入,礼义者,亦是人之所出入。"孙希旦云:"窦,孔穴也。孔穴,物之所出入,礼亦天道人情之所由以出入也。"②

这种工具的重要价值自然毋庸讳言,王夫之《章句》云:

---

① 《礼记集解》,第617页。
② 同上。又,孙氏言"大端"为"大端绪"之义,前代注家亦多用此说。广陵胡氏则将"端"与孟子"四端"联系,说见《礼记集说》,第343页。

　　　　人之大端,谓吉凶得失之主也。……礼本于天德而道不虚行,非达天德
　　者不能体之。①

　　不过,我们认为,旧说似乎均未注意到这段文本中很重要的一点,开篇作为
人心之大端的自然欲恶之心在此已经被"养生送死,事鬼神""达天道,顺人情"
的"大端""大窦"所取代,欲恶之心是人的某种自然本质,这里"礼义也者,人之
大端"无疑是暗示,礼义在某种程度上也是"内在"于人的,所以紧接着下文出现
了"故礼之于人也,犹酒之有蘖也,君子以厚,小人以薄"的比喻,这种思路很容
易让我们联想到孟子所说的"君子所性,仁义礼智根于心"。
　　孟子学说中道德有先天的内在根据,并不妨碍其"养"的理论,但就本篇而
言,前文讲到人心难测,此处礼义为人之内在存有的说法,难免会显得有些突兀,
所以准确地讲,礼义作为"人之大端"尚不能简单地说成礼"内在"于人,最多可
以被视为一种修炼、修养的结果(《礼运》作者看来,这种结果有一定的必然性),
那么这种修炼是顺从人之自然性情,还是更多体现为一种矫饰呢?
　　随之而来,还有另一个问题,回顾吴澄所提出的"顺"对于这一段的重要意
义,对比开篇就提出了人心难以测度的难题,从逻辑上看,此处突然提出顺人情
的命题是否有些突兀呢? 关于礼顺人情,很容易联想到荀子的学说:

　　　　礼以顺人心为本,故亡于《礼经》而顺人心者,皆礼也。(《大略》)

日本学者冢田虎曾质疑:"此言可疑,如《记》所谓'礼可以义起'也。则亡于礼
经,亦犹可也乎? 苟以顺人心者为礼,乃恐有大弊。"②这是很有道理的。而在这
句话之前,《大略》篇云:

　　　　夫行也者,行礼之谓也。礼也者,贵者敬焉,老者孝焉,长者弟焉,幼者
　　慈焉,贱者惠焉。

---

① 《礼记章句》,第 567 页。
② 王天海:《荀子校释》,上海古籍出版社 2005 年,第 1044 页。久保爱、王天海皆释"背"为负义。意谓
　　不在礼经者,所凭恃的依旧是礼。

赐予其官室,犹用庆赏于国家也;忿怒其臣妾,犹用刑罚于万民也。

君子之于子,爱之而勿面,使之而勿貌,导之以道而勿强。

尽管这一篇是语录连缀,未必全有内在联系,但"庆赏""刑罚"之用,"导之以道而勿强"之说还是显示出对礼的认识,虽然不完全是强制,但仍突出对人心的引导与教化。事实上,荀学中缺乏孟子式的道德内在化理论,全然顺性之说必然会遇到极大障碍,《大戴礼记·曾子制言上》有一段与《大略》篇很相似:

夫行也者,行礼之谓也。夫礼,贵者敬焉,老者孝焉,幼者慈焉,少者友焉,贱者惠焉。此礼也,行之则行也,立之则义也。今之所谓行者,犯其上,危其下,衡道而强立之,天下无道,故若天下有道,则有司之所求也。

故君子不贵兴道之士,而贵有耻之士也;若由富贵兴道者与贫贱,吾恐其或失也;若由贫贱兴道者与富贵,吾恐其赢骄也。夫有耻之士,富而不以道则耻之,贫而不以道则耻之。

这里既然很警惕由"富贵""贫贱"兴道者容易产生的问题,显然不能说是单纯的顺应人情,所贵之"有耻"明显包含道德成分①,是对自然情感加以修炼的结果。

要指出的是,即使单纯从训诂角度出发,"顺"也不仅仅有"顺从"之义,还可以解释为"理顺","顺从"强调的是决定与被决定,"理顺"则标志着一种顺的境界的达成过程。②

以下几段文字确实也是围绕礼义对人情的教化、修正,以达到"顺"之境界:

故圣王修义之柄、礼之序,以治人情。故人情者,圣王之田也。修礼以耕之,陈义以种之,讲学以耨之,本仁以聚之,播乐以安之。

---

① 《论语·宪问》云:"宪问耻。子曰:'邦有道,谷;邦无道,谷,耻也。'"

② 孙希旦注云:"情具于人,先王制礼以顺之,而喜怒哀乐由此而和。"似乎也是将"顺"理解为礼能和顺人情的功夫。前文则云:"夫礼,先王以承天之道,以治人之情,故失之者死,得之者生。"但是这种治不是强制,故云:"故圣人以礼示之,故天下国家可得而正也。"

> 故礼也者,义之实也。协诸义而协,则礼虽先王未之有,可以义起也。

以上通过对"顺人情"问题的分析,下文的文本脉络也显得更加清晰了,现在我们来着重考察"礼以义起"。这一命题在古代礼学、儒学中的重要性毋庸赘言,而几乎历代言礼者对于这段文本的解读都是强调"义决定了数""义是礼的源泉"①,不过正如我们在之前指出的,顺表示的是礼义对人情人心的某种教化作用,但这种作用强调的是理顺之过程,绝不可化约为单方面的"义决定情"。这样看起来,作者应该也不会赞同单纯的义决定数,否则圣王以人情为田一系列精致的比喻便显得无的放矢了。

更重要的是,从文本上分析,将"礼以义起"理解为义决定数也是不可取的,因为如果作者确实是试图在"义"与"数"之间分出主次,这里更应该写作"故义也者,礼之实也"。古代注家中,清人姚际恒注意到了这一点,他认为:

> 前云礼也者,君之大柄,此又云圣王修义之柄、礼之序,可见皆是游移无定之言。
> 孔子云:"君子义以为质,礼以行之",此云"礼也者义之实也",则是礼以为质,义以行之矣,与孔子说正相反,且云"礼为义之实",则义为礼之文乎?《礼器》云:义理,礼之文也,辩见本篇。②

尽管我们不同意姚氏"与孔子说正相反"的看法,不过如果依从旧说,此处确实有近似"义外"之处,而从诸家对"实"的不同解释中,也可以看到姚际恒的怀疑是有道理的。《礼记集说》引方氏云:

> 礼虽作乎外,而义则资之以成体。……唯其资之以成体,故此以礼为义之实。

---

① 关于这些说法的总结,可参看《中国礼制史·先秦卷》,第56—62页。
② 杭世骏:《续礼记集说》,《续修四库全书》第101册,上海古籍出版社2002年,第663页。

又,周氏云:

> 实有成义,盖草木至于实则成矣。

无论是"实体",还是"果实"①,大致还是依循了义决定数(礼)的思路(方氏之说较周氏决定意味稍淡,至于其他注家,则更尊义轻数),而无法对姚氏的批评做出合理解释,如果要表达类似意思,"义者,礼之实"岂不更简单明快吗?

陈澔认为:"实者,定制也,礼者,义之定制,义者,礼之权度。"应当说,这个解释与方氏之说相通而更为顺畅,但训"实"为"定制",一方面从训诂上是很难说通的,而且这样的训释"义内礼外",又把我们带回到了"义数两分"而"义重于数"的固有模式之中,这才是让我们感兴趣的地方,同时也不能不说是历代注家误读文本的关键所在。

回顾上一段,一边是圣王执"义之柄""礼之序",另一边则是作为圣王之田的"人之情",礼义二者合一进而与人情分立的结构十分明晰,这里并未出现义与数的对立,那么由此而下,作者的思路无非两种可能:一是在礼义结合的基础上继续讨论礼义对人情的作用;另一种可能则是脱离原有思路,开始论证义与数的对立。哪一种思路更加符合逻辑,其实答案是很明显的。王夫之认为:"礼为义之实,礼抑缘义以起,义礼合一而不可离。"②可惜的是,没有就义礼合一更进一步探讨。

"故礼也者,义之实也",意味着一切礼都应包含义的成分,反过来说,一切义都属于礼义的范畴。③尽管《礼运》篇作者所处的时代所见之礼并非皆为圣王所制,但真正的礼都是含有"义"的,这一事实从未改变。前引《荀子·大略》云:"夫行也者,行礼之谓也。礼也者,贵者敬焉,老者孝焉,长者弟焉,幼者慈焉,贱

---

① 王梦鸥先生译为:"(礼)可说作理性的果实。"参看氏著:《礼记今译今注》,台湾商务印书馆1970年,第308页。

② 《礼记章句》,第676页。

③ 《荀子》中"义"多就"礼义、分义"而言,《王制》云:"人何以能群? 曰:分。分何以能行? 曰:义。故义以分则和,和则一,一则多力,多力则强,强则胜物,故宫室可得而居也。故序四时,裁万物,兼利天下,无它故焉,得之分义也。"《富国》云:"人之生,不能无群,群而无分则争,争则乱,乱则穷矣。故无分者,人之大害也;有分者,天下之本利也;而人君者,所以管分之枢要也。"

者惠焉。"这里的行,无论是释为"行为"还是"德行",都强调与礼的密切关系,后一句从"敬、孝、弟、慈、惠"角度言礼,很明显谈的也是"礼义"。

主张义决定数的学者似乎都没有注意这一句中,"先王未之有"在本篇中的确切所指,《礼运》开篇在谈到礼之起源时有一段著名的文字:

> 夫礼之初,始诸饮食,其燔黍捭豚,污尊而抔饮,蒉桴而土鼓,犹若可以致其敬于鬼神。……后圣有作,然后修火之利,范金合土,以为台榭、宫室、牖户,以炮以燔,以亨以炙,以为醴酪;治其麻丝,以为布帛,以养生送死,以事鬼神上帝,皆从其朔。

这里可见《礼运》作者认为,无论先王、后圣,行礼的目的其实是一样的,"义"不是随时而变从而近乎于虚位的概念①,本篇中作者所重视的"义"其实十分明确,即"致其敬于鬼神""养生送死,以事鬼神上帝"。在篇末,这种"礼义"又被称为"大顺":

> 天子以德为车、以乐为御,诸侯以礼相与,大夫以法相序,士以信相考,百姓以睦相守,天下之肥也。是谓大顺。大顺者,所以养生送死、事鬼神之常也。

"大顺"以及"天下之肥",描述的自然是礼所带来的一种最大利益。② 在《礼运》作者看来,这种"义"是永存的,所以与其把"礼以义起"理解为义对礼的决定作用,不如参考《礼器》篇"因其财物致其义"的说法。"财物"指的是礼之名物度数,礼总是倾向于体现义。《礼运》后文"修礼以达义,体信以达顺"也是

---

① 对比主张"礼顺人情"者,张载认为:"人情所安即是礼。"(《礼记集说》,第467页)类似的,郝大维、安乐哲《孔子哲学思微》中所说的"义""礼"则与具体情境关系密切,他们认为:"'名'和'礼'都是随具体情景而定,这就意味着,发生学的分析能说明他们本身是什么,却不能穷尽它们的意义,因此意义并非仅仅得自'名'和'礼',还要由情境来赋予。"(《孔子哲学思微》,第204页)按照这样的说法,礼义其实也就成了由具体情境中人的情感需要所决定的东西。

② 有子曰:"礼之用,和为贵。"(《论语·学而》)

这个意思。①

　　"义"的内容不能任由自然情感、习俗、或者是特定的社会政治需要所决定②,但是这并不是说《礼运》中"礼"与"义"之间完全没有区别。事实上,相比篇中的义有着明确的意蕴,"礼"尽管也有"其行之以货力、辞让:饮食、冠昏、丧祭、射御、朝聘"从礼之数层面而论,但是在更多地方,强调的是其作为宇宙秩序的"礼之理"的一面。③

> 　　是故夫礼,必本于大一,分而为天地,转而为阴阳,变而为四时,列而为鬼神。其降曰命,其官于天也。

礼之理非仅天道,其"降曰命",则又关乎人情。"义"是礼之秩序在社会政治生活中的彰显,《表记》云:"义者,天下之制。"这里的"制"仍是主要就"分位"而言,故后文云:"君子之所谓义者,贵贱皆有事于天下;天子亲耕,粢盛秬鬯以事上帝,故诸侯勤以辅事于天子。"礼之"达天道顺人情"则为义的成立提供了基础与可能,《表记》中作为"天下之制"的"义"最终达成"报者,天下之利",这里的"报"讲的即是能够带来"天下之肥",达成天下"大顺"之礼。回顾《礼运》前文云:

> 　　何谓人情?喜、怒、哀、惧、爱、恶、欲,七者弗学而能。何谓人义?父慈、

---

① 要注意,这里不是分开来讲礼是手段,义是目的,而是强调二者间必然的联系,有礼则必有义,前文云:

> 　　故圣人参于天地、并于鬼神以治政也。处其所存,礼之序也;玩其所乐,民之治也。故天生时而地生财,人其父生而师教之。四者君以正用之。……故礼达而分定,故人皆爱其死而患其生。故用人之知去其诈,用人之勇去其怒,用人之仁去其贪。

　这里说圣君以礼治政,则礼达而"分义"定,礼即意味着能正确地用人之性情,得其"义"而去其祸患。信与顺关系也是如此,《经解》云:"民不求其所欲而得之谓之信。"此"信"显然也不能视为一种单纯的手段。
② 梁家荣先生认为,义的包含具体的"历史事实"与"社会事实"因素在内,亦即"基于周代特殊社会结构界定的身份与地位"。参看氏著:《仁礼之辨——孔子之道的再释与评估》,北京大学出版社2010年,第148页。
③ 《荀子·礼论》也有类似说法。

> 子孝、兄良、弟弟、夫义、妇听、长惠、幼顺、君仁、臣忠，十者谓之人义。

而天下之肥的大顺仍是某种礼义，其在理论架构上的相似很值得思考。

"义"之内涵为分义、礼义而非单纯的内在道德修养，提示我们，《礼运》这里所讲的义与礼结合的十分紧密。对于试图将文本解读为礼之内容与形式间抽象关系的学者来说，没有注意到的一点是，《礼运》从后半篇开始，对礼的讨论始终都针对圣王以及制礼者：

> 礼者君之大柄也，所以别嫌明微，傧鬼神，考制度，别仁义，所以治政安君也。故政不正，则君位危；君位危，则大臣倍，小臣窃。刑肃而俗敝，则法无常；法无常，而礼无列；礼无列，则士不事也。刑肃而俗敝，则民弗归也，是谓疵国。

礼以义起，不能说完全没有一点义决定礼的意思，但是这种决定关系并不是作者所关注的重点。一方面，义本身有着明确的内涵；另一方面，礼义一体以治情才是《礼运》的思路。这与历代言礼者所诠释的偏向抽象哲理的"义起"说是完全不同的。

顺带指出，《礼运》对礼的哲学层面并非全无发明，在"礼以义起"之后一段中，出现了对仁、义、礼三个重要范畴间关系的谈论：

> 故礼也者，义之实也。协诸义而协，则礼虽先王未之有，可以义起也。
> 义者，艺之分、仁之节也，协于艺，讲于仁，得之者强。
> 仁者，义之本也，顺之体也，得之者尊。

这里试图建构起一种包含儒家三中各最重要哲学范畴的体系。[1] 而以"得之者强""得之者尊"言义与仁，显然是为"后王"因"义起"制礼找到一种基础（这一基础不应理解为"虚位"化的义起说），礼虽先王未有，但"义"则贯通先王后王之

---

[1] 关于仁义礼思想体系建构的问题，可参看陈晨捷：《论先秦儒家"仁义礼"三位一体的思想体系》，《孔子研究》，2010 年第 2 期。

世。作者此处有意以礼兼统仁义,正是因为在本篇中,圣王始终是以礼的制定者、以礼治政安身者的身份出现:

> 故政者君之所以藏身也。是故夫政必本于天,殽以降命。命降于社之谓殽地,降于祖庙之谓仁义,降于山川之谓兴作,降于五祀之谓制度。此圣人所以藏身之固也。故圣人参于天地,并于鬼神,以治政也。处其所存,礼之序也;玩其所乐,民之治也。
>
> 故礼达而分定,人皆爱其死而患其生。故用人之知去其诈,用人之勇去其怒,用人之仁去其贪。……故圣人耐以天下为一家,以中国为一人者,非意之也,必知其情,辟于其义,明于其利,达于其患,然后能为之。

如果进一步对比文中仁义礼三者之间关系的辨析,不难发现作者对"礼者,义之实"的论述颇具特色(尽管一直为历代注家误解),但谈到仁与义,则似乎有一些模糊的地方①,至于礼与仁之间,作为"义之实"与"义之本"的区别,陈澔认为:

> 上文言"礼者,义之实",此言"仁者,义之本",实以散体言,本以实体言,同一理也。……犹之木也,从根本至枝叶皆生意,此全体之仁也。自一本至千枝万叶,先后大小,各有其序,此散体之礼也。而其自本至末,一枝一叶,各得宜者,义也。

这种解释不可不谓巧妙,但还是本源于宋明理学的思路。事实上,这里的仁为"顺之体"的说法更值得重视,"顺"即礼,仁为礼之体,显然与一般理解的仁礼关系不同②,却和"礼者义之实"体现的思路一致,即"凡礼皆有仁"之义③,只是讲

---

① "仁为义之本",全篇其实较少论及,后文云:"讲之于学而不合之以仁。犹耨而弗获也。"则仁之位阶似乎高于义。

② 这一节前后始终以礼为重心,统合仁义,又礼之"大顺"为最高境界。如果坚持仁重于礼,将"体"释为"实体",似乎很难讲通。

③ 仁与义之于礼,均不是决定的关系,二者似乎还有"外化"的倾向,《经解》云:"上下相亲谓之仁,民不求其所欲而得之谓之信,除去天地之害谓之义。义与信,和与仁,霸王之器也。有治民之意而无其器,则不成。"不过我们认为《礼运》中并没有将仁义工具化,二者更多的作用还是从不同角度描述了礼之达成后境界,强调的是三者一体的关系。

得不如礼与义关系透彻而已。下文又云：

> 故治国不以礼，犹无耜而耕也；为礼不本于义，犹耕而弗种也；为义而不讲之以学，犹种而弗耨也；讲之于学而不合之以仁，犹耨而弗获也；合之以仁而不安之以乐，犹获而弗食也；安之以乐而不达于顺，犹食而弗肥也。

"本"与"合"显然不能理解为义与仁决定礼，整段于"治国以礼"则言"顺"与"肥"，其中"仁"作为其中一环节又云"获"，两种"获得"似乎有天下与个人之别。且可见，礼之地位仍在仁之上，如孔子所言：

> 知及之，仁不能守之，虽得之，必失之。知及之，仁能守之，不庄以莅之，则民不敬。知及之，仁能守之，庄以莅之，动之不以礼，未善也。(《卫灵公》)

我们认为，礼之大顺、天下之肥，体现的是一种内外(人之大端)合一的贯通(手段与结果)之道。

总体而言，礼义达天道顺人情，取代"欲恶之心"而成为"人之大端"，思路更近于荀子礼学言"性伪合"之意，篇中"仁"似乎是就行礼义者内心获得的角度定义，并非讨论的重点。

二、"义"作为忠信之德：《礼器》"忠信之人可以学礼"辨析

《礼器》篇末云：

> 祀帝于郊，敬之至也。宗庙之祭，仁之至也。丧礼，忠之至也。备服器，仁之至也。宾客之用币，义之至也。故君子欲观仁义之道，礼其本也。
>
> 君子曰：甘受和，白受采；忠信之人，可以学礼。苟无忠信之人，则礼不虚道。是以得其人之为贵也。

笔者曾指出：

> 《礼器》以"礼乐"为物之终始，即"物之致"。"节事""道志"仍是"观物由礼"之义，由此自然引出"观礼乐"可知政之"治乱"与"人之知"，所以君子"慎"于礼乐。循此思路，自然会得出借重礼"观仁义之道"的结论。只是相比"治乱"与"人之知"，"仁义之道"更为具体，且侧重有益于礼乐者。可以看出，几段文字的理路，均是就礼在观物、用物、知人、择人方面的重要作用而言，而非强调礼之本与文间关系。①

这里我们再对"忠信之人可以学礼"做一深入分析。对"可以"二字，一种能够接受的解读是"忠信之人是学礼的一种有利条件"，正如甘易于受和，白易于受采。当然这一句还可以解释为忠信是行礼成功的"必要因素"，无忠信则无礼。事实上，古来言礼者大多取后一种说法，之所以将"可以"解读为必须，自然是因为"苟无忠信之人，则礼不虚道"。但是，对于"道"字，其实有一些不同的说法。将"道"解释为"行"的学者较多，《礼记集说》中所引方氏云：

> 非忠信之德以实之，则礼之道亦无由而行矣。《易》不云乎。"苟非其人，道不虚行"，《中庸》亦曰："礼仪三百，威仪三千，待其人而后行。"此经言得其人为贵。

又，马氏云：

> 礼所以文其忠信，质不能立于内，则文不可行于外，故曰："忠信礼之本，义理礼之文，无本不立，无文不行"，苟无忠信之人则礼不虚道，道之为言行也。

不过郑玄却将"道"释为"由也、从也"。孔疏亦云："言人若诚无忠信为本，

---

① 参看本书《"忠信为本"还是"义理为文"——〈礼器〉篇主旨探微》。

则礼亦不虚空而从人。"又云:"其人即忠信之人也。学礼得忠信之人,则是礼道为贵也。"吕友仁先生将这一句翻译为"只有忠信之人,才可以学礼,如果不是忠信之人,礼也不会跟着你瞎跑"①,尽管还是将"可以"理解为必须,但关于"道"字还是采用了郑玄的说法。

看起来,释"道"为"行"的说法较为简明,但这里还存在着文法上的问题,如果严格照原文理解,这里讲的是:"假如没有忠信之人,则礼不能(或不会)空虚地被执行",这样的说法明显很别扭,所以孙希旦注云:

> 然苟非忠信之人,则无本不立,而礼不能虚行矣。②

这里是通过适当增字,使得原文更加顺畅,由此我们便能理解为何郑玄会有些舍近求远地将"道"释为"跟从",因为这样原文即可以大致理解为:"除非有忠信之人,否则礼不会随之而来。"

不过总体看来,以上两种对道的解释都倾向于认为内在道德水平决定礼之成败(尽管郑玄的解读中,忠信的影响力似乎不是那么绝对)。不过,道字还有一种常用的意义置于此其实也十分合适,那就是"言说","如果不是面对忠信之人,谈论礼就是一种空虚没有意义的行为了(也就没有必要对这类人言礼了)",《荀子·劝学》云:

> 问楛者,勿告也;告楛者,勿问也;说楛者,勿听也。有争气者,勿与辩也。故必由其道至,然后接之;非其道则避之。故礼恭,而后可与言道之方;辞顺,而后可与言道之理;色从而后可与言道之致。

"礼恭""辞顺""色从"说的就是能守礼道基本法则的忠信之人,这样的人有资格

---

① 吕友仁、吕咏梅:《礼记全译》,贵州人民出版社1997年,第476页。另外,杨天宇先生也参考了郑注,将这句话译作:"如果没有忠信品质的人,礼也不会虚假地附从他。"参看氏著:《礼记译注》,上海古籍出版社1997年,第334页。
② 《礼记集解》,第327页。

进一步学习礼道更精深的内容。① 这样一来我们会发现,这一段其实并不是在谈忠信之德对礼本身的决定意义,支持这样解读的最有力的证据是,接下来的最后两段文字恰恰也是谈论议礼、行礼:

> 孔子曰:"诵《诗》三百,不足以一献。一献之礼,不足以大飨。大飨之礼,不足以大旅。大旅具矣,不足以飨帝。毋轻议礼!"
>
> 子路为季氏宰。季氏祭,逮暗而祭,日不足,继之以烛。虽有强力之容、肃敬之心,皆倦怠矣。有司跛倚以临祭,其为不敬大矣。他日祭,子路与,室事交乎户,堂事交乎阶,质明而始行事,晏朝而退。孔子闻之曰:"谁谓由也而不知礼乎?"

这里两段极言礼之困难与复杂,考虑到上文言礼之重要性,也是很正常的思路。子路行礼的事例中,我们也很难看出是讲忠信之德对于行礼的必要,例如王夫之认为:

> 事豫则治,治则敏,敏则心力有余而得以自尽,故欲其忠信者,必预以为之基,敏以竭其才,斯以恒而可久也。②

可以看到,王氏试图从文本中解读出"忠信之德",结果显得颇为牵强。这两节,其他学者的看法也很难直接联系到忠信,例如《礼记集说》引方氏云:

> 礼之所尊,尊其义也,故曰:"毋轻议礼。"

关于子路行礼事,他又认为:

---

① 荀子的说法也符合《曲礼上》所说的"礼,不妄说人,不辞费。……礼闻取于人,不闻取人。礼闻来学,不闻往教。"谈论礼道者自身必先守礼,故孔子批评子路"为国以礼,其言不让"(《先进》)。而孔子本人,《学而》云:"子禽问于子贡曰:夫子至于是邦也,必闻其政,求之与? 抑与之与? 子贡曰:夫子温、良、恭、俭、让以得之,夫子之求之也,其诸异乎人之求之与。"则夫子"入太庙,每事问",想必也是问之以礼。

② 《礼记章句》,第619页。

0

可谓知礼之意，且能救一时之弊，此孔子所以善之。强力，即《聘义》所谓强有力是也。

这样的说法，显然与上文失去了联系。

相比之下，杨天宇先生则将这两段大意分别概括为："学行小礼不足以行大礼"，"用实例说明不学不足以行礼"。言下之意，都是就礼之困难而言（难则必学，学则须有次第），显然是更切合原文的说法。

应当说，联系上下文来看，这里忠信之德其本身之于礼的作用并非主要论题，但大多数学者仍然由此立论，显然是受到其他经典说法的影响①，这其中，与孔子论述"德"与"礼"有关，最典型的就是《仲尼燕居》篇中"薄于德，于礼虚"②一节：

子曰："礼也者，理也。乐也者，节也。君子无理不动，无节不作。不能诗，于礼缪；不能乐，于礼素；薄于德，于礼虚。"

子曰："制度在礼，文为在礼；行之，其在人乎？"

这里涉及极为重要的"人"与"礼"之关系，我们在此一并探讨，孙希旦云：

忠信之人，可以学礼，薄于德，则无忠信之实，其于礼不为虚伪乎？

对"虚"字的解释，有"虚饰""空虚"等说③，大致倾向于人若无德则礼本身在很大程度上失去存在的意义。相比之下，孙希旦释为"虚伪"显得有些特别，似乎"薄于德"——道德修养不足，只会导致一定程度上行礼的失败，但并不是全然无礼（至少尚有礼文）。较之旧说，孙氏的说法其实更贴近原文，但是仍未结合上下文贯通文意。

---

① 其中最重要的莫过于孔子"人而不仁如礼何"，关于此句解释可参看笔者《孔子道论发微》一文。
② 《中庸》："大哉！圣人之道洋洋乎！发育万物，峻极于天。优优大哉！礼仪三百，威仪三千。待其人然后行。故曰：苟不至德，至道不凝焉。"
③ 可参看《礼记集说》《续礼记集说》《礼记集解》诸书所引说法。

这一节"无礼不动,无节不作"显然意在强调礼之重要性与广泛性,即前文"使女以礼周流,无不遍也"以及"君子无物而不在礼"之义①,所以下文其实仍是就此论题继续展开。无处不在的礼,其完美施行又与"诗""乐""德"三者有关,这里的"德"既然与"诗、乐"并列,则不当理解为单独与礼对待,甚至可以生成礼文之"至德"。② 要之,对诗、乐、德三者的解读不当脱离礼之重要性、广泛性这一主题。

"制度在礼,文为在礼;行之,其在人乎?"这一句很容易让人联想到《中庸》"待其人后行"。《系辞上》:"神而明之存乎其人。"③注家们的说法大致相同,如马氏云:

> 制度者,文为之体,文为者,制度之用,……制度、文为,皆礼之法也,徒法不能自行,故行之在人。

孙氏亦云:"此经明行礼在人。"王夫之云:"人,谓有德者。"

值得注意的是,还有少数学者,并没有将此处的"人"单纯地视为行礼之条件,辅广云:

> 所谓人者,必兴于诗、成于乐、厚于德,然后可,不然,非所谓其人也。

陈氏云:

> 凡礼乐之道,未尝不相为表里,一人而兼礼乐者,其古有德之成人欤。

尽管辅广这里的解读稍显语焉不详,而且可能只是有意与上文呼应,但也足以提醒我们,文本中三个"在"字,前两个毫无疑问是"取决于"之意,但"行之,其在

---

① 《荀子·礼论》言礼为圣人君子之"坛宇宫廷",也是类似的思路。
② 当然,并列句式间的关系未必一定是平列,我们这里的解读还要结合后文。
③ 说见《礼记集说》引方氏、陆氏之说。此外,姚际恒则认为:"仿《中庸》……为说。""不善作文,转入死地。"

人"这个"在"却未必相同。结合上下文,这个"在"更当理解为"意在""目的在于"之意,礼在君子的生活中无处不在,诗、乐、德行从某种意义上来说,都是为礼的完美达成而服务;这里关于礼的重要性的强调已经无以复加,但作者仍欲点出的是,较之作为文化传统的礼本身的存在而言,还存在更为重要的东西,那就是礼的目的,也就是成人,人的养成。这在《礼记》中,其实是一个极为常见的话题,我们举成篇较晚的《冠义》《昏义》中的说法:

> 成人之者,将责成人礼焉也。责成人礼焉者,将责为人子、为人弟、为人臣、为人少者之礼行焉。将责四者之行于人,其礼可不重与?
>
> 敬慎重正而后亲之,礼之大体,而所以成男女之别而立夫妇之义也。男女有别而后夫妇有义,夫妇有义而后父子有亲,父子有亲而后君臣有正。

成人礼的目的在于使人具备四种德行,婚礼则意在"成男女之别而立夫妇之义",从礼到德、义,思路非常明显,尽管也在人与礼之间讨论,但与"人能弘道,非道弘人"等文本其实有着很大区别。《仲尼燕居》下文同样围绕着礼以成人:

> 子贡越席而对曰:"敢问夔其穷与?"子曰:"古之人与? 古之人也。达于礼而不达于乐,谓之素;达于乐而不达于礼,谓之偏。夫夔,达于乐而不达于礼,是以传于此名也,古之人也。"

前引陈氏之说显然是与此有关。此事实上,这一主题贯穿也了后文直至篇末:

> 子张问政,子曰:"师乎! 前,吾语女乎? 君子明于礼乐,举而错之而已。"子张复问。子曰:"师尔以为必铺几筵,升降酌献酬酢,然后谓之礼乎?尔以为必行缀兆,兴羽籥,作钟鼓,然后谓之乐乎? 言而履之,礼也。行而乐之,乐也。君子力此二者以南面而立,夫是以天下太平也。"

"言而履之,礼也。行而乐之,乐也",仍是就礼在君子生命中的无处不在的重要性而言,并非是强调义重于数。较之前文,这里更加深入探讨的是,个人完美的行礼将会在政治领域产生深远影响,也就是下文所说的:

> 礼之所兴,众之所治也;礼之所废,众之所乱也。目巧之室,则有奥阼,席则有上下,车则有左右,行则有随,立则有序,古之义也。……昔圣帝明王诸侯,辨贵贱长幼远近男女外内,莫敢相逾越,皆由此涂出也。

值得一提的是,孔子讲到礼与乐的存在非必依赖仪文度数,似乎与春秋"礼仪之辨"①以及人们对"人而不仁如礼何"的一般理解类似。我们不同意这样的看法。首先要注意,子张所问的并不是"礼"而是"政",考虑到本篇重要的论题即是以礼治国,孔子的回答显得并不意外。接下来,子张复问,显然当是就治国、治政当用哪一种礼或礼之数与义何者为重发问。孔子则提出,除了践行行礼仪节之外,还有更深一层功夫,也就是说,用来治政之礼乐不必依赖特定的仪文度数,但这里并没有否定礼数本身的意思②,所以下文"礼之所兴,众之所治""古之义也"云云,也呼应前文中"加于身而错于前,凡众之动得其宜"的说法。这里是就治政之礼来探讨义与数,而"礼仪之辨"中的重礼而贬仪批评的恰恰是没有将礼用于治政的作法。孔子作为一位出色的礼学专家,断然也不会彻底否定礼数,事实上,在回答颜渊问为邦时,孔子的回答完全是基于具体礼制来谈:

> 颜渊问为邦。子曰:"行夏之时,乘殷之辂,服周之冕,乐则《韶》《舞》,

---

① 关于这个问题陈来先生讲得十分透彻,参看氏著:《古代思想文化的世界》,生活·读书·新知三联书店 2009 年,第 236—265 页。
② 这种思路在当时不仅仅为孔子所独有,《礼记·檀弓下》记载了鲁国贤人周丰言礼事,文云:

> 鲁人有周丰也者,哀公执挚请见之,而曰不可。公曰:"我其已夫!"使人问焉,曰:"有虞氏未施信于民而民信之,夏后氏未施敬于民而民敬之,何施而得斯于民也?"对曰:"墟墓之间,未施哀于民而民哀;社稷宗庙之中,未施敬于民而民敬。殷人作誓而民始畔,周人作会而民始疑。苟无礼义忠信诚悫之心以莅之,虽固结之,民其不解乎?"

不难看到,这里周丰讲到有虞氏、夏后氏未施而得民,如果依循"尊其义"说的思路,下文分必然是强调知义或德行之重,尽管周丰确实也说到了"礼义忠信诚悫之心",但他所谓的未施而得却偏偏围绕这"墟墓之间""社稷宗庙之中"这些礼之数而言。

放郑声,远佞人。郑声淫,佞人殆。"

尽管我们不知道孔子是不是因为颜渊对礼的领悟更深刻,所以不需要为其讲解"言而履之""行而乐之"的礼乐之道。但回顾"师尔以为必铺几筵,升降酬献酬酢,然后谓之礼乎?""然后"二字颇值得玩味,孔子认为一丝不苟地践行仪式的礼的基础,但做到这一点不意味着一定能达成礼乐治政的要求,"然后"意在提示弟子难以注意到的东西(而不是贬低可见之礼数),呼应下文"言而履之""行而乐之"(后者是前者的进阶功夫,而非取代前者),这里显然包含对"完美"行礼的一种期许,固有尊其义,但丝毫没有贬低礼数。

三、余　　论

《郊特牲》所云"知其义而敬守之",《祭统》篇也有类似的表述,但其中对"义"的说法有一些不同,值得我们注意,文云:

> 故曰:禘、尝之义大矣。治国之本也,不可不知也。明其义者君也,能其事者臣也。不明其义,君人不全;不能其事,为臣不全。夫义者,所以济志也,诸德之发也。是故其德盛者,其志厚;其志厚者,其义章。其义章者,其祭也敬。祭敬则竟内之子孙莫敢不敬矣。
>
> 是故君子之祭也,必身亲莅之;有故,则使人可也。虽使人也,君不失其义者,君明其义故也。其德薄者,其志轻,疑于其义,而求祭;使之必敬也,弗可得已。祭而不敬,何以为民父母矣?

这段话似乎仍是"尊其义"的思路,更有将德与义结合起来谈的趋势。孙希旦注云:"义非有德者不明,故明于其义,乃诸德之所发见也。"又云:"祭而不敬,则无以为立教之本。"

不过详绎原文,其中"夫义者,所以济志也,诸德之发也。是故其德盛者,其志厚;其志厚者,其义章",德与志的关系也很值得重视,这里的德虽言发,但并不全在内心,《孔子闲居》有所谓"五起":

无声之乐,气志不违;无体之礼,威仪迟迟;无服之丧,内恕孔悲。

无声之乐,气志既得;无体之礼,威仪翼翼;无服之丧,施及四国。

无声之乐,气志既从;无体之礼,上下和同;无服之丧,以畜万邦。

无声之乐,日闻四方;无体之礼,日就月将;无服之丧,纯德孔明。

无声之乐,气志既起;无体之礼,施及四海;无服之丧,施于孙子。

乐之"气志"与礼之"威仪",描绘的显然是行礼者的一种礼容气象,文中"气志"由相对消极的"不违"到积极的"即得",影响从行礼者自身扩展到"既从""既起",显然讲的是礼之"兴"功用,如"兴物"(《檀弓下》)、"礼之所兴"(《仲尼燕居》),正如威仪由"迟迟""翼翼"而至于"上下和同",乃至"施及四海",此处作为广泛意义上的礼乐,仍然以一种"气志"呈现,后文即称为"德"。

子夏曰:"三王之德,参于天地,敢问:何如斯可谓参于天地矣?"孔子曰:"奉三无私以劳天下。"子夏曰:"敢问何谓三无私?"

孔子曰:"天无私覆,地无私载,日月无私照。奉斯三者以劳天下,此之谓三无私。……天有四时,春秋冬夏,风雨霜露,无非教也。地载神气,神气风霆,风霆流形,庶物露生,无非教也。清明在躬,气志如神,嗜欲将至,有开必先。开降时雨,山川出云。……此文武之德也。三代之王也,必先令闻,《诗》云:'明明天子,令闻不已。'三代之德也。'弛其文德,协此四国。'大王之德也。"

也可以看到,此种"德"必须从礼乐角度加以理解,而不是反过来作为决定气志、威仪之礼的内在因素。

由此看来,尊其义中的"义"也不是应当在义与数、德(仁)与礼分立的关系中去理解,义既然是德之发,又与志、敬关系密切,就不是礼之原理意义上的"义",这种义也宜单纯从内在德行修养的角度来理解,而是沟通内外,与"气志""威仪"之礼关系尤其密切。

"忠信为本"还是"义理为文"

——《礼记·礼器》篇主旨探微

　　《礼器》是《礼记》中第十篇，据郑玄注云："《别录》属制度。"①《礼器》一篇的主旨以及结构，古今学者有不同看法。杨天宇先生认为："综观全篇，并没有严密的逻辑结构，也没有突出的中心内容。"②不过，多数学者还是认为《礼器》言礼有一以贯之的主题，且与开篇言礼"有本有文"一节有关：

> 　　先王之立礼也，有本有文。忠信，礼之本也；义理，礼之文也。无本不立，无文不行。

姜兆锡云：

> 　　篇中大旨只"无本不立、无文不行"二句尽之。凡时、顺、体、宜、称之属，皆文之委曲处，而其中忠信、诚敬之属则本之主宰处。③

任启运云：

> 　　先以"忠信礼之本，义理礼之文"并提，中间广说礼文似属制度边多。

---

① 　《礼记正义》，影印《十三经注疏》本，中华书局 1980 年，第 1430 页下栏。
② 　杨天宇：《礼记译注》，上海古籍出版社 1997 年，第 387 页。
③ 　杭世骏：《续礼记集说》，《续修四库全书》本，上海古籍出版社 1987 年，第 101 册第 669 页。

然从礼文说入人心,人心归结,非忠信之人,"礼不虚道",其意实重本。①

孙希旦云:

> 此篇以忠信、义理言礼,而归重于忠信;以内心、外心言礼之文,而归重于内心。②

任铭善云:

> 一篇之大义有二,"先王立礼,有本有文",一也;"时为大,顺次之,体次之,宜次之,称次之",二也。③

吕友仁先生也认为:

> 礼作为器在使用时,要因人、因地、因时制宜,这是表现在外表的。而人作为礼的施行者,又必须具备忠信的美德,否则礼作为器的作用也要受到影响。这是反映在内心的。本篇大意如此。④

王锷先生总结诸家之说,认为:

> 《礼器》内容可分为两部分,自"礼器是故大备"至"此以素为贵者",总结礼例。作者先将礼分为本、文。……自"孔子曰礼不可不省"至篇末,是对前面文字进一步论述。⑤

---

① 《续礼记集说》,第 669 页。
② 孙希旦:《礼记集解》,中华书局 1989 年,第 624 页。
③ 任铭善:《礼记目录后案》,齐鲁书社 1982 年,第 26 页。
④ 吕友仁、吕友梅:《礼记全译》,贵州人民出版社 1998 年,第 449 页。
⑤ 王锷:《礼记成书考》,中华书局 2007 年,第 189 页。

可以看到，不少学者注意到了这一段将"礼"分为"本"与"文"之于全篇提纲挈领的作用。本与文的划分，大致可以理解为礼之内容与形式，或即义与数之别。① 而在"本"与"文"之间，主张"忠信为本"为《礼器》言礼主旨的注家又占到了绝大多数。不过，对此段的解说，亦非全无争议，焦点则集中在"义理为文"上。孔颖达云："礼虽用忠信为本，而又须义理为文饰。"将"文"解作文饰，但这恰恰是一些注家所不能同意的。② 万斯大云：

> 义理为文最精，本固为内，文亦非外。③

万氏旗帜鲜明地反对将"文"视为纯粹外在的文饰，其实宋代注家已有类似看法。《礼记集说》引黄氏云：

> 礼者，本为忠信，必取其义理分别故言文者，辨别之文也。若黑白之间色，倬尊卑升降、亲疎去就，各辨别于义理，则为礼之文，岂为文饰之礼哉！④

依二家之说，"义理为文"非纯乎外在文饰⑤，然其与"忠信为本"的关系，则又需要进一步辨明，再考虑到《礼器》篇内容又确实多涉礼之仪文度数⑥，这使得一些学者不得不提出了折中之说。张载云：

> 礼之文，逐一各有意思，是所谓义理也。……故有文是则一本也。《礼器》从"无文不行"以下，其极文也，至纤至细。《礼运》大抵说大德敦化，形

① 大致来说，"礼义"即指礼所包含内容，涉及情感、伦理乃至政治意蕴；"礼之数"则为外在形式，表现为仪文度数。《礼记·郊特牲》云："礼之所尊，尊其义也，失其义，陈其数，祝、史之事也。"陈戍国先生在总结历代相关礼论后，反对"把礼仪、礼意截然分开，忽视礼仪"（参看氏著：《中国礼制史·先秦卷》，湖南教育出版社 2002 年，第 21 页）。笔者赞同陈先生的看法，本文对礼之"情与文""义与数"的划分并无独"尊其义"的偏见。
② 事实上，孔疏大约也觉得将"义理"单纯归为"文饰"义有未安，故后文又云："得理得宜，是其文也。"
③ 《续礼记集说》，第 671 页。
④ 卫湜：《礼记集说》，影印文渊阁《四库全书》本第 171 册，上海古籍出版社 1987 年，第 233 页。
⑤ 子曰："君子义以为质，礼以行之。"（《论语·卫灵公》）林放问礼之本。子曰："大哉问！礼，与其奢也，宁俭；丧，与其易也，宁戚。"（《论语·八佾》）孔子言礼之"本""质"，并非一味地从道德忠信出发。
⑥ 亦可参看前引任启运说。

器之外事,《礼器》大抵说小德川流之事,极其详察。

按,张载亦从礼之义层面言"义理为文",但又注意到了《礼器》主要内容却是以记录"至纤至细"的仪文为主,遂用《中庸》"大德""小德"将"义理为文"亦归属到了"礼之本"的范畴,只是层次与"忠信"不同,其说与黄氏有相似之处。

方悫云:

> 《礼运》言"礼虽先王未之有,可以义起",《燕居》言"礼也者,理也","君子无理不动",岂非义理之为文欤? 孟子言理义人心之所同然而已,此以为礼之文者,彼主于体,此主于用故也。

按,方氏认为"义理为文"亦为人心所同之"理",但本篇由于已有"忠信为本"在上,不得不以体、用之别来解释,但主于用,亦必因有"本"、有"体"而来,则文之体当为"理"? 抑或"忠信"? 其说并仍未有一清晰界定。

从以上诸家之说,可见"义理为文"的确切内涵,尤其与"忠信为本"的关系尚未明晰,而这两点恰恰关乎《礼器》全篇的主旨,更影响到对文本结构的理解。笔者认为,通观全篇,文中真正意在阐明"忠信为本",欲从道德修养而言礼之处,其实并不占主要部分。"先王立礼","立"包含本与文,但云"无本不立",立又专就本而言,这里在本、文对立外显然还区别了"立"与"行"。如果拿"立于礼,成于乐"作一比较,"行"则可以视为对"立"的进一步推进,即相当于"成于乐"之境,反观所立之"本",其当为"基本、基础"之义而非对行决定作用的"根本"义。徐复观先生在解释《论语》"立于礼,成于乐"时认为:

> "立于礼"阶段,仍有以理制情的要求,生命中的对立尚未完全泯去,"成于乐"则情理相融,生命通过对立而克服,……归于彻底的和谐统一。①

徐复观先生还指出:"所谓立,乃是自作决定,自有信心,发乎内心的当然,而能

---

① 李维武编:《徐复观文集》(第2卷),湖北人民出版社2002年,第99页。

适乎外物的合理趋向,亦即是自己能把握自己而又能涵融群体的生活。要达到这种生活,只能靠情与理相谐,以得情理之中的礼的修养。"这种现代疏释凸显了礼与情之和谐一面,与"无本不立"的精神遥相契合,相比之下,古代注家多受"人而不仁如礼何""礼之所尊,尊其义"之类礼论影响,重忠信而轻礼文,对几处看似涉及"忠信""礼之本"段落,颇多误读之处,尽可商榷。也正是这些误解,在一定程度上妨碍了我们领会《礼器》篇的真正重点,所以本文以下先就这几处有疑问的段落,结合诸家注疏,详为解说。

一、对几处行文属于"忠信为本"或"义理为文"的考辨

前引任启运云:"先以'忠信礼之本,义理礼之文'并提,中间广说礼文",大致无误。"广说礼文"处,即其行文,很难看出"忠信为本",不过篇中确有四处关涉礼义,不纯言礼之数,历来为注家所重。

（一） 开篇"大备,盛德"段

> 礼器,是故大备,大备,盛德也。礼释回,增美质,措则正,施则行。其在人也,如竹箭之有筠也,如松柏之有心也。二者居天下之大端矣,故贯四时而不改柯易叶。故君子有礼,则外谐而内无怨。故物无不怀仁,鬼神飨德。

孙希旦注云:"此以'礼器'名篇,亦以其在简端耳,非有他义也。诸家多从'礼器'二字立说,似非本旨。"按,诸家论"器"为形下,皆是因后文多论仪文度数。至于论首段之旨,则多是以"以礼成德"的思路为主。

孔颖达将"备"归于"德",其云:

> 人之德备,由于有礼。

张载释"备"为礼备,则更重礼,注云:

> 礼器言礼大体完备,若成器,……以礼成德,故曰盛德。

任铭善说亦同,云:

> 谓礼以为器,则大备焉尔。能操之以为器,则有外谐而内无怨之效。

姜兆锡与三家不同,言器而不离于道,故区分"器用"与"德器",注云:

> 此承前篇(笔者按,此指《礼运》)以"礼义以为器"之意而推言之,陈注谓"器有二义",一是学礼者成德器之美,一是行礼者明器用之制是也。又云:"言礼以为治身之器,故行无不备,而其德美盛。……物归其仁,而神歆其德,盖德之备盛者如此。"

方悫云:

> 薄于德,于礼虚,非德之盛,且不足以制大备之礼。故曰"大备,盛德也"。

按,孙希旦云:"礼经纬万端,人能以礼为治身之器,则于百行无所不备,而其德盛矣。""备"言德行,与张、任二家之说略同。姜注用陈澔说,"器"兼备"德""礼"两层含义,对"备"与"盛"的解说亦兼顾礼与德而言,不同于孙希旦礼备而德盛之说。方氏亦以"大备"为礼[1],但又强调德对于礼之重要性,仍与由礼而德的次序不同。

王夫之的解释颇近于方氏,而论说更为详尽:

> 器……各顺其则,以成万物之能而利生人之用,故合以成章而大备焉。其所以能备众善,而大小相容、精粗相益、厚薄相资、贵贱相治而不相悖害者,皆原于德之盛也。[2]

---

[1] 马氏解"备"引《祭统》,云:"备者,顺也。无所不顺者之谓备,故曰'大备,盛德也'。"则亦是以备为修礼的结果。

[2] 王夫之:《礼记章句》,岳麓书社 2011 年,第 579 页。

按,在王氏的诠说中,"大备而盛德"成了"大备源于盛德","以礼成德"的次序随之颠倒为"礼原于德",此说颇具巧思,但恐怕并非原文之义。本段后文,君子有礼,则如"竹箭之有筠、松柏之有心",其意即指礼使人内外皆修,故能达到"物无不怀仁,鬼神飨德"的境界。由礼而德的次序非常明显,盛德乃就修礼之完备状态而言。王夫之与很多注家一样,过于尊信礼之本源在于人内心德性,故在此不惜曲解文意。其实,战国中后期礼家言礼,固多从礼与事、物出发,《荀子·礼论》言丧礼云:

> 先王恐其不文也……故天子七月,诸侯五月,大夫三月,皆使其须足以容事,事足以容成,成足以容文,文足以容备,曲容备物之谓道矣。[1]

按,此处言礼之事、成、文、备而道的次序未涉及内心之德而是突出礼作为事物的一种完美状态,即《礼器》后文所谓"礼者,物之致也"。

此节以下还有两段文字属于对礼之义例的探讨:

> 礼也者,合于天时,设于地财,顺于鬼神,合于人心,理万物者也。

孔颖达云:"忠信为本易见,而义理为文难睹,故此以下广说义理为文之事。"孙希旦则认为:"'合于天时'五句,以制礼之大体言之。"下文"天生有时"四句,"又专以行礼之所用言之"。要之,此段并不纯为言忠信,大体为历代注家同意。就"义理为文"而言,《礼记集说》引俞氏之说颇精,其云:

> 夫礼者,散于万事而能制事,列于万物而能辨物。是礼悠然于事物之间……礼也者,义理之会。……圣人者,深明人情,静见物则,因其悠然在事之理,举其端、絜其绪。

俞说即《仲尼燕居》"礼者,即事之治也。君子有其事,必有其治"之义。下文涉

---

① 王天海:《荀子校释》,上海古籍出版社 2005 年,第 801 页。

及礼之义的还有：

> 礼，时为大，顺次之，体次之，宜次之，称次之。

"时""顺""体""宜""称"的具体内涵，历代注家多有争议，但与本文所论述主题关系较小，故不备引。不过，明显可以看出，此五种范畴，很难全部从"忠信为本"角度来解释。而自言"称"以下，至引孔子言"礼不可不省"之前，则是结合具体礼制，详细论述了"礼"的通例，有以多、大、高、文为贵者，亦有以少、小、下、素为贵者。孔颖达将这部分总结为"广明为称之事"，其说可从。而"称"作为礼义，较之前四种相对抽象的原则，无疑最为具体而贴近行礼，至此，"忠信为本"的内容尚未出现。

（二）礼之"多少"与"外心""内心"

> 礼之以多为贵者，以其外心者也。德发扬，诩万物，大理物博，如此则得不以多为贵乎？故君子乐其发也。
>
> 礼之以少为贵者，以其内心者也。德产之致也精微，观天下之物，无可以称其德者，如此则得不以少为贵乎？是故君子慎其独也。
>
> 古之圣人，内之为尊，外之为乐，少之为贵，多之为美。是故先王之制礼也，不可多也，不可寡也，唯其称也。

按，这一段尽管行文中未出现"忠信"，但言及"德""心""慎独"，很容易与"忠信，礼之本"相联系。今举孙、王两家之说为例：

孙希旦云：

> "乐其发"者，自内而推之于外，自忠信之本，而求尽夫义理之文也。"慎其独"者，自义理之文，而归极于忠信之本也。①

---

① 《礼记集解》，第644页。

王夫之解"外心"之礼云：

> 盖天下之物与君子之德，其理一也。……君子于德之发而见百昌众美
> 之荣，皆以劝成吾德之盛。

又云：

> 此二节承上文而推言其制礼之精意，体义理于心以求其宜称，而根心以
> 无疑于理之固然，则忠信之德即此而存。非忠信之至，不足以审义理之变
> 通，所谓"无本不立"也。

可以看到，尽管文中明言礼贵在于多少之间取其"称"，二家的解说仍偏重强调
"忠信之本""忠信之德"对"义理之文"的决定性作用。但如果我们不先入为主
从"忠信"出发，一方面，"德"其实当指"礼乐之德"；另一方面，即便德为内心之
德，此处其实仍未脱离由礼成德的思路，文中两处"如此则"与其说体现了德对
礼的决定性作用①，不如理解为作者试图从"心"与"德"的角度对礼之文（多少）
进行解释②，重点仍在礼而非忠信，其意大致可概括为：

> 如果从外心、德之发扬，或内心、精微之德的角度来观察礼之节文，即可
> 发现行礼的原则中存在着贵多、贵少的两种相反的倾向，而制礼、行礼之精
> 义则必须在多少之间取其"称"。

以下分别论述：

《礼器》一篇所见之"德"多主礼乐教化而言，而并非内心之德，前文"大备，
盛德"，后文"天道至教，圣人之德"段均是，而"德产之致"同样可在后文找到类
似段落：

---

① 两个"以"字，同样不宜释作"心"决定"礼"之义，而只是自内、外不同角度观察。
② 王夫之云："多寡之间皆以德称，而礼之品节备矣"，也注意到了以德、心沟通礼之多少。

　　君子曰:"无节于内者,观物弗之察矣。欲察物而不由礼,弗之得矣。"故作事不以礼,弗之敬矣! 出言不以礼,弗之信矣! 故曰:礼也者,物之致也。

此处所云之"物"显然含有对外物的观察及出言行事两个方面(也就是内心与外心),二者皆受制于礼。所谓"礼也者,物之致",与上文"礼也者,理万物"思路相同,均是由物而言礼。尤当注意者,"敬"与"信",都须有礼方可达成,而并非相反。如此,与礼之仪文"多少"、心之"内外"相关之"德"显然可以视为礼乐教化达成完美状态下的一种体现,同时也具备对礼之外在节文的解释功能。德与礼是一体两面的关系,作为物之致的礼、德是超乎具体事物之上的范畴,但求之于可见之礼文,则又有多、少之别。

　　"德"之发扬,大理万物,正是礼治理万物,礼作为万物秩序(外心)的体现。此德之产生固然由于"有节于内",也就是符合礼之规定的某种心理结构而来。但此处强调的则是礼之理的普适性。礼乐"大备"之"盛德",其发扬,主要体现于礼所涵盖事物存在之"多",这种"多之德",看似"非备物不足以称之",但究其实,虽然于极多极少处中更易体会礼之"称"义①,但并不是说"物之致"可以仅就实际存在事物来衡量,如后文云"三百""三千""其致一也",礼乐作为普适性原理,其"致",其多之德一面,是"三百""三千"之多无法穷尽的,故单纯重视多、大、高、文,无法得其"称",反为非礼。参考下文内心之礼,"以多为贵"其实同属"天下之物无可以称其德",只是不如后者涉及"慎独",更引人重视。

　　"外心、内心"之礼,同是与首段相同的"由礼而德"的思路,只是突出内外有别,更为具体。所谓"外心",即如"竹箭之有筠",措则正,施则行。而"内心",则如"松柏之有心",释回、增美质。二者合一,"其在人也",指的正是人以礼为器,礼对人之内外的改造。所谓"德"者,与多少之礼关系更为密切,换言之,即是行礼之完美状态的体现,而非未见踪影的"忠信"。后文云"古之圣人",外之、内之、少之、多之,"多少"自然是礼之仪文度数,但"内外"也统之于"圣人制礼惟其称"②,呼应上文孔子之言"称",亦非专就忠信之立论。

---

①　这里所说的礼之道,一如《淮南子·原道训》言神,"托于秋毫之末,而大于宇宙之总"。

②　此处不云"不可内、不可外",自然是因为就"制礼"而言,内尊外美属于礼乐之德。不可内、不可外,则当内外并重,如不可多、不可少,指的是应多少并重。

这一段最引人关注，也是最容易与"礼本忠信"相联系的还有涉及"内心之礼"的一句：

> 德产之致也精微，观天下之物，无可以称其德者，如此则得不以少为贵乎？

郑玄注云："物无可称其德者，万物皆天所生，孰可奉荐以称也。"这将"德"理解为了生成万物之"天德"，孔疏亦同。① 不过此段文字中，"天德"与"内心"尚有一段距离（孙希旦将天道、圣人合一以沟通）。这也可以看出《礼器》以此段礼论，存在某种"断层"，单就内心外心而言，尚且平衡，言及"德"则很容易归为内在，这也造成了注家言内心之礼多近于"慎独""尊德性"②，如王夫之云：

> 潜心内观，以体德之所自凝与物之所自生也。……德之产物自无而有，其用之密緻精粹希微不可以形象求，故德之至者，天下之物已成乎形者皆不足以象之。

其实，所谓"德产之致"者，正是"礼也者，物之致"之"致"，亦是后文"故经礼三百，曲礼三千，其致一也"之"致"③，云其"精微"，并非单纯形容某种微妙的心理结构，而更多地当从"称"，亦即礼文之多少度数密切相关，与"孔子曰"以及下文"是故先王之制礼也"④相参看，乃是形容礼之多少去取之际，作为"物之致"，也就是事物根本原理的"礼之秩序"本身的精微。⑤ 区别在于，外心之礼侧重普适

---

① 《集说》引马氏云："生生之德精微不可名状，凡天下之物皆粗而无足以为对也，圣人观天下之物无可以称其德，特修诚以事之而已。"

② 《集说》《续集说》所引及王夫之、孙希旦诸家大体均是这一思路。

③ 后文还将有详细解说。

④ 王夫之前注"时、顺、体、宜、称"云："时者，创非常之原，故尤为重大。称，因乎在己之分，审量易知，故最为次。"又云："然五者因事各当，皆求其称，亦非有先后缓急之差也。"王夫之将"称"分别为两个层次，恐怕是因为"内心、外心"一节，屡言称，而据前文，称实在最次。笔者认为，此处虽亦言"先王制礼"，但其实已经侧重讨论行礼，时、顺、体、宜、称五者由抽象礼义渐次转向一般行礼之原则，亦即"义理为文、无文不行"之义。此处两言君子，又云古之圣人，都是透出与一般行礼者之差距，恰好与下文种种失礼事对比。

⑤ 惟其精微则不得不省察，从道理上讲，此省察之心必亦精微，但恐非原文之义。

性,此处则是就一事一物而言,礼之"少之德","观天下之物",乃言观天下任一事物,皆无法单独体现礼之精微,尽管如此,求之于礼文,少、小、下、素之礼中更易体察,故亦为君子所重。

总之,云"无物可称其德",并非据心与物、义与数对立而倾向于内在而言,而是强调单纯的"多""少"皆不能体现礼之精意,云"物之致",即非单纯就物本身可见。君子"乐其发",则礼不必一味求俭,"慎其独",则不必一味求多,两者间乃是平行关系,并未有高下之别,均与言称有关,而并非专主忠信之本或内心的修炼。

(三)"礼也者,犹体也"与"经礼三百,曲礼三千,其致一也"

> 礼也者,犹体也,体不备,君子谓之不成人。设之不当,犹不备也。礼有大、有小、有显、有微,大者不可损,小者不可益,显者不可掩,微者不可大也。故经礼三百,曲礼三千,其致一也。未有入室而不由户者。

此处之"体",尽管由下文"大、小、显、微"可以看出是偏重礼之形式或曰"数"的层面,还是有不少注者试图从心性角度加以解说。郑玄注云:

> 礼若人身体,致之言至也,一谓诚也。……入室必由户,犹三百、三千皆由诚也。

对于身体,郑玄在《仪礼序》进一步解释为:

> 礼也者,体也,履也。统之于心曰体,践而行之曰履。

王夫之释"体"亦非单纯身体义,云:

> 性以礼为体,生以行为体,有定体而用无不宜,其理一也。

对"其致一也"的解释,二家解说仍是偏重"忠信为本",郑玄之说已见上,孔颖达疏云:

行礼皆须至诚,故云一也,室犹礼也,户犹诚也。

王夫之云:

一者,称之谓,称则诚也。大小显微,各如其体,以尽天理民义之实然,致则一也,犹之入是室则必由是户,室异则户异,然其为必由则一也。

不过,对于体与致的解释,也有学者并未过多涉及心性、忠信,如孙希旦云:

又承上文而申言体之义也。礼也者,体也,此以人之体喻礼之体也。

此又以申言称之义,……礼文虽繁,而莫不得乎大、小、微、显之宜,则其致一也。惟其然,故人之所行莫不由之,由入室之必由户而不可外也。

按,孙氏将"体"与上文"社稷山川之事,鬼神之祭,体也"之"体"联系,似乎稍显牵强,但未脱离礼之文,较之言心言性,更贴合原文之义。对"致""一"的解释,郑、王又以户为诚,诚则致、则一,孙说则大体止于言"宜"言"称"而未至于"诚"。至于以室为三百、三千之礼,孙说略同。不过,如此解说,文理上则有一疑问,两处设喻,由户入室显然应与体备成人相对应,体为大、小、显、微之礼,备而成人,成人境界在具体之上。如诸家之说,室既为三百、三千之具体仪文,则其"备""成"之境界何在?且以户为诚,重诚则由户反而重于入室。

笔者以为,此处以人体、户、室喻礼,用意其实非常明显,以体言礼,孙希旦之说并无不当。至于"大、小、显、微、三百、三千",指的正是礼之外在形式,如千门万户,而并非言室。至于"入室"者,"其致一也",实指礼之理而言,仍是"礼者,物之致"义。"未有入室不由户",强调的正是礼之体的重要性,与文中强调"体不备""设之不当""大者不可损,小者不可益,显者不可掩,微者不可大"呼应,均是就仪文、行礼而言。如释"户"为诚,则与上下文扞格难通。①

礼之体与礼之理的关系,正如人之肢体与"成人"间关系。《荀子·礼论》亦

---

① 如孙注以入室必由"户"喻人之行莫不由礼,其实是以户为礼之致(即称),但如此则"室"无着落。

以人之所居喻礼,云:

> 文理繁,情用省,是礼之隆也。文理省,情用繁,是礼之杀也。文理情用
> 相为内外表里,并行而杂,是礼之中流也。故君子上致其隆,下尽其杀,而中
> 处其中。步骤驰骋厉骛不外是矣。是君子之坛宇宫廷也。人有是,士君子
> 也;外是,民也;于是其中焉,方皇周挟,曲得其次序,是圣人也。

隆、杀者即为礼之"体","致其隆""尽其杀"即得礼之"称",由此而礼为"坛宇宫
廷",圣人、君子居其中,小人不得其门而入。故又云:"礼者,人道之极也。然而
不法礼,不足礼,谓之无方之民;法礼,足礼,谓之有方之士。礼之中焉能思索,谓
之能虑;礼之中焉能勿易,谓之能固。能虑、能固,加好者焉,斯圣人矣。"荀子与
《礼器》此处同是论述礼作为事物、人道之极致,并未涉及忠信之德。

不过,郑玄、王夫之释"一"为"诚"并非没有文本上的依据,此节下文云:

> 君子之于礼也,有所竭情尽慎,致其敬而诚若,有美而文而诚若。

郑玄注云:"'竭情尽慎'谓以少、小、下、素为贵也,'美而文'谓以多、大、高、文为
贵也。"孔颖达云:"求竭己情,尽其戒慎,致其恭敬而内行诚顺,故须少、小、下、
素,求诸内也。威仪之美,文章显著而外行诚顺,则以多、大、高、文,章之外也。"
按,郑、孔代表的历来注家之说多是就情与文之别,礼之内心、外心对立,其实错
过了此段礼论之重点,后文还有详细讨论。这里先简单分析旧说的两点问题:
　　首先,将情、慎、敬归于内心,看似合理,但从孔疏亦能看出,如此则"情"
与"敬"之间几乎没有区别,但《礼器》下文先后提出,"礼之近人情者,非其至
者也""君子之于礼也,非作而致其情",言礼之"义"不以"情"为重心的倾向
非常明显。
　　其次,如简单划分为内心、外心,则致其敬而"诚"与美而文之"诚",分属礼
之情与礼之文,此诚并不专主于内,这样一来,用诚来解释"其致一也",也并不
恰当(如果以内外之"诚"解释内外之"体",固然恰当,但《礼器》之语脉中"体"
又无心、性之意蕴)。

（四）"忠信之人可以学礼"

篇末这一段文字，是文中少数正面论及"忠信为本"处：

> 祀帝于郊，敬之至也。宗庙之祭，仁之至也。丧礼，忠之至也。备服器，仁之至也。宾客之用币，义之至也。故君子欲观仁义之道，礼其本也。
>
> 君子曰："甘受和，白受采，忠信之人可以学礼。苟无忠信之人，则礼不虚道。是以得其人之为贵也。"

孔颖达云：

> 言"观仁义之道"，不言"忠敬"者，言仁义则忠敬可知矣。

广陵胡氏云：

> 丧礼，哀慕由衷（笔者按，据后文，此处疑脱去"仁也"二字），宾客相吊恤，义也，有礼必有仁义，人而不仁如礼何？

孙希旦云：

> 学礼者，习学义理之文也，然苟非忠信之人，则无本不立，而礼不能虚行也。盖忠信之本，与义理之文，固不可偏废，而尤以立其本为先也。

按，"君子欲观仁义之道，礼其本"与"忠信之人可以学礼"之间，依诸家之说，似并无重大分别，前句即指仁义为礼之根本原则，后"忠信"也是此意。孙希旦在"义理为文"、"忠信为本"间的取舍亦是倾向"忠信"，只是孙氏区别后一句之"学礼"指的是"义理为文"。但是，详绎文义，所谓"观仁义之道"与"仁义之道"，毕竟不同，"礼其本"与"忠信为本"亦不可混淆，延平周氏注意到了这一点，其注云：

> 礼虽出于仁义,而仁义之成体,乃在于礼,故曰:"欲观仁义之道,礼其本也。"

周注同样赞同礼出于仁义,但也提醒我们,如云"仁义之道,礼之本",固然可释为"礼出于仁义",但原文有一"观"字,则此句强调的显然是,"礼"作为"观仁义之道"的根本途径。周说颇精,但犹有未尽,其实上文"礼也者,物之致者也"一节,重在"观物"由礼,其后,尚有论述由礼而达忠信:

> 是故昔先王之制礼也,因其财物而致其义焉尔。故作大事必顺天时,为朝夕放于日月,为高必因丘陵,为下必因川泽。是故天时雨泽,君子达亹亹焉。
>
> 是故昔先王尚有德,尊有道,任有能,举贤而置之,聚众而誓之。是故因天事天,因地事地……是故圣人南面而立,而天下大治。

这两段明显对应由礼"察物"。圣人能"因其财物而致其义",即是"观物由礼"的结果,也可以说,物惟进入礼之范畴方能有"义"。关键是"尚有德,尊有道,任有能,举贤而置之"句,人才的鉴别与选任显然也是某种"观物由礼"。下文则继续探讨这一问题:

> 礼也者,反其所自生。乐也者,乐其所自成。是故先王之制礼也以节事,修乐以道志。故观其礼乐而治乱可知也。
>
> 蘧伯玉曰:"君子之人达。"故观其器而知其工之巧,观其发而知其人之知。故曰:君子慎其所以与人者。

《中庸》:"诚者,物之终始。"《礼器》以"礼乐"为物之终始,即"物之致"。"节事""道志"仍是"观物由礼"之义,由此自然引出"观礼乐"可知政之"治乱"与"人之知",所以君子"慎"于礼乐。循此思路,自然会得出借重礼"观仁义之道"的结论。只是相比"治乱"与"人之知","仁义之道"更为具体,且侧重有益于礼乐者。可以看出,几段文字的理路,均是就礼在观物、用物、知人、择人方面的重

要作用而言,而非强调礼之本与文间关系。这一意义上的"礼之本",前篇《礼运》亦有提及:

> 饮食男女,人之大欲存焉;死亡贫苦,人之大恶存焉。故欲恶者,心之大端也。人藏其心,不可测度也。美恶皆在其心,不见其色也,欲一以穷之,舍礼何以哉?

此段前文云,圣人以礼治"人之情",以"修十义,讲信修睦",不过在此却有一难题,即人心"不可测度",如此则人之情难治,而《礼运》主张礼可穷尽人心、人情,明显正是与《礼器》"观仁义之道"以礼为本相近的思路。

"忠信之人可以学礼"段,文中明言"是以得其人为贵",其意也不是专在强调"忠信"相对于"礼"之优先地位,而是指出礼既为观仁义之本,而礼能否完美施行在于人,故云"得其人为贵","其人"是指能知礼、行礼而言,人能"知礼、行礼"之所以为贵,正因其难,故《礼器》下文即篇末,先引孔子之说,又引子路之事:

> 孔子曰:"诵诗三百,不足以一献。一献之礼,不足以大飨。大飨之礼,不足以大旅。大旅具矣,不足以飨帝。毋轻议礼。"
>
> 子路为季氏宰,季氏祭,逮暗而祭,日不足,继之以烛,虽有强力之容、肃敬之心,皆倦怠矣!有司跛倚以临祭,其为不敬大矣!他日祭,子路与,室事交乎户,堂事交乎阶,质明而始行事,晏朝而退。孔子闻之,曰:"谁谓由也而不知礼乎?"

按,夫子言"毋轻议礼"与赞子路"知礼"均是由知礼、行礼之可贵、难成而来[①],如果上文重在"忠信为本",则上下文之义殊难贯通。

---

① 历代注家于此两处仍多就"忠信为本"而言,实为原文所无。尤其是子路行礼事,先云有"肃敬之心",而又云"为不敬",则子路达成其敬乃是由于其行礼之善,非本内心,其义甚明。

二、"远人情者"——"义理为文"的
确切涵义与由敬文而言情

上文已分析了四处注家将本义为"义理为文"误释为"忠信为本"的段落,但即就行文而言,《礼器》中亦不乏对行礼者内在情感、道德的强调。

> 君子之于礼也,有所竭情尽慎,致其敬而诚若,有美而文而诚若。
> 君子之于礼也,有直而行也,有曲而杀也,有经而等也,有顺而讨也,有摲而播也,有推而进也,有放而文也,有放而不致也,有顺而摭也。

正是这一句影响了郑玄等注家对于"经礼三百,曲礼三千,其致一也"的理解。这里出现的"情""诚"似乎确实可以归为某种"忠信为本",则此句便可视为另一版本的礼之"有本有文",但"情"与两"诚"间的关系,是平行还是有递进? 以及"致其敬""美而文"对"诚"的修饰、限定作用尚不明朗。

方悫云:

> 礼虽不同,至于致其诚则一而已,竭情尽慎致其敬,则诚之存乎内者,美而文则诚之发乎外者。或内或外,皆不离乎诚。

按,方氏已经注意到了此段"诚"具有沟通内外的作用。[①] 笔者以为,"诚"之意蕴实当就"致其敬"与"美而文"探究,"诚"既不专主于内,而依据《礼器》言礼之语脉,"敬"与"文",尤其是"敬",亦不为纯乎内在之概念。

"竭情尽慎""致其敬而诚""美而文而诚"三者关系可从不同角度理解,如方氏所云,"竭情尽慎""致其敬而诚"与"美而文而诚"之间恰好形成了礼之本与文、义与数,亦即内容与形式间的对立关系。方氏未论及的是,忠信为本、义理为

---

① 孙希旦认为:"竭情尽慎,致其敬,礼之内心者也。美而文,礼之外心者也。若,顺也。礼之内心外心虽不同,而莫不顺乎天理之所当然也。"

文之间看似泾渭分明于此已由于"诚"的沟通作用而显得不很明显。"竭情尽慎"与"美而文"间情文对立关系的缓和显然源于"致其敬而诚"的插入。①

假如此段确实意在强调如忠信之内在情感,"情"与"慎"的达成(竭情、尽慎)亦体现为经由"敬""美而文"修饰的"诚",而且这里显然不能简单地认为此种本底为情之"诚"仍只局限在内在的范畴(否则美而文之诚则无意义)。由此,则情之达成,仍是有赖于"文",且是某种经过美饰而内涵诚敬之"文"。

无论是从情文对立,还是以诚言情的角度出发,此段重点实在于以"敬""文"言"诚"与"情",万斯大云"'义理为文'最精",颇为贴切。前引"君子之于礼"的第二节,正是对君子行礼或者说"义理为文"的极尽描摹:

有直而行也,有曲而杀也,有经而等也,有顺而讨也,有撕而播也,有推而进也,有放而文也,有放而不致也,有顺而摭也。

对这一段的解说有很多,孙希旦认为此节"承上启下",但事实上,包括孙氏在内的注家对此章承上文之义未有足够重视。这里多种多样的行礼方式其实正在旨在说明如何经由"敬""文"而"诚",从其行文看均是某种"无文不行"的"义理"之"文",然而内在之情、慎、敬无不由此"文"而体现。

大多数注家所指出的情与文、礼之内在、外在,乃至多少的区别,本源自儒家对情文冲突的基本态度。但这恰恰为《礼器》极力避免,"义理为文"的涵义即在强调"文"而能有"敬、诚"之义,从诚的角度讲,即是强调此诚为体现敬文之诚,如此则文与情并非单纯对立。事实上,"诚敬之文"或"敬文之诚"已经代替了情、"忠信",成为"礼之本"真正所要求的内在"情感"基础,这种非纯内在的"诚敬之文"当然不能视为外在文饰,但亦不能看成是由情主导文的产物。这就可以解释为什么《礼器》言以"忠信为本",却在行文中多就行礼而论。无文则无所谓敬,无敬文则无诚与情。

其实以敬言礼才是《礼器》一篇真正重点,其目的正在于限制、改造自然情感,其行文中两处明确提到行礼应避免人情,以下分别论述:

---

① 当然,这里可以认为仍是以情为主,诚本乎情。

（一）"礼之近人情者，非其至者也"解析：

> 君子曰："礼之近人情者，非其至者也。郊血，大飨腥，三献爓，一献孰。"
>
> 郑玄云："近人情者亵，而远之者敬。"
>
> 孙希旦云："尽人情，谓近于生人之道。"

按，前云"竭情尽慎"，本文已指出当从"敬""文"角度理解，而非专讲一般人情，此处以"近人情"非至礼，则仍是这一思路的延续与深化。《礼记章句》云："尽道以将敬，不苟近其情以为悦。"王夫之注意到了"敬"与"情"的区别。《郊特牲》同样提到了"郊血，大飨腥，三献爓，一献孰"，而解说为"至敬不飨味而贵气臭也"。不过，"敬"似乎也可以视为某种内在情感，清人李光坡云：

> 轻率迫切，无耐久积之意，此人情也。自此至"可述而多学"，正言君子行礼耐久积以致其情，以反礼之始，以申上文竭情尽慎致其敬诚之意。

按，李注将"敬"视作君子之情与人之情的不同。不过，笔者认为，《礼器》反对近人情，推崇有别人情的敬意，以及对某些礼数其义之层面的解说重视"远生人之道"，还不仅仅是意欲从内在道德来区别礼之境界高下，而是另有一层深意，即行礼者之"情感"与节文度数均须某种美化与文饰，也就是"美而文"，这也正是"义理为文"所强调的正确行礼方式。

《礼记·檀弓下》云：

> 饭用米、贝，弗忍虚也。不以食道，用美焉尔。
>
> 铭，明旌也。以死者为不可别已，故以其旗识之。爱之，斯录之矣；敬之，斯尽其道焉耳。
>
> 奠以素器，以生者有哀素之心也。唯祭祀之礼，主人自尽焉而，岂知神之所飨，亦以主人有齐敬之心也。

按,这里对丧礼"饭含"之制的解释,乃用"美"与生人之"食道"相对,对铭礼之义,也是强调"尽其道"者为"敬",显然是重于"爱"的意味。"齐敬之心",郑玄注云:"哀则以素,敬则以饰,礼由人心而已。"《礼记章句》云:"祭祀之必尽其文,所以极致生人齐敬之心。"又云:"敬则文,哀则素,其自尽一也。"《荀子·礼论》云:"礼者、断长续短,损有余,益不足,达爱敬之文,而滋成行义之美者也。"

儒家由"敬""爱"言礼确实多着眼于侧重内心情感、道德层面,不过在《礼记》中,如《礼器》《祭义》等篇,则有了较大的不同。《祭义》中,同样作为"礼之义"的范畴,"敬"较之"爱"而言,渐渐有了外化的倾向,颇可与《礼器》言"敬"相参看。

> 是故先王之孝也,色不忘乎目,声不绝乎耳,心志嗜欲不忘乎心。致爱则存,致悫则著。著存不忘乎心,夫安得不敬乎?
>
> 孝子之祭也,尽其悫而悫焉,尽其信而信焉,尽其敬而敬焉,尽其礼而不过失焉。进退必敬,如亲听命,则或使之也。
>
> 孝子之祭可知也。其立之也敬以诎,其进之也敬以愉,其荐之也敬以欲。退而立,如将受命。……无敬齐之色,而忘本也。如是而祭,失之矣。

按,第一段对"先王之孝"的境界的描述一归于"敬",不过这里"敬"的内涵显然还是从内心出发,强调"爱""悫"。第二段仍以敬为本,犹可注意的是,"尽其敬而敬"与"尽其礼而不过失"并列,将"敬"而非"爱"作为礼之内涵。结合第三段讲"孝子之祭",所谓"敬以欲""敬以愉""敬以诎",对行礼者诸般容色的要求均归为敬,"敬齐之色",更被视为祭之"本",则敬与礼关系之密切一望可知。

但是,《祭义》以对"敬"的阐释又不局限在情感道德层面。

> 子曰:"立爱自亲始,教民睦也。立敬自长始,教民顺也。教以慈睦,而民贵有亲。教以敬长,而民贵用命。孝以事亲,顺以听命,错诸天下,无所不行。"

此处之"敬"强调的乃是"顺以听命",注重礼之政治意义。下文云:

郊之祭也,丧者不敢哭,凶服者不敢入国门,敬之至也。

祭之日,君牵牲,穆答君,卿大夫序从。既入庙门,丽于碑,卿大夫袒而毛牛,尚耳,鸾刀以刲取膟膋,乃退。爓祭祭腥而退,敬之至也。

这里两处"敬之至"指向的均是政治秩序在礼中之反映,也可以说是经由礼所铸就的尊卑等级之序,所谓"顺以听命,错诸天下,无所不行"。王夫之注前段云:"父母之丧为之夺。"注后段云:"王者会万民之敬以事天,合庙中之敬以事祖考。分虽殊而理则一。"其中不难体味儒家论政重"齐之以礼"之义,而敬意在教民"顺以听命"之"顺",与"齐"均是礼之秩序的达成,反观前文一再强调的"敬齐之色",其中之"齐"亦并非无义①,而当理解为敬之政治意味在行礼者礼容层面的一种渗透。

《祭义》中著名的孔子与宰我论鬼神与祭祀,此段中较之于"爱","敬"之外化倾向尤为明显:

宰我曰:"吾闻鬼神之名,不知其所谓。"子曰:"气也者,神之盛也。魄也者,鬼之盛也。合鬼与神,教之至也。众生必死,死必归土,此之谓鬼。……因物之精,制为之极,明命鬼神,以为黔首则,百众以畏,万民以服。"

圣人以是为未足也,筑为宫室,设为宗祧,以别亲疏远迩。教民反古复始,不忘其所由生也。众之服自此,故听且速也。

二端既立,报以二礼……教民相爱,上下用情,礼之至也。君子反古复始,不忘其所由生也。是以致其敬、发其情,竭力从事以报其亲,不敢弗尽也。

鬼神之道能使民"畏",但不能使民服而"听且速",这很容易让人联想到前引"立敬自长始"使民"顺以听命"。所谓圣人以为未足,即是在单纯的鬼神之道基础

---

① 即下文所云:"祭日于坛,祭月于坎。以别幽明,以制上下。祭日于东,祭月于西。以别外内,以端其位。日出于东,月生于西,阴阳长短,终始相巡,以致天下之和。"

上饰以礼文，"筑为宫室，设为宗祧"，以达成礼之"亲疏远迩"的秩序，民则由畏而生敬。这里可以看出礼之仪文度数到来的敬意，在教化方面的作用。

有趣的是，此段以下对礼之数的解说归结于"教民相爱，上下用情，礼之至也"以及"致其敬、发其情"，似乎又回到了以内心言敬、言礼，而与我们关注的《礼器》"礼之近人情者，非其至者也"矛盾。但详绎文意，"相爱""发其情"者，固然是行礼者的某种感情基础，但礼义之真正重点犹在情之"上下"相用，或者说用情而不失上下尊卑之等才是敬意，也是礼义的关键。《坊记》云："因其酒肉，聚其宗族，以教民睦也。"但此种强调人际关系的爱意与和谐并非礼义的全部，故又云："尸饮三，众宾饮一，示民有上下也。"可以说"爱"与"敬"之间其实是"亲亲"与"尊尊"两种行礼原则的冲突的体现，《祭义》《礼器》言礼重"敬"而"远人情"，正是其礼论侧重不同的体现。

（二）"君子之于礼也，非作而致其情"解析

> 是故君子之于礼也，非作而致其情也，此有由始也。是故七介以相见也，不然则已悫。三辞三让而至，不然则已蹙。
>
> 故鲁人将有事于上帝，必先有事于頖宫。晋人将有事于河，必先有事于恶池。齐人将有事于泰山，必先有事于配林。三月系，七日戒，三日宿，慎之至也。

此段注家多能注意到"节文"对"情"之重要性，但仍有学者固执于"忠信为本"，如孙希旦注云：

> "作而致其情"，谓本无此情，而起而强致之也。内有恭敬之情，则外有交接之礼，故礼之所由始，始于心之敬也。……君子于所尊敬者不敢质，若已悫已蹙，则情文不足，而无以将其敬矣。……礼，虽在于外，而实本于心之不容已也，夫岂作而致之乎？前此以内心、外心二者发明义理之文，上节言祭祀之礼尚臭不尚味，则归重于内心之义，至此言礼之由于心，而非作致于外，又以见义理之文莫不根于忠信之本也。

按，孙注之失自不待言，主要还是固执于"忠信为本"、礼之本源在于内心的先入

为主思路,处处强调情与文、内与外的对立,而最终"归重于内心",其实错过了
《礼器》此处言礼的重点。上文云"礼之至者"当远人情,此又云"致其情",则必
然是对前文思路的深化(否则将成矛盾)。郑注"近人情者亵,远之者敬",区别
"敬"与"情",其说至确。所致之"情"非无所准依而"作",必由于"礼",所谓七
介以相见、三辞三让而至,及以下慎之至、温之至皆由礼。如此,敬、情之别实本
源于礼,如孙注云"情文不足"尚可通,但对敬、情之差异处殊少别白。

"由始",如孙注讲成"始于心之敬"不确,这里强调的不是情与文之对立,文
必本于情,而是强调礼之"作"、情之"致",二者的达成,必须由某种传统而来①,
上文"三代之礼,民共由之"之"由",以及下文中"反本、修古","可述而多学",
强调的都是礼作为构成传统的要素。

从上节已可见《礼器》言礼倾向,结合文之"敬"取代单纯之"人情",这种不
纯在内的"敬"则可以称为"礼之情"。陈成国先生认为:

> 礼主于敬,不主于人情,礼学礼制看重的"情"与世人看重的情未必一致。②

礼之情,其达成的方式,回顾君子之于礼节,九种不同的"义理为文",正可与此
处"非作而致其情"相参看,其实已包含情与文、义与数合一之义。这种思路在
儒家礼论中亦有迹可循。

重"文"、重"敬"在《荀子》中是一常见命题,《礼论》篇云:

> 礼者、断长续短,损有余,益不足,达爱敬之文,而滋成行义之美者也。

按,礼所损益的对象为情,不过并非简单"因人情而为之节文"式的以礼制情,所
达成之礼文包含爱敬之情,礼作为人之行为原则的"行义"亦在其中,并经过了
美化。"礼义文理之所以养情","养"字道出了荀子礼论中文情、义数之和谐互
补关系。《礼论》又云:

---

① 胡氏注云:"非自我作古,直任己情,《春秋传》礼与天地并言已久。"
② 陈成国、陈冠梅:《中国礼文学史·先秦两汉卷》,湖南大学出版社2012年,第30页。

两情者,人生固有端焉。若夫断之继之,博之浅之,益之损之,类之尽之,盛之美之,使本末终始,莫不顺比,足以为万世则,则是礼也。

荀学中之"礼义文理"在《礼器》中即体现为"义理为文",若侧重情感而言,则为"敬",在本篇的理路中,此种非纯内在之"情感"因素方为行礼成败之关键,如果过于执着于开篇"忠信为本"说,便很容易误解作者的真正意图了。这里也可以观察到,《礼器》的篇章结构尽管较为严整,但对"敬"之意蕴的探讨仍不免容易和"忠信"之说产生纠葛,较之荀子拈出"养"字以结合礼义礼数,其理论尚不够圆融,所以后来言礼者纷纷据内在"忠信为本"立说,也是情有可原的。这也提示我们,广为学者称引的《郊特牲》篇:"礼之所尊,尊其义也,失其义,陈其数,祝、史之事也。故其数可陈也,其义难知也,知其义而敬守之,天子之所以治天下也。"这段话除了历代礼家所重视的强调义数两分,义重于数之外,恐怕"知其义而敬守之"之"敬"亦有其深意。事实上《礼记》中诸如《礼器》《礼运》《郊特牲》等篇往往有突破"义数两分"局限言礼的理论新趋向,这一问题,笔者在对《郊特牲》等篇的研究中还将有深入探讨,此不赘述。

先秦儒家礼学中情与文关系试探：
从孔子、子游到荀子

> 礼之所尊，尊其义也，失其义，陈其数，祝、史之事也。故其数可陈也，其
> 义难知也，知其义而敬守之，天子之所以治天下也。（《礼记·郊特牲》）
> 礼因人情而为之节文。（《礼记·坊记》）

对先秦礼学家来说，将礼划分成"义与数"或"情与文"加以讨论是很常见的
做法。数者，"名位不同，礼亦异数"，凡"进退可度，周旋可则，容止可观，作事可
法"，"有仪而可象"的"威仪"（《左传·襄公三十一年》）皆是。文，亦不外乎"经
礼三百、曲礼三千"之类的仪文度数。数或文指的都是礼的外在形式，至于内在
精神，也就是礼之"义"，又至少可分出两个层面。"人而不仁如礼何"（《论语·
八佾》），礼在"钟鼓、玉帛"之外还关乎行礼者的内在情感与道德基础。此外，礼
还有作为维系宇宙、社会，尤其是政治秩序总体原则的一面，如《左传·昭公二
十五年》所云："夫礼，天之经也，地之义也，民之行也。"应当说，将礼划分为内容
与形式的做法简洁明快①，便于讨论，后世言礼者也多是依循这一思路②。

值得注意的是，二元对立模式下，义与数、情与文之间的天平不总是那么均
衡，论者往往更推重义与情，前引《郊特牲》文郑玄注云："言政之要尽于礼之
义。"孔颖达也认为礼数"浅易"，而义理"深远、难知"（《礼记正义》）。礼尊其义

---

① 此外，言礼者们也提出过其他划分方式。例如，王夫之主张："及情者文，不及情者饰。……政者饰
也，通理之变，人治之小者也。"（《周易外传》卷二）不过文、饰之别，仍不出情文两分的范畴。
② 陈戍国先生对历代"礼仪、礼意"两分的礼论作过细致梳理，同时也反对这种二者分立，"忽视礼仪"的做
法（参看氏著：《中国礼制史·先秦卷》，湖南教育出版社2002年，第21页）。笔者赞同陈先生的看法。

成了很多礼家的共识,至于情与文之先后,《礼记·檀弓》记载孔子说:

> 丧礼,与其哀不足而礼有余也,不若礼不足而哀有余也。祭礼,与其敬不足而礼有余也,不若礼不足而敬有余也。

陈澔认为这是"夫子重本之论"(《云庄礼记集说》),姚际恒指出"此'礼'指在外仪文及用财"(《续礼记集说》),也认同"重本"之说。孙希旦虽然承认"本末兼尽"为礼之至者,但也毫不怀疑"若就其偏者而较其得失,则以得其本者为贵也"(《礼记集解》)。

这些说法尽管不乏训诂和义理方面的依据,但"与其"二字是否意味着这句话重点全在强调情重于文,其实仍很值得怀疑。即便是,我们还可追问,情之于文的优先地位到底有多么悬殊?情对文的影响又是否当有一限度?这些问题并非无关紧要,因为夫子也曾说过"礼,不可不省也。礼不同,不丰、不杀"(《礼记·礼器》),强调"称"作为行礼最高境界。[1] 如古代注家将身处具体行礼情境(如文中"丧礼""祭礼")的行礼者之哀情、敬意从礼文中剥离出来,再将二者针锋相对,其实难免会有"过度诠释"的嫌疑。[2] 安乐哲则认为:"仁是在叙事中被理解,……而不是在遵循抽象的道德原则的直接行动中达成的"[3],是很有道理的。

重"哀敬"之情与言"称"之间显然不仅仅是特例与通则的区别,后文将有详细论述。如果把义与数、情与文置于孔子思想体系中考察,反映的无疑是"仁""礼"两大范畴间关系。这一问题,历来众说纷纭,但大致不出重仁、仁礼并重、重礼三种思路。[4]

---

[1] "称"本身即意味着情文内外合一。子贡问丧,子曰:"敬为上,哀次之,瘠为下。颜色称其情,戚容称其服。"(《礼记·杂记》)方悫认为二"称"者,"以外称内""以本称末"(《礼记集说》)。《杂记》言敬、哀之次虽与《檀弓》小异(郑玄说此为"居丧"),但归结还在于"称"。正如孔子虽然说过"礼,与其奢也宁俭"(《论语·八佾》),但也批评管仲行礼失于奢,"贤大夫也,而难为上",晏婴则失之于俭,"贤大夫也,而难为下",主张"君子上不僭上,下不偪下"(《礼记·杂记》)。以"称"言礼,如《仲尼燕居》中孔子讲"礼,所以制中",并非就礼文,而是言"礼"能使"敬""恭""勇"诸德皆能得"中"。

[2] 唐文明先生认为"儒家伦理与康德式的义务论相去甚远","义"不能理解为"某种普遍的法则"(参看氏著:《隐秘的颠覆——牟宗三、康德与原始儒家》,生活·读书·新知三联书店2012年,第121页)。

[3] 安乐哲:《儒家角色伦理学与杜威的实用主义》,《儒家思想与社会正义》,山东人民出版社2013年,第125页。

[4] 仁、礼关系的相关研究,可参看黄素华在《浅谈孔子的仁礼思想》附录中的综述部分(上海师范大学硕士学位论文,2011年)。此外可参考梅珍生:《晚周礼的文质论》(武汉大学博士学位论文,2003年);赖蕴慧:《剑桥中国哲学导论》第二章(世界图书出版社2013年)。

主仁重于礼者,如杨向奎先生认为:

> 礼乐是建立在仁的基础上,仁第一,礼乐第二,仁是素质,礼乐是素质上的彩绘。①

此外,陈来先生也指出,西周以来,礼文化自身经历了由"仪"向"义"的转变,《左传·昭公五年》子大叔论"礼、仪"之别,昭示了"从礼仪、礼乐到礼义、礼政的变化,强调礼作为政治秩序原则的意义"②。

当然,古今重视礼之节文的学者也有很多,朱熹针对"独尊其义",提出:"古人所以讲明其义者,盖缘其仪皆在……如今古礼散失,如何悬空于上面说义?"(《语类》卷八十五)近人黄侃也指出:"苟无礼物威仪以将之,哀敬之情亦无所显示矣。"③

不过对比重情一派,重文论者的声音还是微弱了不少,表达的也更多的是对重情轻文的不满与反思。④ 而这种反对的思路,从一开始便落在了情与文对立的预设模式之中。至于主张仁礼合一者,现代学者中较有代表性的,如杜维明先生对二者间"创造性张力"的研究,主要是有感于先哲"主要关切的是……和谐而不是……张力",但事实上,杜氏并不否认仁礼间"互相依赖",而且其研究最终倾向于:

> 仁作为一种内在的道德并不是由于礼的机制从外面造就成的,而是一个更高层次的概念,它赋予礼以意义。⑤

这样,仁礼间的关系还是以仁为主导。⑥ 其实早在先秦,对情与文关系有深入思考的荀子便已提出"情文俱尽""礼义文理养情"等命题,如果抛弃二元对立、独尊其义说的成见,不难发现荀子阐释情文关系,重心不皆在义与情,其说更与孔

---

① 杨向奎:《宗周社会与礼乐文明》,人民出版社1992年,第395页。
② 陈来:《古代思想文化的世界》,生活·读书·新知三联书店2009年,第239页。
③ 黄侃:《黄侃论学杂著·礼学略说》,中华书局1963年,第79页。
④ 朱子对"礼之数"的重视恐怕很大程度上还是因为古礼亡佚。
⑤ 杜维明:《仁与礼之间的创造性张力》,《人性与自我修养》,中国和平出版社1988年。
⑥ 此外,梅珍生对孔子的礼论的研究,认为其总体体现为一种"质文符合",但又指出:"仁作为礼的价值源泉和内在规定是超越一切时空的,具有绝对性。"(参看氏著:《晚周礼的文质论》,武汉大学博士学位论文,2003年,第102页)其他重视情与文辩证关系的学者,亦多有类似主张。

子、子游之学间有着极深渊源,以下我们先将论述的重点转向孔子礼学。

一、重仁与情文取中:孔子礼论的两个向度

先秦典籍所见孔子论礼、行礼事例中,重情论者和重文一派均不难找到对己方有利的证据。《礼记·檀弓》记孔子在卫国观看送葬,称赞行礼者"足以为法",甚至感叹"我未之能行也",子贡却对"其往也如慕,其反也如疑"表示质疑,认为不如依礼"速反而虞"。这个故事很容易解读为孔子更倾向于"如慕""如疑"式的真情流露,而不是固守礼文。但在《檀弓》另一处记载中,孔子面对"母死而孺子泣"的"弁人",又持委婉的批评态度,理由是"哀则哀矣,而难为继也","夫礼,为可传也,为可继也,故哭踊有节"。①

当然,信奉礼尊其义的礼家似乎总能找到更多的有利证据。考虑一下时代背景,孔子礼论重义与情的是很容易理解的。春秋以降,礼崩乐坏,并不是说当时人皆弃礼乐不用,事实上,从"八佾舞于庭"之类的例子看,春秋人对礼制仍十分热衷②,"非礼"多是由于对礼义的理解出现了偏差,所以孔子以及其后学才会不断地强调甚至试图重塑礼之精神内核。这种做法,正如陈来先生指出的,是"礼之精神、要义的面向被极大发展"。③

这其中最为凸显的便是仁,孔子对作为礼义的"仁"的强调,有时候确实到了无以复加的程度:

> 郊社之义,所以仁鬼神也;尝禘之礼,所以仁昭穆也;馈奠之礼,所以仁死丧也;射乡之礼,所以仁乡党也;食飨之礼,所以仁宾客也。
>
> 师尔以为必铺几筵,升降酌献酬酢,然后谓之礼乎? 尔以为必行缀兆,兴羽籥,作钟鼓,然后谓之乐乎? 言而履之,礼也。行而乐之,乐也。(《礼

---

① 从"爱礼存羊"一事也可看出,孔子对废止礼文所持的谨慎态度。

② 尤锐先生指出,春秋人"从未质疑礼制整体的价值。战国时期,'礼'开始失去在社会思想中至高无上的地位"。见《新旧的融合:荀子对春秋思想传统的重新诠释》,《台湾政治大学哲学学报》,2003 年第11 期。

③ 尽管陈来先生也指出,尚不能说"礼完全成了某种政治秩序和社会秩序的原则"(《古代思想文化的世界》,第 270 页),但应当说,"文"的生存空间受礼义的挤压也是一个不争的事实。

记·仲尼燕居》)

这里，我们不禁发问，伴随着礼之外在节文日益繁琐化、系统化、精致化，与之相对待的内在的义与情却被仁所涵盖；形形色色、功能迥异的礼，在义之层面都被用仁来解读，仿佛只是作为仁的载体，礼之繁文缛节与日常"言""行"间的界限也变得模糊，这是否也视作某种失衡呢？试想，当世人因为某种礼制不再"实用"而欲废止时，寻觅本该为礼文辩护的特定的义与情，大大泛化了的"仁"恐怕便有些无力了。在此，文与情之间的紧张关系一目了然，因为孔子拒绝，也不可能将仁分解为与外在节文一一相配的礼义，《表记》云：

> 仁有数，义有大小短长。中心憯怛，爱人之仁也。率法而强之，资仁者也。

尽管也承认仁义可以作为具体化的原则存在①，但孔子还是排斥以"量化"的仁义作为法度去执行的行礼方式。至少，这种方式在境界上不如作为泛化的"感通原则"②的"爱人之仁"。

孔子清醒地认识到仁之难得与仁人之可贵，因为未经陶冶的自然感情总是不能直接等同于仁。③ 这样一来，不管在理论上，仁之于人具有何种"先天性""内在性"，孔子礼论中确实也埋下了文与情对立的种子。尽管如此，在夫子博大的礼论体系中，我们还会看到另一种颇为不同的思路，那就是对文与情相融、结合的强调。

首先，夫子言礼义并非只是一言蔽之以"仁"，尚有很多据具体礼制阐明礼义的例子，这对作为礼学专家的孔子而言，并不奇怪，亦无烦举证。此外，更重要

---

① 对比荀子，尽管认为"依乎法而又深其类"胜于"有法而无志其义"（《荀子·修身》），但作为"法之大分，类之纲纪"的"礼"仍被视为学者的最终追求，《劝学》篇云："学恶乎始？恶乎终？曰：其数则始乎诵经，终乎读礼；其义则始乎为士，终乎为圣人，真积力久则入，学至乎没而后止也。故学，数有终，若其义则不可须臾舍也。……故学至乎礼而止矣。夫是之谓道德之极。"这里并没有"独尊其义"扬此抑彼，礼义仍是某种清晰可见，可学而成具体原则。孔子所说的"率法而强之"恰恰是通向"道德之极"的必由之路。

② 这一提法可参看牟宗三：《中国哲学的特质》，上海古籍出版社 2007 年，第 75 页。

③ 夫子亦七十岁方能"从心所欲不逾矩"（《论语·为政》）。

的,也常为论者忽略的是,除了强调仁义忠信,孔子还很重视行礼者容色仪止细微之处与不同的内在情感相搭配,或者说,虽有泛化的仁,夫子却不总是将其作为情感方面刻板的通则来强调,相反,"时之义",也就是作为"情境化原则"的礼才是关注的重点。① 这一思路,无疑是立足于节文、行礼,主张文与情融合。

子夏问孝,孔子答云"色难"(《论语·为政》),朱熹参引《祭义》,解释为:"孝子之有深爱者,必有和气;有和气者,必有愉色;有愉色者,必有婉容;故事亲之际,惟色为难耳。"②(《四书章句集注》)"惟色为难",礼的完美施行不单纯取决于内在情感与道德,困难之处还在于要时刻保持与情境的完美结合,唯此,君子方能做到"戒慎,不失色于人"③(《礼记·曲礼》),"不过乎物"④(《礼记·哀公问》)。这里需要行礼者细致入微体会、掌握的不是单纯受仪文约束的礼容表情(有限的仪文亦无法穷尽无数可能情景中的礼容),更有心境与情感。也正是这种随着情境转换、仪节展开而时时流转变动的"情",既代表着数与文的内在一面,又只能通过行礼仪文方能识别。以"义"为题的《祭义》,开篇"祭不欲数,数则烦,烦则不敬。祭不欲疏,疏则怠,怠则忘"。所强调的正是"称",以下"是故君子合诸天道,春禘秋尝",也并非是脱离礼文空洞的"义",因为"霜露既降,君子履之,必有凄怆之心,非其寒之谓也。春雨露既濡,君子履之,必有怵惕之心"。"凄怆""怵惕"之情的达成并非是由天道寒温自外强加于人,而是有赖于心境与时义的完美结合,最终体现为疏数得中之礼,这方是朱子所说的"情文极细密周致处"(《语类》卷八十五)。《祭义》中还有一处值得思考的对话:

> 仲尼尝,奉荐而进,其亲也悫,其行趋趋以数。已祭,子赣问曰:"子之言祭,济济漆漆然;今子之祭,无济济漆漆,何也?"子曰:"济济者,容也远

① 袁保新将孟子所说的"义"视为具体性的"情境化原则",与代表普遍性的"感通原则"的仁相对。可参看氏著:《从海德格尔、老子、孟子到当代新儒学》,武汉大学出版社2011年,第43页。笔者认为,孔子以"称"言礼,亦有"情境化原则"的意蕴。
② 裴传永认为"难"当读作"戁","色难"即"色敬"之意。可参看:《论语"色难"新解》,《孔子研究》,2000年第4期。不过,旧注就本字为说,亦自可通。
③ 这一段上文自"适墓不登垄"以下皆是对不同场合"容色"的要求。《曲礼》又云:"在官言官,在府言府,在库言库,在朝言朝",同样是强调行礼"情境"。
④ 行礼中每个完美的当下之时,更延伸到行礼者整个生命历程,《祭义》云:"养,可能也,敬为难;敬,可能也,安为难;安,可能也,卒为难。父母既没,慎行其身,不遗父母恶名,可谓能终矣。"

也;漆漆者,容也自反也。容以远,若容以自反也,夫何神明之及交,夫何济济漆漆之有乎? 反馈,乐成,荐其荐俎,序其礼乐,备其百官。君子致其济济漆漆,夫何慌惚之有乎? 夫言,岂一端而已? 夫各有所当也。"

与子贡对"济济漆漆"的刻板奉行相比,孔子之"容"乃是基于对"义"之"各有所当"的深刻理解,这也使其成为了更老练的行礼艺术家。①《祭义》下文承孔子之论,进而对孝子在祭礼中各个阶段完美的"礼容"②有着极为细致的描写,这更使得我们相信"行礼的艺术"不能等同于程式化的礼文,自然也不是被理解为在礼文之后起支配作用的"义"。杜维明先生认为仁与礼间的平衡要在"动态中寻求",所谓的"动态"无疑当着落在行礼、礼之节文层面,即孔子所说的"制度在礼,文为在礼,行之,其在人乎?"(《仲尼燕居》)这是孔子礼论中有别于尊义重仁的另一种思路③,较之前者,言"称""君子无物而不在礼"强调的不再是情与文对立。

但也要看到,恰恰是因为"礼容""时义"本身即有脱离固定仪文约束的趋向④,随之而来,礼之重心也有重新滑落回内在之情、义的危险。同时,伴随着礼崩乐坏进程加剧,文与情间的对立日益加深,孔子后学中,新的礼论也应运而生。

二、"微情"与"以故兴物":子游情文礼论的发展

有子与子游立,见孺子慕者,有子谓子游曰:"予壹不知夫丧之踊也,予欲去之久矣。情在于斯,其是也夫?"子游曰:"礼有微情者,有以故兴物者,有直情而径行者,戎狄之道也,礼道则不然。"(《礼记·檀弓下》)

---

① 由于"君子无物而不在礼矣",孔子甚至相信:"古之君子不必亲相与言也,以礼乐相示而已。"(《礼记·仲尼燕居》)在此,礼与德作为一整体,相融无间,正如赫伯特·芬格莱特所说:"孔子思想的特征便是使用'礼'的语言与意象作为媒介,在礼仪活动中来谈论道德习俗(mores)的整体。"(《孔子——即凡而圣》,江苏人民出版社2002年,第6页)

② "容"无处不在,正如礼本身,《玉藻》篇云:"足容重,手容恭,目容端,口容止,声容静,头容直,气容肃,立容德,色容庄。"此外,尚有"祭容""丧容""视容""言容""戎容"诸多方面的要求。

③ 重仁说容易割裂礼与"俗情",自文而言的思路却不会有此问题。这与古训"礼,体也。"颇有相通之处。

④ 《仲尼燕居》中孔子提到了"无声之乐,无体之礼,无服之丧"所谓"三无"之礼。

　　这是礼学史上一场颇为意味深长的辩论,不仅因为参与者是两位孔门高弟,更是因为争论的主题。重情的有子因不明丧踊之义而欲废止之①,子游坚守旧制,提出"微情""以故兴物"两点要素作为"礼道"的关键。这其中蕴含了情文关系理论新的动向,但由于受对立说与重情论的影响,历代注家对子游之说的理解其实有着不小的偏差。鉴于此,有必要先从文本解读入手,来探求"微情""以故兴物"说的真意。

　　"微",历来多解作"减杀、抑制"②,如此一来,阐释的思路很容易便又回到了文与情的对立③,但是在这一具体语境中,我们很容易发现,有子所强调的显然不仅仅是情之于文的优先地位,自然流露真挚情感俨然可以直接取代程式化的礼文,情已全然凌驾于文之上④。试想,面对这样咄咄逼人的质疑,子游如果仍是重复"发乎情、止乎礼"的旧话,在逻辑上其实也是很难讲通的。⑤ 退一步说,即使"微情""直情"确是就情之多少度量而言,则二子所论也只是"人之感情是否需要适当节制",这一命题,即使推崇真情实意的有子恐怕也不会公然否认吧?

　　南朝礼学家何胤与众不同,认为"微者,不见也"(《礼记正义》),"微情"即内心之情。何说虽响应者较少,其实颇有启发性。笔者以为,"微"当训为"隐"⑥,"礼之微情"者,即"情隐于礼"之意。子游的意思,正承有子抨击踊之无情而来,指出凡礼皆有情,只是这情隐微于礼文之间,不知礼者不易察觉罢了。子游所答,与有子之问针锋相对,全然是为了捍卫礼文的"合法地位"而发,下文两段,子游更分别围绕"微情""兴物"这两大要义展开讨论,以下分别论述:

---

① 王夫之《礼记章句》云:"在人或情不及文而见未鬯。"这可能也是有子质疑丧踊的原因。
② 笔者主要参考了卫湜《礼记集说》、杭世骏《续礼记集说》、王夫之《礼记章句》、孙希旦《礼记集解》、朱彬《礼记训纂》等注本。
③ 举《礼记集解》为例,孙希旦云:"有子以为丧致乎哀而已,而不必为之节文也。"这里"丧,致乎哀而止",本是子游的话,见于《论语·子张》。至于有子之失,孙氏认为主要是其不知"礼之节有定,人之情不可齐"。孙说代表了大多数古代注家的观点。
④ 《坊记》云:"无辞而行情则民争。"方氏谓:"则《檀弓》言'直情而径行'是也。"(《礼记集说》)清人朱轼注云:"无辞而行情者,全不以礼,不但礼后而已。"(《续礼记集说》)有子此处强调的同样是情之有无,而非仅情礼之先后问题。
⑤ 哭踊未必内心不哀,任情号慕亦有灭性之虞,有子未必不知道这个道理。其意恐怕也并非只是推崇更强烈真挚的感情。
⑥ 《左传·哀公十六年》云:"其徒微之。"典籍中微训为"隐",语例甚多。

> 子游曰:"人喜则斯陶,陶斯咏,咏斯犹,犹斯舞,舞斯愠,愠斯戚,戚斯叹,叹斯辟,辟斯踊矣。品节斯,斯之谓礼。"

人的情感波动每每形之于外,"品节斯",也就是赋予这些感情以外在形式,"品节"之"节"自然不能单纯等同于节制之"节"。① 深信"节制说"②的王夫之曾感叹子游"见孺子慕而得其踊之所自起,知兴物之矣,而微情之精意尚未之达"。进而认为,"刺礼而非礼之訾者,称礼而亦未尽礼之善者"(《礼记章句》)。船山独辟蹊径,对子游未能就礼节制情感这一问题再多论述表示遗憾,但殊不知,其说恰好可以反证,子游根本没有申论"节制"之意。归根到底,释"微"为"节制"的弊端便是使上下文失去了联系,因为除"微情"二字外,从文本上看,这一章并没有以"礼节制情感"作为主题。子游论证的仍是凡礼之节文必有内在相应的情感。③

还有一些注家对子游话中"舞斯愠"一句不解,万斯大便质疑:"此章是论丧礼之踊,……哀亲之死,岂因乐极而生乎?"(《续礼记集说》)主张从《释文》所录异本删此句。④ 姚际恒反对改字,认为:"用斯字为过接,不复更端别起耳。而循环相生之义亦是隐然可见。"⑤推测"作者之意"是"以见其皆当品节也"(《续礼记集说》)。笔者认为姚氏之说较为通达,《礼记·仲尼燕居》载孔子论"礼乐之原",有"五至"之说,即"礼之所至,乐亦至焉,乐之所至,哀亦至焉。哀乐相生"⑥。万氏等人不解丧礼何以言乐,其实有子主情而欲去礼文,迫使子游不得不先从根本上明确礼与情密不可分,自喜而哀,哀极则踊,踊中必隐有哀情,所以这一段论说并不局限于丧礼。

---

① 卫湜《集说》引李氏云:"唯有节,故陶不至于咏,咏不至于舞,舞不至于愠,愠不至于踊,所以微情也。"孙氏《集解》云:"哀乐之情,由微而至著者若此。情不可以迳行,先王因人情立制,为之品使之有等级,为之节而使之有裁限,情得其所止而不过,是所谓礼也。"李说"不至于"、孙云"裁限",都是侧重以"微杀"而言"节"。孙氏似乎又试图将"微情"与由"微"至著联系,但最终仍是着落在以礼节制情感。
② 《章句》释"微"为"约",解说亦与诸家相似。
③ "直情"被称为"戎狄之道",指的是情感缺乏一定的外在之礼相配。这里关键仍在于有情而无礼,并不是说戎狄不知节制感情。
④ 孙希旦也认为此段皆两两相对,"独'舞斯愠'一句在中间,……详文义,似不当在此"(《礼记集解》)。
⑤ 郭店简《性自命出》亦无"舞斯愠",而作"舞,喜之终也"。
⑥ 《性自命出》亦云:"凡至乐必悲,哭亦悲,皆至其情也。"

当理解了子游"微情"说背后的良苦用心后,回顾《礼记》,这类强调"文情相须"的说法还有不少。

《礼器》云:"是故君子之于礼也,非作而致其情者也,此有由始也。"《礼记集说》引及方氏、马氏两家之说,均认为:因为"礼之情直而略",而"礼之文常曲而详",所以二者恰可互补,"情文相须,不可以偏废"。所谓的"致其情","情在此",礼文的作用,正是"将有以致其情于彼"。有趣的是,对这段话的疏解,二家不约而同地强调"礼之作也,岂徒直情而径行哉","不如是,……与夫直情径行无以异也",但注解《檀弓》时,二家却未能从互补角度立论。

《礼器》以下又云:"礼有摈诏,乐有相步,温之至也。"郑注读"温"为"蕴",云:"温藉,重礼也。"皇侃亦云:"温谓承藉",并进一步形象的解释为"凡玉以物蕴裹承藉",正如行礼者"亦以威仪摈相以自承藉也"(《礼记义疏》)。礼之节文包蕴礼义之说,正可与"礼有微情"相参看。

《左传·昭公九年》云:"服以旌礼,礼以行事,事有其物,物有其容。"荀子论丧礼云:"皆使其须足以容事,事足以容成,成足以容文,文足以容备,曲容备物之谓道矣。"(《荀子·礼论》)这种即事、物而言礼的思路在《礼记》中也有体现,《礼器》云:"礼者,物之致。"《仲尼燕居》言礼为"即事之治",及孔子云:"仁人不过乎物,孝子不过乎物。"视礼为事物的总体原则、完美状态,本是儒家常见的说法。"礼有微情"也是试图在情与文之间建立类似关系,只是长久以来受"尊其义"、重情说所遮蔽罢了。

不过,要承认的是,在子游的时代,重视礼之节文,主张情文合一这一派礼家的处境已经变得愈发艰难。除了有子的非难,不断被推崇的"礼之义"有时甚至已经成了礼文的绝对主宰,与子游学派关系密切的《礼运》一篇里说:

> 礼也者,义之实也。协诸义而协,则礼虽先王未之有,可以义起也。①

子游称许将军文氏之子所讲的"亡于礼者之礼也,其动也中"(《礼记·檀弓》)也

---

① 又如,"礼因人情而为之节文"在《淮南子·齐俗训》中变成了"礼者,实之文也,礼因人情而为之节文……礼不过实"。"实"自然是指实际存在的人情、风俗。"礼不过实"犹在情文间取中,但其后又云:"三年之丧,是强人所不及也,而以伪辅情",则是以所谓的"义"与"实"任意去取礼文了。

往往被讲成类似的意思①，但试想当礼义可以独自生成礼文，文的存在价值又在哪里呢？所幸子游在与有子辩论中尚有"以故兴物"这一观点：

> 人死，斯恶之矣，无能也，斯倍之矣。是故制绞衾、设蒌翣，为使人勿恶也。始死，脯醢之奠；将行，遣而行之；既葬而食之，未有见其飨之者也。自上世以来，未之有舍也，为使人勿倍也。故子之所刺于礼者，亦非礼之訾也。

这里的"故"，古代注家莫衷一是，不过大致不出以情言故，以文言故两派，前者如王夫之云："故者，已然之谓。……踊生于哀之固有，以故兴之也。""故"为情之固然已有者，"踊而有节，则以微其情也"（《礼记章句》）。仍是情与文对立而重情的路数。至于将"故"解作"礼之节文"者，尽管较为接近子游原意，但说解上，还是颇多受"尊其义"说的影响。例如，清人方苞认为，"先王制哭踊之节"是恐怕"至性笃厚者……哀情中迫，后不可继"。至于"中人之性必感物而后有动于中"，包括"顽薄者要其节而强为哭踊，亦自觉其中情不应而愧怍难安"。这里将礼文对于不同资质行礼者的作用分开阐发，义理可通，但方氏对"兴物"的理解最终还是归结为：

> 故兴物莫切于此，衰绖之制，其浅焉者耳，以杖关毂而辊轮者，岂不衰绖乎？（《续礼记集说》）

"关毂、辊轮"，语本《杂记》，言轮人以丧杖穿车毂转轮，将丧礼视同儿戏。方氏以"衰绖"为礼之"浅焉"者，可见，深受重义说影响的古代注家，即便将"故"释为仪节，但只是将其视为节制或者激发行礼者情感的工具。这显然违背了子游的本意，因为有子持情而贬文，子游又怎么可能为辩论对手张目呢？

"以故兴物"，其实与"微情"节一样，仍是在为礼文的存在寻觅依据，进而求

---

① 子游在此强调的很可能仍是礼之"称"，如子游亦曾云："衰，与其不当物，宁无衰。"（《礼记·檀弓上》）无论"当物"，还是"得中"，都有别于独尊礼义。

得情文合一。笔者以为，"故"当为"故事、惯例"之意，《礼记·祭统》云："祭之为物，兴物备矣。"祭礼之"兴物"，即"以故兴物"，"兴物"者本未必始自情。

与以情为礼之本源的思路不同，"以故兴物"首先强调的是礼作为传统的一面。礼之义，"无文不行"（《礼记·礼器》），积淀着人类"交往理性"[1]的礼仪规则，也正子游所谓的"上世以来未之有舍"。这与《仲尼燕居》把先圣先王"辨贵贱、长幼、远近、男女、外内"的礼，称之为"古之义"，讲的是同一个意思。源自传统的礼之节文自然有其稳定性，《礼器》云："礼也者，反本、修古，不忘其初者也。……是故先王之制礼也，必有主也，故可述而多学也。"明人丘濬云："不可任情而直行，必修其古，考夫先王制作之始，不可率意而妄为。"（《大学衍义补》）

孔子推崇周礼，后来的言礼者也无法回避传统，但在子游的礼论中还存在一个特殊的问题，无论"礼容""时义"，还是"微情"，既然已经强调礼义层面的"情在礼中"、情文交融，则节文层面的"反本修古"尚需与之融贯。或者说，礼有传统的面向并不就能完美的从理论上使得仪文度数获得"合法性"地位。

由此我们也发现，"以故兴物"与"礼有微情"间有着微妙的联系，子游之论尚有第二层含义，涉及对先王制礼精意，尤其是对礼与人情关系的进一步挖掘，这也是历来关注较少的。"既葬而食之，未有见其飨之者也"，这是某种常识，正如人死便为生者所嫌弃也属人之常情，但丧礼中种种仪制的设定，虽意在使人"勿恶、勿倍"，难道不正与人之常识、常情相背离吗？如果从重情一派的理论出发（如前文注引《淮南子·齐俗训》），这显然须加以解释。[2] 所以，尽管子游已论证了礼文中皆有情，以缓解情文间矛盾，但"礼之情"与"人之常情"仍存在对立。面对这个问题，子游必须就情之不同层次进一步加以辨析。

能使生者"勿恶、勿倍"的仪文，指向的其实是一种异于、高于人之常情的情感或礼义[3]，这种"礼之情"有赖特定的礼之仪文方能养成。《礼记·檀弓》记载鲁哀公曾提出过一个问题，"有虞氏未施信于民而民信之，夏后氏未施敬于民而民敬之，何施而得斯于民也？"周丰的回答是："墟墓之间，未施哀于民而民哀；社

---

① 可参看梅珍生：《论荀子礼学的深层结构》，《江汉论坛》，2004 年第 4 期。杜维明也认为："礼……包含着对生活传统的历时性的承诺。"（参见氏著：《一阳来复》，上海文艺出版社 1997 年，第 259 页）
② 有子虽未直接质疑丧礼，但其此前已疑辟踊之义。
③ 《礼器》云："礼有近人情，非其至者也。"

稷宗庙之中,未施敬于民而民敬。"①哀公也向孔子提出过对特定礼制功能的疑惑:"绅、委、章甫有益于仁乎?"孔子答曰:

> 资衰、苴杖者不听乐,非耳不能闻也,服使然也。黼衣黻裳者不茹荤,非口不能味也,服使然也。(《荀子·哀公》)

周丰、孔子的观点与此处子游之说并无不同,正是丧服之礼使得居丧之情能够超越了自然的口耳之欲,从而有益于仁。《礼器》开篇即云:"礼器,是故大备。大备,盛德也。"以礼成德,礼备德盛,知礼义者正是深察于此,而与一般行礼者有别。② 荀子认为"祭"中包含了"志意思慕之情""忠信爱敬之至"与"礼节文貌之盛",所以,"苟非圣人,莫之能知也。"又认为:

> 圣人明知之,士君子安行之,官人以为守,百姓以成俗;其在君子以为人道也,其在百姓以为鬼事也。(《荀子·礼论》)

这里强调圣人所独知、"明知"的,并不仅仅是解释每种礼节的"意义",而是指圣人能够体悟本源自然情感的"思慕"、道德修为达成的"忠信爱敬"与礼之节文三者融为一体的境界。唯如此,礼义才不会对立或消解于人之自然情欲中,导致文情两丧。正是认识到了这一点,子游才坚定的主张丧礼中礼之文与情结合未有割裂,批评有子之说执情之一端,无法成立。

　　子游以精研礼学著称,留下过"武城弦歌"的佳话,不过"儒分为八",未有子游一派,同样善言礼乐的荀子,又在《非十二子》中批判"子游氏之贱儒"③,都对

---

① 以下周丰所云:"殷人作誓而民始畔,周人作会而民始疑。苟无礼义忠信诚悫之心以莅之,虽固结之,民其不解乎?"恐怕其意也不仅仅限于重"义"与"忠信"。
② 《仪礼·聘礼》云:"此众人之所难,而君子行之。"甘怀真先生认为,春秋战国礼仪观念可定名为"威仪观",指的是"统治者作为理想的人格者,借由其身体的仪态,包含语言及与仪态配合的器物(礼器),以展示所谓威仪",威仪观也预设了威仪的践行会"自然导致支配者的服从"。(参看氏著:《皇权、礼仪与经典诠释》,华东师大出版社2008年,第14页)
③ 郝懿行认为,"贱儒"不是指子游、子夏、子张三子,而是"在三子之门为可贱"(转引自《荀子集解》卷三)。

评价子游的礼论造成了一定影响。随着出土材料的丰富，廖明春先生已提出"重估子游之学"，并指出郭店简《性自命出》篇的作者就是子游[1]，又赞其学具有"传经能得其精义"，且"重于实践"的特点[2]。笔者认为，《檀弓》此章中子游强调礼义对具体仪文度数的解释作用，而非独立于礼文存在的礼义之价值，其目的乃在恢复"情与文""数与义"之间微妙的平衡。从礼之情文关系这一特定视角，更易显现出子游礼学的特点，及其作为情文合一学说演进历程中重要环节的地位。

三、情文俱尽——从子游到荀子

子游之后，通过将礼制与不同礼义分别配合，试图对情与文、义与数关系进行调和的礼论还有不少。

《礼运》篇在"故先王患礼之不达于下也"一段，将南郊、社稷、宗庙、山川、五祀诸礼之"义"，分别解释为"定天位""列地利""本仁""傧鬼神"与"本事"[3]，《祭义》篇则言"祭有十伦"：

> 见事鬼神之道焉，见君臣之义焉，见父子之伦焉，见贵贱之等焉，见亲疏之杀焉，见爵赏之施焉，见夫妇之别焉，见政事之均焉，见长幼之序焉，见上下之际焉。

郑玄注："伦犹义也。"这些说法均不宜单纯视为礼论的细致化。

不过，在对某些礼义的诠释中，情与文对立的问题反而变得更加突出，《礼器》对"郊血，大飨腥，三献爓，一献孰"的礼义解说是"礼有近人情，非其至者也"。这种言礼的思路乃是为了推崇礼义而有意识地与"俗情"拉开距离。

---

[1] 廖明春：《荆门郭店楚简与先秦儒学》，《中国哲学》，第 20 辑，第 61 页。廖先生的依据主要在简文中有与《檀弓》"人喜则斯陶"一段相似文句。笔者认为，简文"礼作于情，或兴之也"句，似乎亦与"以故兴物"说有关。

[2] 廖明春：《上博楚竹书〈鲁司寇寄言游于逆楚〉篇考辨》，《中华文史论丛》，2011 年第 4 期。

[3] 《礼器》中也有类似的例子："祀帝于郊，敬之至也。宗庙之祭，仁之至也，丧礼，忠之至也。备服器，仁之至也。宾客之用币，义之至也，故君子欲观仁义之道，礼其本也。"

还有一些礼论,试图将相反的行礼原则皆置于"心""德"的范畴加以讨论。《礼器》把"以多为贵"之礼视为"外心"者,并云:

> 德发扬,诩万物,大理物博,如此则得不以多为贵乎?

将"以少为贵"之礼则归之于"内心":

> 德产之致也精微,观天下之物,无可以称其德者,如此则得不以少为贵乎?

相对应的,君子行礼,也有"乐其发""慎其独"之别。应当说,这种思路确实有利于在不同层面上的礼文与内在德义间建立联系,从而达到情文、义数合一,但文中的"内外""多少"截然有别,也昭示了情与文间隐约可见的断层。①

直到荀子,礼论中情与文的关系这一问题终于得到了较为完善的解说。许多研究者更关注荀子对礼之政治功能的论述,其实在《礼论》一篇中,荀子论说的重点还是从礼之节文出发弥合情文、义数。清人凌廷堪认为:"孟氏言仁,必申之以义,荀氏言仁,必推本于礼",确实道出了荀学重礼、重文的特点。不过凌氏说荀子近于"圣人节性防淫之旨"(《校礼堂文集》),似乎还是受了情文对立的影响。《礼论》开篇即以"养"释礼,明显有别于《坊记》中强调的"礼为民坊"②。康有为赞"养"字"最包括"(《万木草堂口说》),甚为有见。③ "养"确实标志着情与文间的关系,不再是对立性质的"减杀、抑制"或"独尊其义",同时也是达成礼之"情文俱尽"完美境界的关键。

《礼论》下文,"养人之欲、给人之求"的礼,被"礼义文理"所替代,这一点也

---

① 孙希旦便认为,此节"以内心、外心言礼之文,而归重于心"(《礼记集解》)。许多古代注家也持类似观点,可见"尊其义"的偏见说实难破除。

② 《正名》云:"故虽为守门,欲不可去,性之具也。虽为天子,欲不可尽。欲虽不可尽,可以近尽也。欲虽不可去,求可节也。所欲虽不可尽,求者犹近尽;欲虽不可去,所求不得,虑者欲节求也。道者、进则近尽,退则节求,天下莫之若也。"荀子承认欲望之正当,其亦以"节"言礼道,但除了节制之意外,又有"近尽"人欲之说,这里的"尽",与子游"礼有微情"之"微",皆能体现文情相符,隐然可以相通。

③ 康氏更指出,宋儒以节言礼,远不如以养释礼,能得"圣人养人之义"。

很值得注意,因为这并非一单纯措辞上的变化。"礼义文理"很容易让我们想到《礼器》篇"先王之立礼也,有本有文。忠信,礼之本也;义理,礼之文也","无本不立,无文不行",这里的"文"同样与"义""行"有关,即《礼论》所云:"达爱敬之文,而滋成行义之美。"梅珍生先生认为荀子所说的"礼义",其中"义"指的是"礼中的理性原则","并非仅仅是礼的后缀"。① 笔者认为,根据《礼论》对"文"与"理"的界定,"文"突出的是"贵本""重别"之义②,"理"则侧重"亲用",指向人之自然欲求③。在此基础上,"二者合而为文"④,可见"礼义文理"意在强调的正是"含义之文",此"含义之文"又与太古"无文之情"⑤相结合,方为礼之"大隆",最终达成"礼然而然,则是情安礼也"(《劝学》)的境界。这里,文与情于各个层面皆水乳交融,与子游言"微情"异曲同工,而论说又更加细密,较之《礼器》犹有"多少""内外"之异则高明了许多。

荀子所处的乃是礼之情文矛盾更为激烈的时代,无论是在功利主义者,还是在道家眼中,礼乐制度都经常被视为与常情、常识处在对立的两极端⑥,痛感于此,荀子疾呼:

> 孰知夫出死要节之所以养生也! 孰知夫出费用之所以养财也! 孰知夫恭敬辞让之所以养安也! 孰知夫礼义文理之所以养情也! (《荀子·礼论》)

很明显,其礼论的关注重点正在于重行塑造文与情统一的关系。

《礼论》篇中,礼既作为政治秩序最高原则,也是人之自然情感的表达:

---

① 梅氏还指出,这种理性原则既不是"内在主观性原则",也不是朱熹言理所侧重的"纯客观原则",见《论荀子礼学的深度结构》,《江汉论坛》,2004 年第 4 期。其说有据,礼义实主"行"而言。

② 可参看"别贵始""别尊者事尊""别积厚"三段文字。

③ 《礼论》后文"礼以财物为用,以贵贱为文",用犹先于文。

④ 如"尚玄尊而用酒醴",玄尊体现贵本,酒醴意在养人。

⑤ 即"复情以归大一"之"情",此与"亲用"重物用不同,杨倞云:太古时"未有威仪节文"。但此"情"仍在礼中,如荀子所论"三年之丧,哭之不文者",礼文虽无,其情则在。

⑥ 即便是儒家言礼者,对于仪文层面是否仍须谨守"乘殷之辂、服周之冕",也不乏争议,所以才出现了子路欲去告朔之饩羊,有子欲去丧踊。

> 得之则治,失之则乱,文之至也。得之则安,失之则危,情之至也。
>
> 君者、治辨之主也,文理之原也,情貌之尽也。

而这些又都离不开具体的礼之仪文度数,"钟鼓管磬、琴瑟竽笙""齐衰、苴杖、居庐、食粥""师旅有制,刑法有等"之类的"繁文缛节"没有因为义理的张扬而失去存在价值,而是作为"君子之所以为惮诡其所喜乐之文""君子之所以为惮诡其所哀痛之文""君子之所以为惮诡其所敦恶之文"存在。

尽管在某种程度上,荀子也承认情之本源地位,但这也并不意味着对文的作用有所贬抑,《礼论》云:

> 两情者,人生固有端焉。若夫断之继之,博之浅之,益之损之,类之尽之,盛之美之,使本末终始,莫不顺比,足以为万世则,则是礼也。非顺孰修为之君子,莫之能知也。
>
> 礼者、断长续短,损有余,益不足,达爱敬之文,而滋成行义之美者也。

礼之养情,不仅有"断继""损益",更有"类""尽""盛""美",二者之间的紧张与对立关系在此终告消弭,也预示了"性伪合"命题的成立。梅珍生先生认为:

> 恰如孔子的文质关系,只是荀子径直将情作为礼之质,是以情代孔子的仁而已。①

在文与情关系的视野中比较孔子、荀子,颇有见地。但前文已指出,孔子不轻易许人以仁,导致了在理论架构中,常人之欲求性情缺少相对应的礼,荀子之"礼义文理"则可以涵摄不同层面的义理、人情②,荀子云:

---

① 梅珍生:《晚周礼的文质论》,武汉大学博士学位论文,2003 年,第 192 页。
② 《大略》云:"礼以顺人心为本,故亡于礼经而顺于人心者,皆礼也。"似乎荀子也有类似"礼以义起",主张情重于礼的看法。但这里要指出,荀子所言之"心"其实并不仅仅是人之自然情欲,还包含着君子"好其别"之心,所以"顺人心"之说体现的仍是文与情之间的和谐。

> 礼者,养也。君子既得其养,又好其别。(《礼论》)

一般人可以得到自然情欲的满足①,同时礼也有助于"深于礼义"的君子养成其"远人情"而又不离人情的"礼之情"。此种"贵贱有等"之"别"所蕴含的方为礼之精意,且同样也是着落于"养"。"礼义文理"以"养情",说的正是"人情"终于能够凭借"礼义文理"的滋养,超拔于物欲之上,此时的文与情方得相融无间,所谓"一之于礼义则两得之"②(《礼论》)。

《礼论》盛赞:"三年之丧,人道之至文,……是百王之所同,古今之所一也。"篇末又云:"哀夫! 敬夫! 事死如事生,事亡如事存,状乎无形,影然而成文。"这里所谓"至文""成文"者,指的正是哀情敬心、丧礼之义,于礼文中隐微可见。联系孔子言"称"与"色难",《檀弓》论"微情兴物",亦不难体察到自孔子、子游再到荀子,儒家言礼者对情与文和谐关系探索的演进。

---

① 《强国》篇云:"养生安乐者,莫大于礼义。"
② 《大略》亦云:"义与利,人之所两有也。"

第二编

中古郊庙制度考论

魏晋及南朝郊祀礼沿革之经学背景探微

西晋立国之初,短短十余年之间,南郊祭天制度便经历了三次大的变动,在几次郊祀礼变革背后,我们都能窥见郑玄、王肃学说的交锋。这些涉及郊天主神神格以及祀仪的争议对南朝,以及之后历代王朝郊祀制度的建立有深远的影响,而回顾这三次郊礼的变革,我们却发现,想要清晰地判定某种郊祀理论的学派属性,成了一个极为复杂的问题。此前的研究者往往是将郑、王在经礼学中的争论直接带入至礼制史领域,在此过程中,由于历代言礼者对二家之短长本已聚讼纷纭,而晋初实际的礼制建设中又存在着历代故事旧典这一重要因素,更影响了对各种新出郊祀制度的经学背景解读。笔者不揣冒昧,希望能在前贤研究的基础上进一步厘清晋初郊礼演变的来龙去脉,在此基础上,对其经学背景作一尽可能详尽之分析。

在开始探讨晋代郊祀问题时,有必要先回顾曹魏时代的相关情况,关于这一时期,学者们最常引用的材料是魏明帝景初元年的圜(圆)丘、南郊分立。

《宋书》卷十六《礼志三》云:

> 景初元年十月乙卯,始营洛阳南委粟山为圆丘,诏曰:"盖帝王受命,莫不恭承天地,以彰神明;尊祀世统,以昭功德。故先代之典既著,则禘郊祖宗之制备也。昔汉氏之初,承秦灭学之后,采摭残缺,以备郊祀。自甘泉、后土、雍宫、五畤神祇兆位,多不经见,并以兴废无常,一彼一此,四百余年,废无禘礼。古代之所更立者,遂有阙焉。曹氏世系,出自有虞氏。今祀圆丘,以始祖帝舜配,号圆丘曰皇皇帝天;方丘所祭曰皇皇后地,以舜妃伊氏配;天郊所祭曰皇天之神,以太祖武皇帝配;地郊所祭曰皇地之祇,以武宣皇后配;

宗祀皇考高祖文皇帝于明堂,以配上帝。"十二月壬子冬至,始祀皇皇帝天于圆丘,以始祖有虞帝舜配。自正始以后,终魏世,不复郊祀。①

梁满仓先生认为,这一材料说明,"曹魏明帝景初以后,圜丘之祭和郊天之祭在时间、地点和祭祀对象都是不同的"祭祀活动。② 对于这一观点,笔者并无不同意见。但要指出的是景初元年郊、丘分祭前后,当时礼官学者对分祀、合祀问题还有过一些争议。对这些材料,学界似乎并未加以重视,以下分别加以论述。

《通典》卷五十五《礼·告礼》云:

> 博士秦静议曰:"灵命瑞图可祀天皇大帝五精之帝于洛阳,祀南郊所祭,祭讫,奉诰册文,脯、醢、酒,告太祖庙。藏册于石函。"尚书奏曰:"秦静议当遣兼太尉告祠,以武皇帝从五精以上六坐。余众神皆不设牲用如郊祭。"明帝诏:"每祀天辄以地配,今不地配耶?"尚书奏:"孙钦议:'周礼祀天南郊,无地配之文,大魏受禅,因汉祀天以地配,此谓正月南郊常祀也。今告灵瑞,不须以地配。'王肃议:'礼,有事于王父,则以王母配,不降于四时常祀而不配也。且夫五精之帝,非重于地,今奉嘉瑞以告,而地独阙,于义未通。以地配天,于义正宜。'"诏曰:"祀天以地配,此既正义,今告瑞祭于五精之帝,则地不得阙也。"又诏曰:"告皇天及五精,今册文中都不见五精之帝,意何以哉?"尚书奏:"册文,侍中韦诞所作。文中'皇皇后帝',即五精之帝。昔舜受禅,告天云'皇皇后帝',亦合五精之帝。于文少,不可分别。可更增五精字。"奏可。③

按,《通典》所录这则史料当发生于太和初年,明帝即位不久。文中反复提及的"五精之帝"恰是郑玄和王肃争论的焦点问题之一。《礼记·大传》:"王者

---

① 《宋书》,第 420 页。
② 《魏晋南北朝五礼制度考论》,第 231 页。此外,陈戌国先生、金子修一先生、渡边信一郎先生的讨论也主要围绕这一条材料展开。
③ 《通典》,中华书局 1988 年,第 1537 页。

禘其祖之所自出,以其祖配之。"郑玄注云:"王者之先祖,皆感太微五帝之精而生。苍则感灵威仰,赤则赤熛怒,黄则含枢纽,白则白招拒,黑则汁光纪。"孔颖达疏云:"案师说引《河图》云'庆都感赤龙而生尧',又云'尧赤精,舜黄,禹白,汤黑,文王苍',又《元命包》云'夏白帝之子,殷黑帝之子,周苍帝之子'。是其王者皆感太微五帝之精而生。"①对于五精帝感生之说,贾逵、马融、王肃均力主反对。王肃认为:"五帝,五行之神,佐天生物者,而后世谶纬皆为之名字,亦为妖怪妄言。"②

考虑到王肃学说对五精帝的排斥,太和初年郊祀中的"五精帝"无论是延续东汉初郊祀只称五行帝③,或即为郑说的纬书五帝,王肃对五精帝的地位都不是很重视,认为"非重于地"④。而就当时郊祀的现状而言,并没有出现景初后的郊丘之分,也就是说郑玄学说色彩并不明显。事实上,更应该视为对汉代郊祀传统的延续,而东汉的郊祀并不能简单地用当时礼家学说概括。⑤ 如果在魏代郑、王学说对立的语境中来看待明帝太和中郊祀的话,只能说更接近王肃学说,毕竟此时没有实施圜丘、南郊分祭。而王肃颇不以为然的五精帝之祀依然保留,很有可能是对前代设计的尊重。⑥

明帝景初元年的改革使得当时的郊祀至少从祭祀地点而言更接近于郑玄的学说,但礼官学者对这种改造其实尚有争议。

《大唐郊祀录》卷四《祀礼一》"魏乃废祀于圆方丘"句下注云:

> 案,正始中,太尉蒋济、司徒卫臻咸以为汉旧承周祭天于圆丘也,祀地于方泽以其远徙南方,南北郊今并祭之。散骑常侍高堂氏亦以为宜故两祭。

---

① 《礼记正义》,第 1506 页上栏。按,五精帝感生之说出于纬书,不过刘向亦有类似说法,见《后汉书·祭祀志》注,第 2197 页。文较《太平御览》《初学记》所引为多。
② 王说见《礼记·郊特牲》孔疏,清人金鹗认为:"五帝为五行之精,佐天化育,尊亚于昊天,有谓五帝即天者,非也。……《月令》春帝太皞,……五天帝之名也,伏羲……五人帝,以五德迭兴,亦以五天帝为名。……纬书名不足据。"见其《求古录礼说》卷十三《五帝五祀考》,山东友谊出版社 1992 年。
③ 见《后汉书·祭祀志》,第 1433 页。
④ 由此也可以看出王肃并不如郑玄般视五帝为天。
⑤ 参看华有根:《西汉礼学新论》,中国社会科学院出版社 1998 年,第 265 页。陈成国先生亦主此说,见《汉代礼制史》,第 421 页。
⑥ 也有可能是当时五精帝只以五行帝之名从祀,并不太违背王说。

诏付朝堂议,鱼豢曰:臣以为王者之事天地之礼,虽在宜崇,犹疏密得中。易代创制随宜损益,未必循常然后乃是也。故孔子称殷因于夏,周因于殷,明其略远而详近也。汉氏之初郊失所,丞相匡衡移正其位,拨除旧处,于事为佳。然而宿儒刘向希旨妄对故使即废乍南乍北。每览其事中篇而叹,何哉?愍其时无秉一之臣,而听受之主滥也。后亦卒如衡议。及光武东迁,尊而不改。今大魏龙兴,革易服色,欲将崇明祀制度超三五垂无穷使疏而不简,密而不渎者。莫若正天地之郊,除圆方二丘以消浮重。是时文帝诏转圆方丘以为冬至祭,终于魏氏亡也。①

按,末句的"文帝"疑当作"明帝",所叙正是景初元年分立圜丘、方泽事。而在正始年间的这次讨论中,高堂隆等人支持之前实行的圜丘、南郊两祭改革。鱼豢则持异议,主张除去圜丘、二泽二祀,所谓"略远详近",当是以东汉匡衡及光武帝后东汉实践为准。

梁满仓先生认为,明帝时分出圜丘之祭的原因在于曹魏重视始祖的地位,这一思路将郊庙礼联系起来考虑,颇有启发性。但笔者以为,明帝诏书既云:"四百年间,废无禘礼",则其改革之举在某种程度上还是应当看作郑玄学说的反弹,因为此前郊祀最根深蒂固的传统是圜丘南郊并为一祀。至于梁氏提出的思路,下文将结合对晋代祭祀的考察加以评说。

以下论西晋郊祀:

《晋书》卷十九《礼志上》云:

泰始二年正月,诏曰:"有司前奏郊祀权用魏礼,朕不虑改作之难,令便为永制,众议纷互,遂不时定,不得以时供飨神祇,配以祖考。日夕难企,贬食忘安,其便郊祀。"时群臣又议,五帝即天也,王气时异,故殊其号,虽名有五,其实一神。明堂南郊,宜除五帝之坐,五郊改五精之号,皆同称昊天上帝,各设一坐而已。地郊又除先后配祀。帝悉从之。二月丁丑,郊祀宣皇帝以配天,宗祀文皇帝于明堂以配上帝。是年十一月,有司又议奏,古者丘郊不异,宜并圆丘方丘于南北郊,更修立坛兆,其二至之祀合于二郊。帝又从之,一如宣帝所用王肃议也。是月庚寅冬至,帝亲祠圆丘于南郊。自是后,圆丘方泽不别立。

又云:

> 太康三年正月,帝亲郊祀,皇太子、皇子悉侍祠。十年十月,又诏曰:"《孝经》'郊祀后稷以配天,宗祀文王于明堂以配上帝。'而《周官》云'祀天旅上帝',又曰'祀地旅四望'。望非地,则明堂上帝不得为天也。往者众议除明堂五帝位,考之礼文不正。且《诗序》曰'文武之功,起于后稷',故推以配天焉。宣帝以神武创业,既已配天,复以先帝配天,于义亦所不安。其复明堂及南郊五帝位。"愍帝都长安,未及立郊庙而败。[1]

由此可见,泰始之间对之前行用的魏礼其实有先后两次改革:第一次依群臣之议取消了五精帝的祭祀,第二次则是将二至之祀合并于二郊。但多数学者在分析晋初郊天制度时,往往并不区分这两次改革,而是笼统地以为两次均是对王肃学说的采纳。[2] 笔者以为,其中仍有许多可探讨的地方。

首先来看第一次改制,清人黄以周认为:

> 晋武为王肃外孙,每议礼必尊之。兹改五郊之号同称昊天上帝,偏违王肃"五帝不得称上天"之说。《宋书·礼志》言晋郊祀一如肃议,亦未考。[3]

按,黄氏信从郑玄六天之说,但也敏锐地注意到晋臣所论"五帝即天"明显违背了王肃学说,而许多现代学者却忽略了这个问题,不得不说是颇为遗憾的。[4] 进

---

① 《晋书》,第583—584页。
② 陈成国、梁满仓、郭善兵、吴丽娱、金子修一、渡边信一郎等现代学者均主此说。
③ 《礼书通故》,中华书局2007年,第697页。
④ 梁满仓先生认为:"王肃进一步提出五帝非天的理论,认为天只有昊天上帝一个。所谓五帝是由太昊、炎帝、黄帝、少昊、颛顼的人帝发展而来。"而后又认为,"群臣所议,完全是曹魏时王肃的理论",显与所引王说相反。陈成国、金子修一、吴丽娱于此处亦少辨析。

一步来看，晋初群臣"五帝即天"之说，还存在一个校勘学方面的问题。《晋书》卷十九《礼志上》："五帝即天也。"据中华书局校勘记，"天也"各本均作"天地"，唯局本作"天也"。① 今按，作"天地"虽难通，但自有出处，《资治通鉴》此句则作"天帝"②，诸本作"天地"当由"地""帝"同音而讹。然"五帝即天帝"似亦非原文，《晋志》载晋代礼学家挚虞之议云：

> 汉魏故事，明堂祀五帝之神。新礼，五帝即上帝，即天帝也。明堂除五帝之位，惟祭上帝。……或以为五精之帝，佐天育物者也。前代相因，莫之或废，晋初始从异议。《庚午诏书》，明堂及南郊除五帝之位，惟祀天神，新礼奉而用之。前太医令韩杨上书，宜如旧祀五帝。太康十年，诏已施用。宜定新礼，明堂及郊祀五帝如旧仪。③

按，挚虞师从皇甫谧，太康元年由尚书朱整所荐，奉帝命删改晋初所修《新礼》以便施行，多有驳正，见于晋宋两史《礼志》，而引文所记则是挚虞对晋初取消五帝之祀的质疑，中云："《新礼》五帝即上帝，即天帝也。明堂除五帝之位，唯祭上帝。"当为《新礼》原文。而最初议废五帝之祀的群臣，陈戍国先生认为即是修《新礼》之荀凯、应贞等人，其说可从。④ 比较"五帝即天"与挚虞所引《新礼》"五帝即上帝，即天帝也"，《晋志》文很可能是对《新礼》原文的简化，或即传刻中产生的讹脱。要想探究废五帝之议后的学术背景，则当以《新礼》之文为准。而即挚虞所引《新礼》，仍有异文，《通典》卷四十四《礼四》引挚虞议作："五帝即上帝，帝即天也。"⑤综合考虑两种文本会发现，《新礼》之说与郑、王说均有同有异。称五帝即上帝，郑说固如此，王说主"上帝即天"，若五帝为上帝，则等同于天，当然不可。但言"五帝即天帝"，与王说则似并无重大违背之处。⑥ 若依《通典》所

---

① 《晋书》，第 610 页。

② 《资治通鉴》卷七十九《晋纪一》。此外，汪兆镛《稿本晋会要》已据《通鉴》异文出校，然并无按断。

③ 《晋书》，第 587—588 页。

④ 当然，《新礼》之修订实在武帝受禅之前，故亦有也可能为晋初其他礼官用《新礼》之说。

⑤ 《通典》，第 1218 页。

⑥ 参看前引清人黄以周、金鹗说，孙诒让《周礼正义》卷六十八、雷学淇《介庵经说》卷四亦有类似看法，然不如黄说严密。

引"帝即天也",则与郑玄之说吻合。

当然就此次改制的结果而言,去除了五帝之祀无疑更符合王学,但所依据的理论却是一种并非全然是王学的思路,这还要从王肃学说本身说起。王肃主张"上帝即天",所以冬至和正月的两次郊祀均以昊天上帝为对象,但在礼书中当"上帝""五帝""天"同时出现时,王说显得缺少辨析。《周礼·典瑞》:"四圭有邸以祀天旅上帝,两圭有邸以祀地旅四望。"王肃以为,上帝即天,旅上帝则为祭天,而其他经学家多以四望非帝来印证上帝非天。黄以周认为王肃对《周礼》文殊少别白,是很有道理的。① 而郑玄在理论上主张"天"与"帝"是从不同角度对天神的称号。"天为体称","天为至极之尊,其体只应是一";"帝为德称","论其五时生育之功,其别有五。以五配一,故有六天,有六天故有六帝"。② 但在注经涉及祭礼安排上,对祀天、祀上帝、祀五帝均有区别。由此可以看出王肃坚定地认为五帝非天,从而确保了天只有一个③,这一点后世礼学家也多有认同者。王肃从学理上讲,当然必须拒斥五帝成为上帝的可能。但是五帝其实已在祭祀中根深蒂固,礼书中也多有提及,事实上王说很难降低其天神属性。④ 这里则给后来学者留下了推演的空间,在王说"五帝即上帝"这一相对模糊的地带,《新礼》之说完全可以视为郑玄理论,但其中"五帝为天帝"又可以看出王学的成分,而这种理论推演后的祭祀实际安排也将王肃之说推到了某种"极限",迎气五郊的五帝之祀,在礼书及历代实践中通用,晋初的改制甚至取消了这一传统,相比王肃将"旅上帝"一并视为祭天无疑更加极端⑤,而颇有参用郑学的意味。

以下考察晋初郊祀制度的第二次变革,也就是:

---

① 《礼书通故》,第 433 页。晋代礼官对王说的批评,详后文。

② 对郑说的总结可参看《礼记正义》,第 1444 页。

③ 关于这一理论是否有政治背景,后文将结合王氏宗庙礼进行讨论。

④ 《史记·封禅书》叙秦襄公作西畤,白帝称主"少皞之神",然云秦文公作鄜畤,则引史敦语说"此上帝之征",似乎此时所祠白帝已为上帝。前引魏明帝诏书,也可见时人信仰中五帝地位颇高。

⑤ 考察修《新礼》诸人背景,当时资历最深的郑冲为郑众之后(按,王利器《郑康成年谱序》认为河南郑氏与山东郑氏同祖然以颇远,清人郑珍与其说有异。要之,以家学而论,郑冲更近于郑学),在魏时曾任太常,与郑小同"同为文帝执经",二人亦互相钦重。修礼诸臣中任恺,从郑冲就学,《本传》记其辨丧服事,亦用郑说。郑冲、任恺事迹详后文礼官系统章。由此可见,晋初郊祀中亦颇有郑学加入的可能,尤其第一次改制中体现的"极端的王学",似乎完全可以视为忽视了郑学学说中理论与实际安排不同后的结果。

是年十一月,有司又议奏,古者丘郊不异,宜并圆丘方丘于南北郊,更修立坛兆,其二至之祀合于二郊。帝又从之,一如宣帝所用王肃议也。是月庚寅冬至,帝亲祠圆丘于南郊。自是后,圆丘方泽不别立。

这次改制参用了王肃学说的结果,亦为多数研究者所认同,笔者并无异议。但要指出的是,所谓"并圆丘方丘"于二郊,"合二至之祀于二郊"的"并"与"合",很多学者理解成了废弃冬至圜丘之祀,这其实是出于对南朝学者某些说法的误解,并不符合王肃理论与当时实际情况。在这个问题上,金子修一先生的观点很有代表性,今全引其说如下:

> 如忠实于原文解释"古者郊丘不异,宜并圆丘方泽于南北郊,更修治坛兆"的话,就是废除圆丘方泽,只置南北郊坛的意思。下面的"其二至之祀,合于二郊"是叙述伴随此改革的二至之祭祀的变更的文字。我认为其解释有两个:一个是废除冬至、夏至的祭祀,合于举行南北郊的祭日,其二如本文所示,在南北郊举行二至之祭祀。参照以后的南朝制度,似乎觉得前者是正确的。但这一年的祭祀是在南郊举行,而且此改革在十一月进行也是把日程合到冬至。因此似乎没必要认为此时连冬至的郊天也废除了。①

这里可以看出,金子修一先生正是因为考虑到南朝的祭祀情况,所以对"在南北郊举行二至之祀"这一观点持推测态度。笔者认为这一态度还是过于保守了,晋初这次变革所用其实是纯粹的王肃理论,南朝的制度及当时学者的批评其实是就源自西晋之后另一次变革及东晋而言,这在下文还将有详细说明。

之所以说"并圆丘方泽于南北郊"是纯粹的王肃理论,有经学理论与文献两方面的证据:

---

① 《魏晋到隋唐的郊祀宗庙制度》,第47页注。金子先生后文又引用小岛氏的观点,并加以驳斥。按,小岛氏认为晋初郊祀是将圜丘与郊坛两种建筑改筑后结合在一起,其说颇为怪异,完全是从字面加以理解,而未考虑经学背景。金子先生的驳论较长,但也似乎并未能切重要害,此处两家之说不再全引。但金子先生对此次改制考证较其他学者更为严密,也指出了其中的疑点。

首先，王肃主张冬至、正月两次祭祀昊天上帝。祭祀地点，"于郊筑泰坛，象圆丘之形"。这一点很重要，也就是说王肃反对的是郑玄主张的独立于南郊的圆丘禘祭，而并非不于冬至圆丘祭坛行礼。①

史实方面尚有一条材料为研究者们所忽视，《大唐郊祀录》卷四云："晋初武帝太始二年，尚书令裴秀，尚书何桢、山涛等奏云：'天地之祀类皆称郊，以魏在郊故也。圆丘太坛义归无异。故王肃据周郊日至，祭天圆丘而谓之郊也，肃义为长。今可二至祀天地于南北郊，圆丘方泽不宜复修。'"②这里所记录的正是《晋志》"是月庚寅冬至，帝亲祠圆丘于南郊。"③《郊祀录》中所谓"不宜复修"乃指不再独立，与"亲祀圆丘于南郊"合看，更完全是王肃南郊设圆丘坛祭天主张的实现。废弃的则是郑玄学说中独立于南郊的圆丘禘天。

此外，此次改制之后关于西晋祭天的材料还有两条，也很值得研究。

《宋书》卷十六《礼志三》云："大明二年正月丙午朔……博士王燮之议称：'泰始二年十一月己卯，始并圆丘方泽二至之祀合于二郊，三年十一月庚寅冬至祠天，郊于圆丘。是犹用圆丘之礼，非专祈谷之祭，故又不得用辛也。'"④又云："晋武帝太康三年正月，帝亲郊祀，皇太子、皇弟、皇子悉侍祠。非前典也。"⑤

从引文看出，西晋泰始三年、太康三年还分别于南郊圆丘进行过两次祭天，但时间则分别在冬至和正月。再加上《晋志》关于泰始二年那次郊祀的记录，似乎仅靠这三次很难判定此期间郊祀时间变动背后的学术背景。但笔者认为从逻辑上讲，可能性似乎并不很多。首先，假设从太康三年后，晋代的郊祀制定者主张实行冬至、正月二次南郊，由于太康三年后郊祀记录不全，这一推测尚难证实。不过考虑到东晋直至南齐均实行正月一次祭天，且东晋用西晋之制可能性大，这一推测似乎难以成立。转而我们发现，如果设想西晋前两次冬至郊天是依王肃之说，但因为某种原因没有采取正月再次祭天，至太康三年，改用正月一次祭天，

---

① 王肃说见《郊特牲》孔疏，黄以周认为："圆丘之祭在南郊，西汉经说并如是。而祈谷之郊非即圆丘，当从郑说。王肃谓'圆丘即郊'可，谓'郊即圆丘'不可。"其取郑、王两家之说且不论，对王肃郊丘合一的观点概括得颇为精当。
② 《大唐郊祀录》，第476页。
③ 陈戍国先生认为，此次改制的发起者与上次相同，仍是修《新礼》诸臣。然据《郊祀录》，实当为裴秀、山涛等，此数人均未参与修礼事，详后章。
④ 《宋书》，第428—429页。
⑤ 《晋书》，第424页。按，《晋志》此句无"皇弟"及"非前典也"六字。

并准备以此为定制,则似乎更为合理。那么循着这一思路,王肃的二次郊天被先后定在冬至和正月只举行一次,其间是否有某种学术背景的转换呢?笔者认为其中再次出现了郑玄理论的参与。

南朝的礼学家在评论当时行用的正月郊天时往往概括为"报本事兼祈谷"。《宋书》卷十六《礼志三》载宋仪曹郎虞愿议云:"明诏使圆丘报功,三载一享。"①《南齐书》卷十九《礼志上》载王俭议云:"中朝省二丘以并二郊,即今之郊礼,义在报天,事兼祈谷。"②《隋书》卷六《礼仪志一》载梁初何佟之议云:"今之郊祭,是报昔岁之功,而祈今年之福。故取岁首上辛,不拘立春之先后。周冬至于圆丘,大报天也。夏正又郊,以祈农事,故有启蛰之说。自晋太始二年,并圆丘、方泽同于二郊。是知今之郊禋,礼兼祈报,不得限以一途也。"③

在此,假定泰始二年先后两次单独冬至祭天是将王肃两次祭天说合并的结果,那么西晋的冬至祭天倒更适合称为报本兼祈谷。事实上,冬至祭天说源于《礼记·郊特牲》似乎更为重要,以这次祭天为主合并正月祈谷也更容易理解。但是从太康三年起,开始实施正月一次祭天,这一被称为"非前典"的做法,事实上沿用到了南朝。固然可以认为这体现了帝国对农事的某种重视,但还是要指出,这其中有郊祀礼领域郑玄学说复兴的背景。

《礼记·郊特牲》云:"郊之祭也,迎长日之至也,大报天而主日也。"又云:"郊之用辛也,周之始郊,日以至。"④汉代经师以及王肃均将日至解释为冬至,也就有了周人冬至祭天报本返始之说,而郑说则与诸家不同,郑注云:"易说三王之郊,一用夏正。夏正建寅,迎此建卯而昼夜分,分而日长也。"这里郑玄将日至解释为春分,进而又将《礼记》中这次祭祀指为鲁礼,"言日以周郊天之月而至,阳气新用事,顺之而用辛日。此说非也(笔者按,此为董仲舒、刘向说,见孔疏引《五经异义》)。郊天之月而日至,鲁礼也。"后有申说、郑说者,如孔广森云:"此《记》实叙鲁郊,《春秋》卜郊恒先周正孟月,《记》说其义以为建子之月日短至,自是而有养日祭之,迎其始也。周人冬至日祀天,本谓之禘。以寅月祈谷南郊,乃

---

① 《宋书》,第431页。
② 《南齐书》,第122页。
③ 《隋书》,第108页。
④ 《礼记正义》,第1452页上栏。

谓之郊。鲁僭王礼,不敢纯同,故用禘之月而行郊礼。"①这里,郑氏将日至指为春分,对鲁郊、周郊时日亦与诸家相反,其说颇为奇怪,后人往往不从。② 究其原因,应当是为了避免与冬至禘祭之礼相重,但如此一来,郑说在时间安排上却产生了一个矛盾。那就是《左传》"启蛰而郊"说很难动摇,即便将鲁郊移至冬至,祈谷于启蛰后这一传统也很难否定。而郑玄又将日至定为春分,事实上正月的祭天就同时被赋予了报本、祈谷的两项目的,因为"三王之郊,一用夏正",而《礼记》又明言为"大报天"。③ 由此可见,郑氏学说中的一些本有谬误之处加以推演,很容易演变成正月祭天兼备报本、祈谷的性质。笔者以为,西晋自太康三年转为正月祭天的原因正是由于这种接近郑玄学说的背景存在。④ 当然似乎仍可以质疑,王肃学说两次祭天的合并也许不需要郑学的参与。笔者这里须强调的是,本文此处推测并非完全基于学理上的推演,而有着史实依据。太康年间,郊祀制度其他改动也是以郑学为基础。以下来讨论西晋第三次郊祀改制:

《宋书》卷十六《礼志三》云:

> 太康十年十月,乃更诏曰:"《孝经》'郊祀后稷以配天,宗祀文王于明堂,以配上帝'。而《周官》云:'祀天旅上帝。'又曰:'祀地旅四望。'四望非地,则明上帝不得为天也。往者众议除明堂五帝位,考之礼文正经不通。且《诗序》曰:'文、武之功,起于后稷。'故推以配天焉。宣帝以神武创业,既已配天,复以先帝配天,于义亦不安。其复明堂及南郊五帝位。"⑤

《晋书》卷十九《礼志上》云:

---

① 《大戴礼记补注》卷四,《周礼正义》引文有不同,然似较原文准确,今用《正义》文。
② 按,对郑学说法批驳的总结可见詹鄞鑫《神灵与祭祀》,江苏古籍出版社1992年,第314页。
③ 而"周之始郊日以至",郑玄又指为鲁礼,目的显然是为了区分已立于春月的周郊。应该注意的是,这里郑玄又将日以至理解为冬至,否则将与前矛盾。孔广森为郑玄极力弥缝,却未注意郑玄在此对日至两说并不一致。仍依郑氏前说,将此处日至解为春分。
④ 因为郑玄这一思路非常独特,很容易识别。此外,黄以周将第二次改制视为纯用王肃说而未加辨析,较之此前一次考辨有失疏略。
⑤ 《宋书》,第423—424页。

挚虞议以为："汉魏故事,明堂祀五帝之神。新礼,五帝即上帝,即天帝也。明堂除五帝之位,惟祭上帝。案仲尼称'郊祀后稷以配天,宗祀文王于明堂以配上帝'。《周礼》,'祀天旅上帝''祀地旅四望'。望非地,则上帝非天,断可识矣。郊丘之祀,扫地而祭,牲用茧栗,器用陶匏,事反其始,故配以远祖。明堂之祭,备物以荐,玉牲并陈,笾豆成列,礼同人鬼,故配以近考。郊堂兆位,居然异体,牲牢品物,质文殊趣。且祖考同配,非谓尊严之美,三日再祀,非谓不黩之义,其非一神,亦足明矣。昔在上古,生为明王,没则配五行,故太昊配木,神农配火,少昊配金,颛顼配水,黄帝配土。此五帝者,配天之神,同兆之于四郊,报之于明堂。祀天,大裘而冕,祀五帝亦如之。或以为五精之帝,佐天育物者也。前代相因,莫之或废,晋初始从异议。《庚午诏书》,明堂及南郊除五帝之位,惟祀天神,新礼奉而用之。前太医令韩杨上书,宜如旧祀五帝。太康十年,诏已施用。宜定新礼,明堂及郊祀五帝如旧。"[①]

很明显,这次改制针对的是泰始间废除五帝之祀同祭昊天上帝的做法。挚虞自太康元年开始负责《新礼》删定,至元康元年书成,其间一直是实际制礼者。挚虞理论无疑非常重要,而其提出恢复五帝之祀的两条理由:首先,"四望非地",则"上帝非天"自然是倾向于郑玄的观点[②];其次,五帝之祀,"前代因之,莫之或废",即参考前代祭祀实际,这一思路其实是之前研究者未加以重视的。后面研究会发现,前代祭祀对中古制礼者而言,其实有着不亚于流行经学理论的重要性。

在此,尽管郑玄学说中最重要的独立圜丘之祭被取消,但五精帝地位的恢复仍标志着郑玄以及前代传统"收复失地"。在这一背景下,之前提出的太康三年改正月祭天有郑玄学说参与的观点也得到了印证。[③]

---

① 《晋书》,第587页。

② 之前讲到郑玄在理论上以天为体称,帝为德称,则天帝无别,但在注经中对五帝、上帝、天的不同祭祀方式是十分重视的。王肃以上帝即天,但实际礼制安排中也将二者等同。此外挚虞并未直接沿用纬书五帝之名,这是其与郑氏区别。

③ 再考察当时郊祀所用祭器,"苍币、苍牲"等制均体现了郑说的特色。这与北魏初,南郊、圜丘用王肃说分祀但祭器却用王肃之说正相映成趣,可见当时郊祀制度中王、郑之学存在高度的一面。具体祭器制度分析详本章后节。

东晋及宋、齐郊祀制度基本没有大的变化,正月一次祭天,祭祀主神为昊天上帝,是为王肃理论。但代表郑玄学说的五帝也获得了陪祀地位,而这种设计与东汉以来并无太大区别。王、郑的礼说与前代祭祀成规达到了某种平衡。可以观察到,在当时这种稍显复杂的情况下,即使当代礼学家对祭祀制度的学术背景也有着不同的认识。

《宋书》卷十九《乐志上》记孝建二年议郊庙用乐,引颜峻说云:

> 郊之有乐,盖生《周易》《周官》,历代著议,莫不援准。夫"扫地而祭,器用陶匏",唯质与诚,以章天德,文物之备,理固不然。《周官》曰:"国有故,则旅上帝及四望。"又曰:"四圭有邸,以祀天旅上帝。两圭有邸,以祀地旅四望。"四望非地,则知上帝非天。《孝经》云:"郊祀后稷以配天,宗祀文王于明堂,以配上帝。"则《豫》之作乐,非郊天也。大司乐职,"奏黄钟,哥大吕,舞《云门》,以祀天神"。郑注:"天神,五帝及日月星辰也。"王者以夏正月祀其所受命之帝于南郊,则二至之祀,又非天地。考之众经,郊祀有乐,未见明证。[①]

又,建平王宏议曰:

> 峻据《周礼》《孝经》,天与上帝,连文重出,故谓上帝非天,则《易》之作乐,非为祭天也。按《易》称"先王以作乐崇德,殷荐之上帝,以配祖考"。《尚书》云:"肆类于上帝。"《春秋传》曰:"告昊天上帝。"凡上帝之言,无非天也。天尊不可以一称,故或谓昊天,或谓上帝,或谓昊天上帝,不得以天有数称,便谓上帝非天。徐邈推《周礼》"国有故,则旅上帝",以知礼天,旅上帝,同是祭天。言礼天者,谓常祀也;旅上帝者,有故而祭也。《孝经》称"严父莫大于配天",故云"郊祀后稷以配天,宗祀文王于明堂,以配上帝"。既天为议,则上帝犹天益明也。不欲使二天文同,故变上帝尔。《周礼》祀天之言再见,故郑注以前天神为五帝,后冬至所祭为昊天。峻又云"二至之

---

① 《宋书》,第543—544页。

祀,又非天地"。未知天地竟应以何时致享?①

按,颜峻之说显然更倾向于郑学。② 更需注意的是,其说郑玄"王者于夏正月祀其受命之帝于南郊",紧接着说"二至之祀,又非天地",此处二至显然用郑玄春分之说③;颜氏将当时正月(也就是郑氏所谓"二至")看作郑玄理论中祀受命帝之祭(尽管此时主神当为昊天上帝)。这里固然可以说其对郑玄学说的理解过于死板,即认为南郊祀上帝非天,据《豫卦》及《大司乐》文则当无乐。其实笔者以为,颜氏更多地考虑到东晋郊祀不用乐的传统而从经注中寻找依据,从学理上讲是违背郑玄理论的。

建平王引用徐邈之说,徐氏为东晋孝武帝时期著名礼学家,对当时礼制建设极有影响。而徐氏之论则显然是王肃"上帝即天"④说。也就是说,对当时郊祀制度,双方几乎有着完全相反的描述。原因就在于之前指出的,此时郊祀是王、郑学平衡的结果。建平王指斥颜峻所云"二至之祀又非天地",认为"未知天地竟应以何时致享?"可见建平王眼中,当时的正月辛日郊所祀即为天,而颜峻却以为依郑说,此时只为上帝。

梁武帝天监中,郊祀制度再次出现了重大变化,正月兼报本、祈谷的郊天又被分成了两次。

《隋书》卷十六《礼仪志》:

> 天监三年,左丞吴操之启称:"《传》云'启蛰而郊',郊应立春之后。"尚书左丞何佟之议:"今之郊祭,是报昔岁之功,而祈今年之福。故取岁首上辛,不拘立春之先后。周冬至于圆丘,大报天也。夏正又郊,以祈农事,故有启蛰之说。自晋太始二年,并圆丘、方泽同于二郊。是知今之郊禋,礼兼祈报,不得限以一途也。"帝曰:"圆丘自是祭天,先农即是祈谷。但就阳之位,

---

① 《宋书》,第544—545页。
② 这里仍需指出,郑玄在理论上认为天与帝无别,天有六天。帝有六帝,但在具体的仪制安排上并不混淆。
③ 如理解为冬至,则两句话失去联系。
④ 须注重是上帝而非五帝。

故在郊也。冬至之夜,阳气起于甲子,既祭昊天,宜在冬至。祈谷时可依古,必须启蛰。在一郊坛,分为二祭。"自是冬至谓之祀天,启蛰名为祈谷。[1]

按,梁初的这次改制,起因似乎是之前南齐正月郊天遇到了立春日过晚,导致郊祀祈谷之义难以体现的问题。

《南齐书》卷十二《礼志上》云:

> 永明元年当南郊,而立春在郊后,世祖欲迁郊。尚书令王俭启:"案《礼记·郊特牲》云:'郊之祭也,迎长日之至也,大报天而主日也。'"《易说》:"三王之郊,一用夏正。"卢植云:"夏正在冬至后,《传》曰启蛰而郊,此之谓也。"然则圜丘与郊各自行,不相害也。郑玄云:"建寅之月,昼夜分而日长矣。"王肃曰:"周以冬祭天于圜丘,以正月又祭天以祈谷。"《祭法》称"燔柴太坛",则圜丘也。《春秋传》云"启蛰而郊",则祈谷也。谨寻《礼》《传》二文,各有其义,卢、王两说,有若合符。中朝省二丘以并二郊,即今之郊礼,义在报天,事兼祈谷,既不全以祈农,何必俟夫启蛰? 史官唯见《传》义,未达《礼》旨。又寻景平元年正月三日辛丑南郊,其月十一日立春;元嘉十六年正月六日辛未南郊,其月八日立春。此复是近世明例,不以先郊后春为嫌。若或以元日合朔为碍者,则晋成帝咸康元年正月一日加元服,二日亲祠南郊。元服之重,百僚备列,虽在致斋,行之不疑。今斋内合朔,此即前准。若圣心过恭,宁在严洁,合朔之日,散官备防,非预斋之限者,于止车门外别立幔省,若日色有异,则列于省前。望实为允,谓无烦迁日。[2]

依当时主要的典礼设计者王俭来看,当时行用的正月祭天主要目的是报天,祈谷则是兼顾,所以可以不必一定在启蛰后进行。[3] 而当梁初再次遇到类似情况时,尽管当时《五礼仪注》负责人何佟之持与王俭相类似观点,梁武帝本人却决意改革。经过分成两次的处理后,很明显,当时的郊祀制度再次接近王肃的理论。

---

① 《隋书》,第 108—109 页。
② 《南齐书》,第 122 页。
③ 这里再次验证之前本文之前指出,正月祭天制度中参用郑玄学说的观点。

而有趣的是,似乎每次伴随王说的影响力增强往往有针对五精帝的改革。《隋书》卷六《礼仪志一》云:

> (天监)十七年,帝以威仰、魄宝俱是天帝,于坛则尊,于下则卑。且南郊所祭天皇,其五帝别有明堂之祀,不烦重设。又郊祀二十八宿而无十二辰,于义阙然。于是南郊始除五帝祀,加十二辰座,与二十八宿各于其方而为坛。①

与西晋泰始中相较,此次针对五精帝的变动没有涉及明堂及五郊迎气五帝。但从另一方面也是首次观察到,郊祀五帝使用源于纬书的灵威仰等神名,某种程度上成了郑学的最后据点。

陈代很快又恢复了五精帝的陪祀地位。《隋书》卷六《礼仪志一》云:

> 明年正月上辛,有事南郊,以皇考德皇帝配,除十二辰座,加五帝位,其余准梁之旧。②

以上回顾了两晋南朝以来几次郊祀重大理论变动背后的学术背景,本文将这一过程描述为王肃、郑玄以及前代祭祀实践构成的故事之间的多方角力,这里已经可以看出,之前学界以为的南朝尊王、北朝尊郑的流行说法其实还可以再加以辨析。正如此前晋初圜丘、南郊合并前郑学占优,梁天监十七年废五精帝后,王肃学说一度占据全面优势,那么祭祀主导理论变动背后是否有着政治因素的影响呢? 也就是说,伴随着郑玄或王肃之学占主导,是不是都是某种特定政治背景的结果呢? 笔者以为,就以上考证看,似乎存在一个较为粗略的对应模式,那就是王朝开国之初用王肃之学成分多。随之,则有郑学加入。这种模式的主要论据在于郑学中"六天"之说较之王学"一天",似乎不利于王朝统一的思想。但要指出的是,这个看似合理的模式中其实存在不少问题。首先,之前所考历次郊

---

① ② 《隋书》,第 111 页。

126

制变动背后往往有激烈的学术辩论,且显然不是每个学者都从政治视角出发。①其次,几次王肃学说的兴起仍然可以从较为纯粹的学术视角以及对前代祭祀故事的遵行来加以解说。基于以上两点,笔者倾向于将这一时期的郊祀制度变动视为在围绕某些前代故事基本不变的前提下,郑、王两家学说的推演与消长。

这里还要说明,对于郊祀制度变革背后的动因,梁满仓先生提出了一个颇有新意的思路。这一观点将郊祀与庙制变动联系起来考察,而庙制因为涉及始祖、太祖的认定,某种程度上比郊祀礼更易受当前政治局面影响,这样一来郊祀礼间接地与政治建立了联系,也就是梁氏所指的"实际需要"。梁先生在诠释这一理论时重点选择了魏、晋两代与北魏,以下分别加以考辨。

首先,梁氏提出一个问题,既然王肃学说在曹魏已被定为官学,那为什么明帝景初元年采用的却是明显类似郑玄的郊、丘分祀,且主神、配帝皆不同的制度,而王氏圜丘、南郊合一的主张到晋初才得以实践呢? 梁氏认为,这是由于明帝时期对始祖的尊崇犹在,所以分立圜丘之祀来安排曹魏始祖舜配天。笔者认为,从前引《通典》议告礼事可看出,明帝反复问及五精帝,而王肃虽对五精帝之说颇不以为然,但亦无可奈何,可见前代沿习的祭祀定制完全可以与流行礼说相抗衡。而据《郊祀录》记鱼豢、高堂隆等人之议,当时学者还是从是否尊用周礼、西汉、后汉之制而争论,并未提及始祖问题。② 当然这里要指出,梁氏提出的始祖因素也完全有可能存在。

晋泰始二年第二次郊祀改制,据前文所考是完全参考王肃说,于南郊筑圜丘而祭天。梁氏认为这是因为晋代宗庙礼中对太祖地位的重视超过了始祖,遂将本来由始祖配祀的冬至圜丘郊天与南郊之礼进行了合并。笔者以为,即便相信此次改制仍与庙制有关,这里仍存在一个"时间差"的问题。最早对太祖的认定是在咸宁元年③,而郊、丘祀的合并则远在此前。即使认为对太祖的重视来源更早,则又不得不上推魏代,结果与当时对始祖的重视有些冲突。

---

① 有些学者在讨论中有意引入政治因素,但这似乎仍在学术探讨范畴之内。
② 景初年分立,也恰恰说明之前采用的是源自后汉的合祀制度。
③ 而且此前太祖之位空缺未必如梁氏所云是对太祖重视,大约还是不得已而为之,详见后文所考。

东晋庙制理论及其经学背景

郑玄与王肃的宗庙理论分歧来源于二人对礼书中周代庙制的理解不同。王肃认为应上祭及六世之祖，且五世、六世祖庙作为祧庙，郑玄则主只祭及四代高祖。依据王肃学说，周代所行则为九庙制，此论多为后世学者所批评。但王说帝王祭六代与诸侯大夫有别，从尊君角度看无疑优于郑学，故为后代实际制礼遵用。①

郑、王学说的差异某种程度上也与《礼记》中《祭法》《王制》两篇所记庙制不同有关：

《王制》云："天子七庙，三昭三穆，与太祖之庙而七。诸侯五庙，二昭二穆，与太祖之庙而五。"②

《祭法》云："王立七庙，一坛一墠，曰考庙，曰王考庙，曰皇考庙，曰显考庙，曰祖考庙。皆月祭之，远庙为祧，有二祧，享尝乃止。"③

清人黄以周在郑玄之说的基础上，对《王制》《祭法》的矛盾作出了新的解说。黄氏认为这一宗庙理论"损益古制"，"尽善尽美"。笔者以为黄氏的观点不拘于经学的解说，很有参考价值，今引其说如下：

> 周以后稷始封，文武受命，而立太庙、二世室。其或无远祖可祖，则宜以始受命为始祖。而始受命之祭其祖考，亦当立考、王、皇、显、祖五庙，皆月祭之。其新尽之王，亦立二祧之庙，分昭穆附之，享尝乃止。此溯其始

---

① 郑、王之说的总结可参看《礼书通故》，第 173 页。
② 《礼记正义》，第 1335 页中栏。
③ 《礼记正义》，第 1589 页上栏。

而言之,立七庙以昭定制也。从其后而言之,递迁其主,亦毋容增庙。五世而后,受命王居祖考庙,乃正始祖之位,百世不迁。其余为嗣王四亲庙,亲尽亦迭迁于二祧,皆合袝之,不去坛墠。而受命王所祭之无功德之考若祖,去祧为坛,所祧无功德亲尽之主,去坛为墠。……祧无专庙,合而袝之而已,坛墠之主不合袝于祧,函而藏之而已。此损益古制,尽美尽善,以为后王法者也。①

要指出的是,对中古制礼者而言,欲将王肃学说用于实际,有三个问题不能忽视,分别是:太祖正位、庙数为七、祀及六代亲(除太祖)。围绕这三个问题,制礼者必须平衡礼书理论与实际安排,本文之后将会指出这种平衡并不是总能奏效,也就是说,礼官们的实际庙制设定与其所主张理论常有背离。

先看黄氏的安排,首先涉及太祖正位,不过在这里东晋礼官反复遇到的兄弟相及以及随之而来的兄弟昭穆安排问题并未提及。② 而在兄弟相及情况下,之前太祖、庙数、代数如何较完满的设计是下文论述的重点。

这里本文将依次考察比较东晋初几位礼官的庙制设计思路,鉴于西晋庙制相对简单,在诸礼官学说中也多有涉及,故不再单独讨论。

一、刁协、贺循的庙制设计方案

《晋书》卷十九《礼志上》云:

> 元帝既即尊位,上继武帝,于元为祢,如汉光武上继元帝故事也。……寻以登怀帝之主,又迁颍川,位虽七室,其实五世,盖从刁协以兄弟为世数故也。于时百度草创,旧礼未备,毁主权居别室。③

---

① 《礼书通故》,第726页。黄氏认为:"《记》言庙制有据一代之礼者,有参合古制者,有从太祖已正位言者,有溯其未正位之前者。《祭法》言天子、诸侯、大夫之庙制,与诸书异而实相通。"此说就经学而言,颇为有见,但中古庙礼实践则更为复杂,黄氏之说仍能完全适用。
② 黄氏另有一套理论与其说庙制相配合,但思路实与中古礼官实际行礼无异,见后。
③ 《晋书》,第403页。

《通典》五十一《吉礼十》云：

> 东晋元帝建武中，尚书符云："武皇帝崩，迁征西府君，惠皇帝崩，迁豫章府君，怀帝入庙当迁颍川府君。"①

按，刁、贺二人晋初议庙之说除见于《晋志》《贺循传》外，《通典》中也保留了部分材料。其中有些关键问题是《晋书》所无，前代学者似乎并未加以重视，故以下多引《通典》说。刁协在东晋开国初参定开国礼仪，时任尚书仆射，《通典》所引"尚书符"为尚书省独立下达至太常的行政命令。《晋志》对刁协庙制方案的评价是"以兄弟为世数"，加上之后贺循对其批驳，似乎刁氏的主张是兄弟相继而昭穆相并的理论。笔者认为这其实并不确切，下文将看到，同样主张兄弟可相为后的礼学家，在兄弟同昭穆、异昭穆的问题上并不统一，而具体制定庙数、迁毁方案时，制礼者们的思路更是大相径庭。

以下再看贺循的主张，其说见于《本传》，由于较长，此处分为两部分，《通典》引贺循说还有很多不同之处，附于其下备考。

《晋书》卷六十八《贺循传》云：

> 礼，兄弟不相为后，不得以承代为世。殷之盘庚不序阳甲，汉之光武不继成帝，别立庙寝，使臣下祭之，此前代之明典，而承继之著义也。惠帝无后，怀帝承统，弟不后兄，则怀帝自上继世祖，不继惠帝，当同殷之阳甲，汉之成帝。议者以圣德冲远，未便改旧。诸如此礼，通所未论。是以惠帝尚在太庙，而怀帝复入，数则盈八。盈八之理，由惠帝不出，非上祖宜迁也。下世既升，上世乃迁，迁毁对代，不得相通，未有下升一世而上毁二世者也。惠怀二帝俱继世祖，兄弟旁亲，同为一世，而上毁二为一世。今以惠帝之崩已毁豫章，怀帝之入复毁颍川，如此则一世再迁，祖位横析。求之古义，未见此例。惠帝宜出，尚未轻论，况可轻毁一祖而无义例乎？颍川既无可毁之理，则见神之数居然自八，此尽有由而然，非谓数之常也。既有八神，则不得不于七

---

① 《通典》，第1424页。

室之外权安一位也。至尊于惠怀俱是兄弟,自上后世祖,不继二帝,则二帝之神行应别出,不为庙中恒有八室也。又武帝初成太庙时,正神止七,而杨元后之神亦权立一室。永熙元年,告世祖谥于太庙八室,此是苟有八神,不拘于七之旧例也。①

按,贺循主张兄弟不相为后,仍当继承上祖,郑玄亦持类似观点。在评论文公逆祀的问题时,郑氏认为:"兄弟无相后之道,登僖公主于闵公主上,不顺,为小恶也。"②要指出的是,凡主兄弟不相为后者,昭穆问题必定主张兄弟同昭穆,而对"兄弟不相为后"提出质疑的学者,如贾公彦认为:"兄弟相及俱为君,则以兄弟为昭穆,以其弟已为臣,臣子一例,则如父子,故别昭穆也。"③这一派观点的学者较多,似乎多出于对"君统"的维护,其中清人庄述祖之说被黄以周认为"严且正"。现引庄说如下:

> 盘庚于阳甲,臣也,于其先君,庶也。《礼·大传》云:"族人不得以其戚戚君位也。"是盘庚不得以其弟戚阳早矣。于其生也,以臣事之,于其经也,以弟祭之,礼乎? 礼,庶子不祭,《郊特牲》曰:"诸侯不敢祖天子。"盘庚不继阳甲,且不敢祖其先君矣,若之何舍所后而继先君以祢庙哉? 且兄弟相代,非受之于父。不继所后而继先君,是无所受也,无所受者,篡也。有为此说者,慕所后之君,而陷其君于大恶,皆得罪圣人之经者也。④

这里要着重指出的是,主张"兄弟相及"的学者在涉及昭穆问题时并不一定均主张兄弟昭穆相异的安排方式,事实上包括庄述祖也是认为兄弟相及而当同昭穆。⑤

---

① 《晋书》,第 1828—1829 页。

② 按,郑说见《礼记·祭法》疏引《驳五经异义》:"《公羊》董仲舒说,跻僖公,逆祀,小恶也。《左氏》说为大恶。许慎谨按:同左氏说。"黄以周认为许氏主兄弟异昭穆,逆祀则子先于父,故为大恶。郑玄以兄弟同班,逆祀不乱父子之序,故为小恶。其说可从。

③ 《周礼注疏》卷二十二,中华书局影印《十三经注疏本》本,第 786 页上栏。

④ 胡培翚亦赞同庄氏之说,并有补充,后有详论。胡氏说见《仪礼正义》卷三十七。

⑤ 《仪礼正义》,第 299 页。

那么为什么主兄弟相及的学者会选择同昭穆理论呢？其实这与主兄弟不相及说者采用同昭穆的理由相同，都考虑到了祭祀代数问题。孔颖达认为："设令兄弟四人皆立为君，则祖父之庙即以从毁。知其理论固不然，故先儒无作此说。"①可以看出，当出现兄弟先后为帝的情况时，不论二者间是否有继承关系，如果按照兄弟昭穆相异的安排进行迁毁，后代的君主无法祭祀血缘上的六代祖。有鉴于此，有些学者主张兄弟昭穆相同。但在黄以周看来，兄弟先后入庙，就必然意味着后来的帝王无法祭及实际上的高祖，在异昭穆而不增庙的情况下只可祭及"理论上"的高祖。②

针对这一难题，东晋的礼官则提出了许多不同的方案。

贺循的主张是，兄弟同昭穆，但入庙不当迁上祖，而是应当迁出此前同昭穆的兄弟之主。这样理论上，在不增加庙数的情况下，嗣君可以祭及实际的六代祖先。这一方案在经学上是否有漏洞，在晋代是否可行，之后还会有分析，此处有必要回顾刁协的庙制设计。

《通典》卷五十一《吉礼十》云：

> 贺循议："古者帝各异庙，庙之有室，以象常居，未有二帝共处之义也。如惠怀二主，兄弟同位，于禘祫之礼，会于太祖，自应同列异坐而正昭穆。至于常居之室，不可以尊卑之分，义不可黩故也。昔鲁夏父弗忌跻僖公于闵上，春秋谓之逆祀。僖公，闵之庶兄也，闵公先立，尝为君臣故也。《左氏传》云：'子虽齐圣，不先父食。'怀帝之在惠帝代，居藩积年，君臣之分也，正位东官，父子之义也。虽同归昭穆，尊卑之分与闵僖不异，共室亵渎，非殊尊卑之礼。"③

值得注意的是，贺循所批评的当时惠、怀二帝同室云云，显然是当时所见的实际庙制，而这一庙制的实施只能来自刁协的设计。如果如《晋志》所云，刁协"以兄弟为代数"，将其理论定位为兄弟相及而异昭穆的话，《通典》中所

---

① 《春秋左传正义》卷十八，中华书局影印《十三经注疏本》本，第1839页上栏。
② 《礼书通故》，第217页。
③ 《通典》，第1425页。

132

见这种兄弟为一室的安排又如何解释呢？这种做法不是容易使人误解为同昭穆吗？

《通典》的材料使我们对刁协的理论有了更深刻的认识，与黄以周拟构的完美庙制相比，刁协以兄弟入庙，亦毁上祖，这样太祖可几代后顺利正位，与黄氏无别。而在处理兄弟入庙、昭穆等问题时，黄氏严守兄弟昭穆相异，事实上不再考虑是否可祭及实际高祖的问题。而刁协的设想则不同，其"兄弟共室"的设计只能解释为在不增加庙数的情况下，为后来入庙者预留室，这样之后某一代在位帝王可以完整地祭祀其六代先祖，也就是说此处刁氏思考的是与孔颖达、庄述祖相同的祭祀代数问题。[①]

那么刁氏的做法与贺循相比，哪个更适合于晋代的实际呢？后文会有详细比较。

以下继续来看贺循的建议：

> 又议者以景帝俱已在庙，则惠怀一例。景帝盛德元功，王基之本，义著祖宗，百世不毁，故所以特在本庙，且亦世代尚近，数得相容，安神而已，无逼上祖，如王氏昭穆既满，终应别庙也。以今方之，既轻重义异，又七庙七世之亲；昭穆，父子位也。若当兄弟旁满，辄毁上祖，则祖位空悬，世数不足，何取于三昭三穆与太祖之庙然后成七哉！今七庙之义，出于王氏。从祢以上至于高祖，亲庙四世，高祖以上复有五世六世无服之祖，故为三昭三穆并太祖而七也。故世祖郊定庙礼，京兆、颖川曾、高之亲，豫章五世，征西六世，以应此义。今至尊继统，亦宜有五六世之祖，豫章六世，颖川五世，俱不应毁。今既云豫章先毁，又当重毁颖川，此为庙中之亲惟从高祖已下，无复高祖以上二世之祖，于王氏之义，三昭三穆废阙其二，甚非宗庙之本所据承，又违世祖祭征西、豫章之意，于一王定礼所阙不少。[②]

按，此处涉及贺循关于庙数的观点，这里贺循强调的是庙数为八是有由为

---

① 只是孔氏与庄氏同昭穆情况下如何迁毁未有具体主张。
② 《晋书》，第 1829—1830 页。

然,而根源就在于当西晋时怀帝入庙而惠帝未出,可见贺循尽管也主张"苟有八神,不拘七室",但实际还是倾向于保持七庙常数的。[①] 但对于贺循"同昭穆兄弟别立庙""上祖不因兄弟入而迁"的方案而言,最大的障碍来自西晋在实际行礼中已有宣帝、景帝同在庙的成例在前,且之前刁协理论也导致惠帝、怀帝同在庙,上祖已毁。这种情况下,本来相对完善的兄弟同昭穆、入庙出兄弟不出先祖的方案也不能保证当时元帝能祭及六世先祖了。于是,为了达成祭祀代数,贺循提出了回祀已毁主的方案。应当看到,这是贺循在前一方案无法完美实施的情况下无可奈何之举。回祀的做法在唐德宗至文宗朝亦被沿用,颇受后世学者批评,马端临认为晋人、唐人的这一做法毁而复立如同儿戏。[②] 不过马氏似乎并未深考晋代庙制设定的真正用意,至于南宋庙礼,用开元中毁主不迁之制,在贺循等人理论来看,难免违背《王制》天子七庙之说。

以下比较刁协、贺循理论以及实际方案的异同。

首先,在庙数问题上,二人大体一致,均主七庙,当然相对来说,刁协对庙数的要求更为严格。

其次,两种方案均体现对祭祀祖先代数的重视,也是二人庙制思路核心所在。刁氏主兄弟相继,入庙辄毁上祖,这样有利于太祖正位,而为了在庙数七限制内,尽量使帝王所祭祖先代数不致过少而采取了兄弟同室的做法,使其理论究竟是同昭穆还是异昭穆颇有些模糊。更重要的是,这一方案要在数代之后,庙室满员时才能体现六代先祖,此前则难免受到代数不足的质疑。[③]

贺循主张兄弟不相及,如此兄弟获得同昭穆地位。如果晋代一直采用其方案,即兄弟入庙,出前同昭穆者而不出上祖,则历任君王均可以完满地祭及六世祖。但是这一方案的问题在于,如此快地别立之前皇帝之主,似乎颇为不敬,也更容易引发对类似逆祀的质疑。同时,由于此前兄弟入庙不出的做法已经难以改变,又提出了回祀的主张,目的依旧是先祖代数。这种方案使在位君主可祭及六世,但潜在的危险在于,一旦再出现兄弟相继入庙而不采用兄弟入而出的方

---

① 刁协则更坚持庙数为七,史实方面亦不同意贺循。《通典》卷四十八《吉礼七》引贺循与王导书,后刁协按,云:"元皇后于太庙东阴室中安神主,不增立一室。"
② 《文献通考》卷九十七《宗庙考七》。
③ 此外,如果连续兄弟入庙,这一过程还会拉长。东晋后期就面临这一问题。

案,仅仅依靠回祀来凑足代数,太祖正位则遥遥无期。①

二、华恒与温峤的方案以及东晋庙制的最终确定

《贺循传》云:"时尚书仆射刁协与循异议,循答义深备,辞多不载,竟从循议焉。"②但从《礼志》及《通典》材料看,刁、贺之后又经过华恒与温峤两人的先后提议。华、温二人所提出的方案较之刁、贺又有不同,以下分别论述。

《晋书》卷十九《礼志上》云:

> 诏曰:"吾虽上继世祖,然于怀、愍皇帝皆北面称臣。今祠太庙,不亲执觞酌,而令有司行事,于情礼不安。可依礼更处。"太常恒议:"今圣上继武皇帝,宜准汉世祖故事,不亲执觞爵。"又曰:"今上承继武帝,而庙之昭穆,四世而已,前太常贺循、博士傅纯,并以为惠、怀及愍,宜别立庙。然臣愚谓庙室当以容主为限,无拘常数。殷世有二祖三宗,若拘七室,则当祭祧而已。推此论之,宜还复豫章、颍川,全祠七庙之礼。"③

《通典》卷四十八《吉礼七》云:

> 晋太常华恒被符,宗庙宜时有定处。恒按前议以为:"七代制之正也,若兄弟旁及,礼之变也,则宜为神主立室,不宜以室限神主。今有七室,而神主有十,宜当别立,臣为圣朝已从汉制。今圣上继武帝,庙之昭穆,四代而已。前太常贺循等,并以惠、怀、愍三帝别立寝庙。臣以为庙当以容主为限,亦无常数。据殷祭六庙,则有二祖三宗不毁,又汉之二祖,寝庙各异。明功德之君,自当特立。若系之七室,则殷之末代,当祭祧而已。准之前议,知以七为正,不限之七室。故虽有兄弟旁及,至禘祫不越昭穆,则章郡、颍川宜全

---

① 从学理上讲,兄弟相及而异昭穆的理论要比兄弟相及同昭穆更顺畅,后者主要是从庙制安排角度兼顾了所祀代数问题。
② 《晋书》,第1830页。
③ 《晋书》,第604页。

> 七代之礼。按《周官》有先公先王之庙，今宜为京兆以上，别立三室于太庙西厢，宣皇帝得正始祖之位，惠、怀二帝不替，而昭穆不阙，于礼为安。"①

这里《通典》所录华恒之说更全，可以看出华氏新的庙祀方案中有以下几点值得注意之处：

首先，就之前刁协、贺循设计中最为关注的所祀代数问题，华恒主张依照之前贺循之说回祀已毁的豫章、颍川二主。但对于惠、怀二帝的处理方式，华恒与贺循颇有差异。在贺循最初的方案中，出现兄弟先后为帝时，后帝入庙而出前帝，如此一登一毁，庙数不变，代数亦足，但由于晋初同昭穆之景帝、惠帝均未出，占据了庙数，又不得不回祀。华恒同样主张同昭穆，《通典》所云："虽有兄弟旁及，禘祫不越昭穆。"可证，却不主张别立惠、怀之主，同时认为当不亲执爵行礼。那么如此一来，既回祀又不出同昭穆兄弟之位，华恒的方案势必造成对七庙定数的突破，确实可以看到华氏提出："庙当以容主为限，亦无常数。……知以七为正，不限之七室。"所谓"以七为正，不限于七"的说法，贺循也曾提到，但要指出的是，贺循之说是对惠帝当出而未出的事实表示某种尊重。依照其方案，如惠、怀、愍同昭穆之主，终当别庙而祀。而在华恒的方案中，这一类的帝王并不需出庙，所以华氏对庙数的限制从理论上突破得更为彻底。为什么要特别说明是在理论上呢？马上笔者会指出，实际的庙祀安排中，华恒用一个巧妙的手段使庙数并未立即突破常数，而这一安排又与太祖正位有关。

华氏的方案中关于太祖正位的设想是："京兆以上，别立三室于太庙西厢。"②

这一设想的独特之处在于，可以使宣帝在这一代便获得太祖的位置，达成这一目的是通过将已迁的豫章、颍川二主回祀（此与贺循同），又将尚未应迁的京兆与回祀二主一并置于西厢之中。由此看出华氏方案对贺循的改进，顾及"尊尊"之义而不出同昭穆兄弟之主，已在上文提及。为了表现出元帝上继武帝，对惠、怀还是采取不亲祀，为了使当代之君能祭及六代，同用回祀，但是在此为了尽

---

① 《通典》，第 1349—1350 页。
② 此句《晋志》未载，其实是华恒之说的核心观点。

快使太祖正位,回祧主(甚至未迁主)均被置于稍低于正室的西厢。这样一来可谓兼顾了代数和太祖正位的问题。更为巧妙的是,由于宣帝以上三祖所居并非正室,惠、怀、愍三帝未出,其实总体庙室数并未变化,仍维持常数,可谓一举多得。但华恒之说并未为元帝直接采用,当时参议者时任王导长史的温峤也提出了一种方案,最终成为了元帝时祭祀的定制,以下来考察温氏的观点。

《晋志》云:

> 骠骑长史温峤议:"凡言兄弟不相入庙,既非礼文,且光武奋剑振起,不策名于孝平,务神其事,以应九世之谶,又古不共庙,故别立焉。今上以策名而言,殊于光武之事,躬奉蒸尝,于经既正,于情又安矣。太常恒欲还二府君,以全七世,峤谓是宜。"骠骑将军王导从峤议。峤又曰:"其非子者,可直言皇帝敢告某皇帝,又若以一帝为一世,则不祭祢,反不及庶人。"帝从峤议,悉施用之。于是乃更定制,还复豫章、颍川于昭穆之位,以同惠帝嗣武故事,而惠、怀、愍三帝自从《春秋》尊尊之义,在庙不替也。①

《通典》卷四十八《吉礼七》云:

> 惠、怀、愍于圣上以《春秋》而言,因定先后之礼,夫臣子一例,君父敬同,故可以准于祖祢,然非继体之数也。按太常恒所上,欲还章郡、颍川以合七代,愚谓是。恒又求京兆以上三代在庙之西厢,臣窃不安。②

可以看到,温峤对庙礼中"尊尊""亲亲"的辨析与平衡做得更为精细,而其实际庙制设计也对之前诸家颇有损益。与贺循相同,温峤主张元帝上继武帝,即兄弟不相为后,同时认为时王当祭及六代,对贺循、华恒的回祧表示赞同,但也主张华氏回祧主在西厢不合礼制,当同正室。③

对于惠、怀、愍同昭穆诸帝,温氏认为"臣子一例,君父敬同,故可以准于祖

---

① 《晋书》,第604页。
② 《通典》,第1350页。
③ 华氏的主张有利于太祖直接正位,而之后我们会发现回祧制度正是影响太祖正位的主要因素。

祢,然非继体之数"。所谓"准于祖祢",异昭穆之说在此已被推到了某种临界点上。对三帝尊尊之义的重视,使温峤不能同意贺循的别立庙主张①,即《晋志》所云"凡兄弟不相入,即非礼文",这里的"入"乃指入庙,针对的正是贺循之说。华恒同样是同昭穆的拥护者,但温峤对其仪节设计中不亲执爵行礼仍表示不满,主张当亲自行礼。可见温、贺、华三人虽均主同昭穆,但对同昭穆之主的处理方式大有不同,温氏亲行礼而不称子的设计甚至已经很接近于异昭穆。

将温峤的思路与之前的刁协相比,会有一些有趣的发现。之前已讲到,《晋志》认为刁协以兄弟为世数,即兄弟相及,昭穆相异,但《通典》所记的刁氏以兄弟同室的做法则提醒我们,其思路颇有类似同昭穆之处②,再度印证之前指出的,限定世数的情况下,异昭穆势必无法祭高祖,而同昭穆如果采用贺循方案则可,否则只能回祀。

温峤对尊尊之义的重视使其同昭穆的主张带上了异昭穆的色彩。这里的关键问题在于,在拒斥了贺循的迁毁方案后,温峤的理论势必走上两种可能:其一,如刁协般,兄弟入庙毁上祖;其二,兄弟入庙不毁主。

至此会发现,温峤的方案最终被采纳并不是因为四人中其说最为严密,恰恰是因为刁协之说在实践中已暴露出世数不足的问题,而温氏的说法在元帝时没有经历"兄弟相入"的实际考验,其学说中的问题尚未为人察觉,且其设计中"尊尊""亲亲"的关系较之贺循、华恒更为平衡,也就是对虽不相继的同昭穆之帝的礼敬提高,《春秋》"尊尊"之义的重视。③

温峤的庙制设想最终为元帝采用,但在行礼实践中,贺循等人的观点仍在流行,原因在于温说本身存在的一些问题,容易招致误解。

《通典》卷四十八《吉礼七》录温峤为王导答薛太常书云:

> 省示并博士议,今明尊尊不复得系本亲矣。先帝平康北面而臣愍帝,及终而升上,惧所以取讥于《春秋》。今所论太庙坎室足容神主,不耳,而下愍

---

① 《晋志》云:"古不共庙,故别立焉。"温氏对贺循别庙说的反对可谓十分有力。因为依据贺循援引的例证,汉明帝之前无同堂共庙之制,所以无所谓别庙。
② 只是处理方式不同,刁氏毁上主,而贺循主兄弟入兄弟出庙。
③ 北魏礼学家在这个问题上加入了关于"庶子王"问题的讨论,详见后文。

帝于东序,此为违尊尊之旨。愍帝犹子之列,不可为父,与兄弟之不可一耳。鲁闵公、僖公兄弟也,而《传》云"子虽齐圣,不先父食"。如此无疑,愍帝不宜先帝上也。今唯虑庙窄,更思安处,宜令得并列正室。

又云:

> 元帝崩,温峤答王导书云:"近诏以先帝前议所定,唯下太常安坎室数。今坎室窄,其意不过欲定先神主,存正室,故下愍帝也。庙窄之于本体,各是一事,那何以庙窄而废本体也。"[1]

从这两封书信可以看出,元帝崩后,一些太学博士的思路似乎又回到了昔年贺循的主张,所谓"太庙坎室足容神主,不耳,而下愍帝于东序"即当为博士所论。惠、怀、愍三帝同昭穆,贺循主别立庙,此时博士再度提出类似建议,而以愍帝在庙乃因"坎室足容神主"之说,也与之前贺循讨论景帝当出别庙而犹在的思路完全一样。而温峤出于对尊尊之义的维护,自然反对这种做法。从第二则材料可以看出,当时大致由于庙室有限,确曾将愍帝移出,但温峤认为这并不意味着在庙序上愍帝可以在元帝之下。《晋志》云:"及元帝崩,则豫章复迁。然元帝神位犹在愍帝之下,故有坎室者十也。"[2]可证。

这里可以看出温峤庙制中存在的问题,由于温氏不可能采取礿协的兄弟入庙毁上主做法,其结果就是兄弟入庙(且均入正室)而不出,造成庙数的增加,而这其实是贺循等人设计中极力避免的。[3] 相对于太祖与祭祀代数,庙数问题似乎并不太引人注目,但实际行礼中仍会引发争议。

三、其他礼学家庙制评说

《通典》卷四十八云:

---

① 《通典》,第1350—1351页。
② 《晋书》,第604页。
③ 当然还有回祀造成的与太祖正位的矛盾,但这是贺循等人设计中固有的弊端,见后文。

明帝崩，祠部以庙过七室，欲毁一庙，正室窄狭，于权下一帝。温峤议："今兄弟同代，已有七帝，若以一帝为一代，则当不得祭于祢，乃不及庶人之祭也。夫兄弟同代，于恩既顺，于义无否。至于庙室已满，大行皇帝神主当登正室，又不宜下正室之主，迁之祧位，自宜增庙，权于庙上设幄坐，以安大行之主。若以今增庙违简约之旨，或可就见庙直增坎室乎？此当问庙室之宽窄。"

而对于当时庙制，当时另一些礼学家的评论也很值得重视。《通典》同卷录荀崧与王导书曰：

三年当大禘，愍帝以居子位，复居父位。且"子虽齐圣，不先父食"。此君即父也。此为愍帝是先帝之父，怀帝是愍帝之父，惠帝是怀帝之父，二代便重四代，所以为疑处也。答曰："意谓君位永固，无复暂还子位之理。惠帝至先帝虽四君，今亦不以一君为一代，何嫌二代之中重四君耶？今庙尚居上，祀何得居下？若暂下则逆祀也。"①

按，荀崧是中兴初与刁协共定礼仪的著名学者，而荀崧对当时所用温峤所定庙制有所质疑，所谓"二代便重四代"显然是将当时庙制理解成了异昭穆的形式。其实前引温峤说，三帝"臣子一例，君父敬同"，可准于父子，则仍非父子。②荀崧对温峤理论的误解还是源于在实际迁毁及行礼安排上，温氏的做法都更像是异昭穆的处理方式，如果荀崧是从实际行礼来推测温氏的继承与昭穆设计，则难免误会。

《通典》卷四十八《吉礼七》云："孔衍议：'别庙有非正之嫌，似若降替，不可行。'"③

按，孔衍是元帝、明帝时颇受信用的礼学家，其学识据《本传》称，不在贺循之下。孔氏批评别庙说，当是因此时仍有人主张贺循理论。不过孔衍所云别庙

---

① ③ 《通典》，第1350页。
② 纯从学理上看，主张兄弟相继，再主兄弟同昭穆，如何休等人的理论，本身就不够顺畅。反之，如温峤等人主兄弟不相继而同昭穆的主张逻辑上较为合理。

"似若降替",其实很值得玩味。贺循曾反复申说兄弟同昭穆,但仅从其别庙制来看,首先于尊尊之义有亏,另一方面这种近似毁庙的做法,其实也易使人误解其理论为异昭穆,因为唯有昭穆相异方能迁毁。而温氏的设计则不会招致类似怀疑。

元代宗庙礼中蒙古因素的重新审视

——以"蒙古巫祝"职能为中心

  《元史·祭祀志》云:"元之五礼,皆以国俗行之,惟祭祀稍稽诸古。"自清人万斯同《庙制图考》以来,学者对元代宗庙礼,尤其是祭祀仪式的研究,往往更关注其中异于汉地传统的蒙古因素。《祭祀志》卷末专门记录的"国俗旧礼"以及作为志文核心的郊庙诸种仪注中,均反复出现"蒙古巫祝"这一职官,更是引人注目。有研究者视其为"祭祀的监督与实际主持者"(参见高荣盛:《元代祭礼三题》,《南京大学学报》,2000年第11期。后文引其说不另注)。研究中亦倾向将蒙古巫祝及其所行礼事视为元庙礼中植入蒙古礼俗的体现。

  《元史·礼乐志》云:"元之礼乐,揆之于古,固有可议。"不过笔者重新梳理,发现所谓"蒙古巫祝"并不单纯是以萨满教代言人身份堂而皇之的戏乐坏礼,审视其职守与渊源,其中颇有参用先秦古礼、唐宋旧仪之处。以此为切入点,或可对有元一代礼制汉化问题产生一新的认识。

一、蒙古巫祝的两类职能与"割奠、致辞"问题

  本文对《祭祀志》所记录蒙古巫祝于宗庙礼中所执掌礼事,大致分为两类加以考察。"司禋监官"问题较为复杂,同时关涉巫祝部分职能的渊源,故单列一节。

  首先,蒙古巫祝职能中有较大一部分与先秦已降历代仪注中巫祝、太祝并无二致,以下举两例:

1. 受誓戒版位

一日斋戒。享前三日,三献官以下凡与祭员,皆公服受誓戒于中书省。……奉礼郎率仪鸾局陈设版位,献官诸执事位,俱藉以席,仍加紫绫褥。设初献太尉位于省阶少西,南向;大礼使位于其东,少南,西向;监祭御史位二,于通道之西,东向;监礼博士位二,于通道之东,西向;俱北上。设司徒亚终献位于其南,北向,西上。次助奠七祀献官,次太常卿、光禄卿、光禄丞、书祝官、读祝官、太官令、良醖令、廪牺令、司尊彝、举祝官、太官丞、廪牺丞、奉爵官、奉瓒官、盥爵官二、巾篚官、蒙古太祝、巫祝、点视仪卫、清道官及与祭官,依品级陈设,皆异位重行。

按,“受誓戒”是指祀前集中与祭者,责成百官各守其职。《周礼·天官·大宰》云:“前期十日,帅执事而卜日,遂戒。”郑注云:“戒百官而始斋。”受誓戒时的版位位次与朝位一样,正可体现出参与者在礼事中的地位。蒙古太祝、巫祝与太官一系官员以及其他具体执事官同属太常卿、光禄卿统辖,位次则在在大礼使、三献官、监礼官之下,则其地位与我们在《开元礼》等国家礼典中所见的“太祝、祝史”并无差别。

2. 出纳神主

六日晨裸。……礼直官引太常卿、监祭、监礼、太庙令、太祝、宫闱令升自东阶,诣太祖室。蒙古太祝起帝主神幂,宫闱令起后主神幂。

九日祭马湩。……三献之出也,礼直官分引太常卿、太庙令、监祭、监礼、蒙古太祝、宫闱令及各室太祝,升自东阶,诣太祖神座前,升纳神主,每室如仪。

按,先秦庙祀负责出纳神主者,可参据《通典》之说为大宗伯与守祧,“大宗伯出高祖以下木主,守祧出先王先公祧主”(《通典·礼九·禘祫上》)。唐宋仪注多用太常属官为之,亦与元制无别。

巫祝所行礼事中含有蒙古因素的部分,历来更为研究者重视。不过这类礼仪往往是因为祭品、祝语不同于汉礼,就其仪式本身而言,并未偏离汉地行礼传统。其中最为突出的是"割奠、致辞"二事,志文所涉及材料如下:

> 其祖宗祭享之礼,割牲、奠马湩,以蒙古巫祝致辞,盖国俗也。
>
> 湩乳、葡萄酒,以国礼割奠,皆列室用之。
>
> 祭祀,尤贵马湩。将有事,敕太仆寺桐马官,奉尚饮者革囊盛送焉。其马牲既与三牲同登于俎,而割奠之馔,复与笾豆俱设。将奠牲盘酹马湩,则蒙古太祝升诣第一座,呼帝后神讳,以致祭年月日数、牲齐品物,致其祝语。以次诣列室,皆如之。礼毕,则以割奠之余,撒于南棂星门外,名曰抛撒茶饭。盖以国礼行事,尤其所重也。

按,"抛撒茶饭"为汉礼所无,不过所谓"国礼"行之的"割奠""致辞"二事是否完全有别于汉礼,尚有可议。首先,祭品中出现的马牲、马奶酒,固然非汉礼所有,不过似乎亦无可厚非。以祭祀用酒醴而言,《周礼》所载"五齐三酒"之法,汉代即已失传,西晋"太康元年,五月丁卯,荐酃渌酒于太庙"(《晋书·武帝纪》),"酃渌酒"也只是当时衡阳名产(晋人张载《酃酒赋》云其"出于湘东"),非古礼所有(当然酃酒之献属于四时荐新而非时享),唐宋两代以时新之物充作祭品者,亦属寻常,此正《曲礼》所谓"君子行礼,不求变俗"者。另外值得注意的是,元代庙享所用割马牲、奠乳酒,仍与汉晋以来,唐宋通行的三献礼结合。《祭祀志》中别有一条史实值得注意:

> 割奠之礼,初惟太常卿设之。桑哥为初献,乃有三献等官同设之仪。博士议曰:"凡陈设祭品、实樽罍等事,献官皆不与也,独此亲设之,然后再升殿,恐非诚悫专一之道。且大礼使等官,尤非其职。"大乐署长言:"割奠之礼,宜别撰乐章。"博士议曰:"三献之礼,实依古制。若割肉,奠葡萄酒、马湩,别撰乐章,是又成一献也。"

按,"割牲"很容易与蒙古饮食习俗相联系,不过高荣盛先生已经指出这道程序与汉地古礼的"鸾刀割牲"亦比较吻合(参见前引高文),如此一来,想要就

此判定其为汉礼或蒙古旧俗则比较困难。进一步分析,桑哥用事以前,太常卿所割之牲当为马,盖因仪注第四环节"省牲器"云:

> 太官令帅宰人以鸾刀割牲,祝史各取毛血,每位共实一豆,以肝洗于郁鬯及取膟膋,每位共实一豆,置于各位。馔室内,庖人烹牲。

此处与唐宋仪注同环节"太官令"执掌无别。而太官令掌割牲体自然系牛羊之类,非马牲(这里也可看出与《诗经》"鸾刀"对应的其实当是太官令,而非割奠,高氏之说小误。至于割马牲之刀形制,仪注未载),如此则割奠马牲这一环节还须推后,因为尽管理论上存在元代太常卿与太官令共同行事的可能(这种做法违背《开元礼》等历代仪注的通例),两种割牲仍有不同。从具体仪注分析,割马牲一事当并不在正祭前一日"省牲器"环节太官令割烹时,而是在正祭三献礼环节中进行。也正因为割、奠二事时间相距不久,博士才有"亲设之,然后再升殿,恐非诚悫专一之道"的顾虑。

摄祀仪注第九节云:

> 九日祭马湩。终献酌献将毕,礼直官分引初献亚献官、司徒、太礼使、助奠官、七祀献官、太常卿、监祭、监礼、太庙令丞、蒙古庖人、巫祝等升殿。每室献官一员,各立于户外,太常卿、监祭、监礼以下立于其后。礼直官引献官诣神座前,蒙古庖人割牲体以授献官。献官搢笏跪奠于帝主神位前,次奠于后主神位前讫,出笏退就拜位,搢笏跪。太庙令取案上先设金玉爵斝马湩,蒲萄尚醖酒,以次授献官,献官皆祭于沙池。蒙古巫祝致词讫,宫县乐作同进馔之曲。

按,摄祀仪注割奠礼与亲祀又有不同,是在三献礼之后进行,仪注作"蒙古庖人割牲体",而非前则材料之"太常卿",说明仪注写定较早,当然也有太常卿监督行事的可能。自桑哥开始(此人系畏兀儿或藏人不详,世祖时权势显赫),改由三献行礼官主持割牲、奠酒,则又重于其初太常属官行礼。就此,博士提出"亲设"后"升殿"行礼,"非诚悫专一之道",所依据的乃是唐宋以来行礼惯例。

就先秦礼而言,一般认为,王当亲自宰割牺牲而后献,孔颖达云:"迎牲而入,至于庭,故礼器云'纳牲诏于庭',王亲执鸾刀,启其毛。"(见《礼运疏》所复原之天子九献仪注,孙诒让以此为孔氏祖述崔灵恩说而成。另据《礼记·祭义》,则杀牲者为卿大夫。)

此外,博士反对为割奠环节另撰乐章(检《礼乐志》,确无割牲奠酒用乐记载),我们完全可以认同博士之议。事实上,"割奠礼"的加入,无论是皇帝亲祀仪注中置于初献后,抑或摄祀仪注中三献之后,都谈不上破坏传统三献礼的结构。

再考虑与割奠密切联系的"致辞",这一系列程序大致可归纳为:祭酒于茅苴→祭马奶酒→奠牲盘→蒙古祝史致辞,参考的仪注文本见于《祭祀志》如下:

> 七日酌献。……礼仪使跪奏请摺镇圭跪,又奏请三上香。三上香讫,奉爵官以爵授进酒官,进酒官东向以爵跪进。礼仪使奏请执爵,三祭酒于茅苴,以虚爵授进酒官,进酒官以授奉爵官,奉爵官退立尊彝所。进酒官进取神案上所奠玉爵马湩,东向跪进,礼仪使奏请执爵祭马湩。祭讫,以虚爵授进酒官,进酒官进奠神案上,退。礼仪使奏请执圭,俯伏兴,司徒摺笏跪于俎前,奉牲西向以进。礼仪使奏请摺镇圭,皇帝摺圭,俯受牲盘,北向跪奠神案上。蒙古祝史致辞讫,礼仪使奏请执镇圭兴,前导,出户外褥位,北向立,乐止。举祝官摺笏跪,对举祝版,读祝官北向跪,读祝文讫,俯伏兴。

这里值得注意的问题有两点:首先,蒙古祝史致辞,只是用蒙古语履行汉家旧礼中"太祝读祝文"这一环节,谈不上多大的改动(《祭祀志》他处又云"拟撰祝文、书祝、读祝,皆翰林词臣掌之",与仪注抵牾,未知孰是)。其次,前引志文云:"将奠牲盘酹马湩,则蒙古太祝升诣第一座,呼帝后神讳,以致祭年月日数、牲齐品物,致其祝语。"先致辞而奠,与诸种仪注中所记则先奠后致辞不同。笔者以为,衡之以唐宋郊庙行礼次序,似当以仪注所记较确。

以上分析了割奠、致辞,其实蒙古巫祝职能中尚有另一种"致辞",这一环节未见于汉唐以来仪注,不过是否是较为纯粹的国俗旧礼,同样尚有疑问,研究者关注较少,所以将涉及材料详细列出,以供参考:

四曰省牲器。祀前一日未后三刻,廪牺令丞、太官令丞、太祝以牲就位。礼直官引太常卿、光禄卿丞、监祭礼等官就位。礼直官请太常、监祭、监礼由东神门北偏门入,升自东阶。每位视涤祭器,司尊彝举幂曰"洁"。俱毕,降自东阶,由东神门北偏门出,复位,立定。礼直官稍前曰"请省牲",引太常卿视牲,退复位。次引廪牺令出班,巡牲一匝,西向折身曰"充"。诸太祝巡牲一匝,上一员出班西向折身曰"腯"毕,俱复位。蒙古巫祝致词讫,礼直官稍前曰"请诣省馔位"。

国俗旧礼:

每岁,太庙四祭,用司禋监官一员,名蒙古巫祝。当省牲时,法服,同三献官升殿,诣室户告腯,还至牲所,以国语呼累朝帝后名讳而告之。明旦,三献礼毕,献官、御史、太常卿、博士复升殿,分诣各室,蒙古博兒赤跪割牲,太仆卿以珠漆盂奉马乳酹奠,巫祝以国语告神讫,太祝奉祝币诣燎位,献官以下复版位载拜,礼毕。

将两则材料合看,可以发现"国俗旧礼"中记录"省牲"之时,蒙古巫祝携同三献官"诣室户告腯"以及还归省牲之处,"以国语呼累朝帝后名讳而告之"。正是仪注中所谓"蒙古巫祝致词讫"(注意此为祀前一日,非前论献礼中致辞)。要指出的是,唐宋历代仪注中"省牲器"环节并无所谓的"诣室户告腯"、牲所致辞(国俗旧礼中三献礼后之告神,显然是摄祀仪注,仍是前文所论第一种致辞。"博兒赤"为厨师之义)。从仪节来看,这次祭祀前的致辞似乎有多余之嫌。但这是否真的是某种国俗旧礼呢? 笔者以为,与其将之归为某种不知名的蒙古旧俗,还当考虑另一种可能,那就是其来源于更古老但也是更为纯正的汉地传统——先秦三礼。纵观元代郊庙仪注,其中颇有不用唐宋仪注而效法三礼,或一无所本、独出心裁之处,而且这些变动多与蒙古旧俗无涉。省牲时致辞即是一例。《周礼·地官·充人》云:"掌系祭祀之牲牷……展牲,则告牷。硕牲,则赞。"所谓"展牲告牷",即检视牲体,告其完具,后世仪注中"省牲器"之事。"硕牲,则赞",郑玄注云:"君牵牲入,将致之,助持之也。"孙诒让《周礼正义》云:"致谓告而致之于神。《礼器》云：'纳牲诏于庭。'"按，孙注引《礼器》文至确，《礼器》注云："纳牲诏于庭时，当用币告神而杀牲。"正是其事。不过"告神"者，经、注皆未明言，充人掌养牲，职不在此，孙注亦云："此官助牵牛，不助告诏，则告硕自有他官掌之。"笔者以为，《周礼·春官·太祝》云："辨六号，……一曰神号……四曰牲号。"正当告神所用，太祝又为神职人员，则纳牲时以牲体、祭品情状诏告所祀神灵者，可能即为太祝。有趣的是，省牲器时告神这一仪节，在汉晋乃至唐宋仪注中均已难觅踪迹，反倒是元礼中蒙古巫祝能如此复古，这恐怕是哪位负责制定仪注的好古敏求的礼官所为了。

二、蒙古巫祝作为"司禋监官"之渊源

国俗旧礼：

> 每岁，太庙四祭，用司禋监官一员，名蒙古巫祝。

关于蒙古巫祝职能的问题，不能不提及的是志文"国俗旧礼"中这则材料，尽管我们已经分析了"国俗旧礼"巫祝所行致辞、割奠二事，但这些似乎与"司禋监官"看似并无关联。虽然之前的研究已经使我们有理由先排除萨满教传统的可能(还有学者将司禋误为司祀，进而推测巫祝负有监督行礼之责，其误自不待言)，但是这一官名并未见于汉唐仪注，也使得其渊源显得有些扑朔迷离。笔者认为，南宋《政和五礼新仪》中出现的"荐香灯官"，其职能或可为解决这一问题提供一些线索。尽管初看之下，二者风马牛不相及，而且"香灯"之名同样令人费解。

南宋庙礼中"荐香灯官"的职能大致有二：首先是祭祀仪式开始前与结束后负责出纳帝王神主。《政和五礼新仪》卷一百零三《皇帝时享太庙仪中》"晨祼"节云："引荐香灯官入室搢笏，于祐室内奉帝主出诣殿上神幄，设于座。……次引宫闱令奉后主如上仪。"卷一百零四《皇帝时享太庙仪下》"馈食"节云："荐香灯官搢笏奉帝主入祐室讫，……宫闱令奉后主如上仪。"可证。不过其与蒙古巫祝职能的相似处还不止于此。

　　"荐香灯官"的第二项职能则主要与祭祀中的"烧脾膋"环节有关。所谓"烧脾膋",是指将牛羊肠间脂合以香蒿、黍稷焚烧,以香味飨神,这是汉地庙礼中极为古老的传统,《礼记·郊特牲》云:"取膟膋燔燎升首,报阳也。"注云:"膟膋,肠间脂也,与萧合烧之,亦有黍稷也。"按,"烧脾膋"是先秦宗庙祭仪中极为重要的环节。其具体实施方式,后世礼学家尚有一次烧燔、两次烧燔两种不同观点。孔颖达的"两次烧燔说"为唐《开元礼》、北宋《太常因革礼》、南宋《政和五礼新仪》所采用,影响较大(孙希旦认为孔氏误解《祭义》文字,说见《礼记集解》。孙说于经义较为可取)。《礼记·礼运》孔疏云:"于是行朝践之事……祝乃取牲膟膋燎于炉炭,入以招神于室,又出于堕于主前。……乃退而合亨,至荐孰之事陈于堂。……既奠之后,又取肠间脂,熟萧合馨芗。"孔疏所主的"朝践""馈熟"两度燔燎膟膋之说在《政和五礼新仪》中有完整的体现,且荐香灯官均参与其中。

　　《政和五礼新仪》卷一百零三《皇帝时享太庙仪中》云:"其宗室奉炉炭设于室户外之左,其萧蒿稷黍各置于炉炭。太官令取肝以鸾刀割之,洗于郁鬯,贯之以膋燎于炉炭。荐香灯官以肝膋入诏神于室,又出以堕祭于室户外之左。"此次烧燔在晨裸后,相当于孔疏中"朝践"之燔烧。又同书卷一百一《祫享太庙有司摄事》"馈食"一节云:"荐香灯官取萧合黍稷擩于脂,燎于炉炭。"此则为"馈熟"前之烧燔。

　　将上述总结的"荐香灯官"的职能与元代宗庙中巫人职能相比较,我们会发现,蒙古太祝出纳帝王神主的职能与南宋"荐香灯官"相同,蒙古太祝以国语告腯、致辞职能为荐香灯官所无。

　　接下来的问题是,身为"司禋监官"的蒙古巫祝是否曾如南宋"荐香灯官"一样,参与了"烧脾膋"环节呢? 首先,元代确如唐、宋也实行过宗庙烧脾膋,《祭祀志》卷七十四《宗庙上》云:"(博士)又议:'燔膋膟'与今烧饭礼合,不可废。'知礼者皆有取于其言。……事亦弗果行。"博士以古礼之烧脾膋与蒙古本族烧饭礼有相通之处,希望予以保留,但其议最终未被采纳。所以今存《祭祀志》仪注中均无宗庙烧脾膋的记载。但根据同卷"祭器"条载:"燎炉一,实以炭。篚一,实以萧蒿黍稷……已上并陈室外。"与"烧脾膋"有关的祭器的存在也证实了元代曾实行过此礼。

　　下面,更为关键的问题就是,如何证明作为"司禋监官"的蒙古巫祝便是元代曾实行的"烧脾膋"的负责人呢? 其实,和南宋的"荐香灯官"一样,"司禋监官"的名称本身便隐含了相关信息。《诗·王风·采葛》:"采彼萧兮。"孔疏云:"(萧)或牛尾蒿,似白蒿,白叶,茎粗,科生。多者数十茎,可做烛,有香气,故祭祀以脂爇之为香。"按,古代国家大祭中的"香烛"即如孔疏所云,是用香蒿、黍稷等植物拌合动物肠间脂燃烧而为之,现代研究者也早已指出。[①] 南宋"荐香灯官"所指正是这种"香烛",而并非"蜡烛与灯盏"。

"禋"字在先秦典籍中即有二义:一为精诚祭祀之意,《说文·示部》云:"禋,洁祀也,一曰精意以享为禋。"又有宗庙燔烧而祭之义,《周礼·春官·大宗伯》郑注云:"禋之言煙,周人尚臭,煙,气之臭闻者。……燔燎而升烟,所以报阳也。"贾疏云:"但宗庙用煙,则《郊特牲》云:'臭阳达于墙屋。'是也。"按,贾疏所云即《礼记·郊特牲》:"萧合黍稷,臭阳达于墙屋,故既奠,然后爇萧合膻芗。"禋之二义实有相通之处,故《周礼正义·春官·大宗伯》孙诒让云:"盖煙、禋声类同,故升煙以祀谓之禋祀,……散文则禋通为祭名。"由此可见,元代宗庙礼中"司禋监官"之"禋"当理解作"燔烧脾膋"较好(若作祭祀通名解,且与祀官中"监祭"官名重复,仪注中无其事),其专门负责的正是元代先行后废的"烧脾膋"环节。

唐宋以来,庙祀仪注虽代有损益,但大体未变。以上文所考"烧脾膋"一事而言,唐代行二次燔烧,其本源或由孔颖达误解礼经,《开元礼》由"太祝"率"斋郎"行礼(见《时享太庙》等篇)。南宋"荐香灯官"之名亦因其事而立,行礼者当即太祝之属,而非另有人选(前引《政和礼》仪注有"宗室"参与,似与唐礼不同。按,历代充作大礼斋郎者,颇多宗室子弟)。至元修庙祀,势不能尽弃前代仪注,故仿南宋之制,以巫祝中一员为之,《志》云:"用司禋监官一员,名蒙古巫祝。"其义殆谓"用蒙古巫祝一员,名司禋监官",盖记事者不谙礼制之故。至于弃《政和礼》"荐香灯官",而用"司禋"之名,意在崇古,其礼则同。

---

① 参看詹鄞鑫:《神灵与祭祀》,江苏古籍出版社 1992 年,第 182 页。

第三编

中古礼书编纂体例
与成书研究

《宋书·礼志》编纂体例初探[*]

  《宋书·礼志》五卷,为沈约依据何承天、徐爰旧志为底本撰成。此志不但记刘宋一代之礼,更上溯汉魏,中含晋代,材料宏富。柴德赓先生赞其"于魏晋制度、诸儒议论,举其大要","材料可贵,分量亦颇不少"。^①《宋志》史料对礼制研究固然极珍贵,但其本身修撰体例其实亦颇多可探讨之处。《宋志》并未如后世礼书、礼志常见的依照五礼排序^②,甚至还出现了同种礼制材料前后重出复见的现象^③。笔者认为这种看似奇特的体例实与司马彪续补《后汉书》中《礼仪》《祭祀》二志有着密切的关系。

  本文以下分为三个部分,先对比《后汉志》《宋志》在体例上的同异,进一步再分析《宋志》前二卷与后二卷收录材料的不同原则^④,最后考察《宋志》所录诸礼次序之理据,以求对其体例形成较为明晰的认识。

---

* 本文系江西省高校人文社科资助项目"《隋书·经籍志》礼仪类著作整理与研究"(批准号:TQ1408)阶段性成果。

① 柴德赓:《史籍举要》,北京出版社 2002 年,第 79 页。

② 杨志刚先生提出,"以'五礼'形式撰制礼仪,始于西晋"(杨志刚:《中国礼仪制度研究》,华东师范大学出版社 2001 年,第 157 页)。梁满仓先生则认为当在"魏晋之间"(梁满仓:《魏晋南北朝五礼制度考论》,社会科学文献出版社 2009 年,第 129 页)。不过可以确定的是,魏晋南北朝时五礼体系已广泛应用于国家礼典修撰,西晋、南齐、梁、陈、北魏、北齐、隋均有《五礼仪注》(参看《梁书》,第 127—146 页)。至唐宋,大多数礼典,至如《晋书》等正史礼志,亦均据五礼体系收录诸礼。而对于《宋志》这种"非常规"体例,尚未见有学者进行深入研究。

③ 如郊祀,分别见于礼一、礼三(《宋书》卷十四、十六,中华书局 1974 年,第 347、423 页)。籍田,亦先后见于礼一、礼四(《宋书》卷十四、十七,第 353、481 页)。此类例子尚多,不备举。

④ 《宋志》礼五专记车服制度,不在本文论述范围之列。

一、《后汉志》《宋志》分卷体例对比

《宋志》礼一、礼三卷首各有一段类似序言的文字,揭示了前两卷、后两卷收录内容性质的不同。从其行文则可看出与《后汉书》中《礼仪志》《祭祀志》的关系。

卷一云:

夫有国有家者,礼仪之用尚矣。然而历代损益,每有不同,……汉魏以来,各揆古今之中,以通一代之仪。司马彪集后汉众注,以为《礼仪志》。……自汉末剥乱,旧章乖弛,魏初则有王粲、卫凯典定众仪;蜀朝则孟光、许慈创理制度;晋则荀颐、郑冲详定晋礼;江左则荀崧、刁协缉理乖紊。……今抄魏氏以后经国诞章,以备此志云。①

卷三云:

"国之大事,在祀与戎。"自书契经典,咸崇其义,而圣人之德,莫大于严父者也。故司马迁著《封禅书》,班固备《郊祀志》,上纪皇王正祀,下录郡国百神。司马彪又著《祭祀志》,以续终汉。中兴以后,其旧制诞章,粲然弘备。自兹以降,又有异同,故复撰次云尔。②

《后汉书·礼仪志》云:

夫威仪,所以与君臣,序六亲也。若君亡君之威,臣亡臣之仪,上替下陵,此谓大乱。大乱作,则群生受其殃,可不慎哉! 故记施行威仪,以为《礼仪志》。③

---

① 《宋书》卷十四《礼一》,第 327 页。
② 《宋书》卷十六《礼三》,第 419 页。
③ 《后汉书·礼仪志上》,中华书局 1965 年,第 3101 页。

《后汉书·祭祀志》云：

> 祭祀之道，自生民以来则有之矣。……自古以来王公所为群祀，至于王莽，《汉书·郊祀志》既著矣，故今但列自中兴以来所修用者，以为《祭祀志》。①

《宋志》两段序文云录"经国诞章""旧制诞章"，看似无别②，但礼一小序开篇明言"礼仪之用"，又提及"司马彪集后汉众注"③，对比《后汉书·礼仪志》"记施行威仪"之旨，已可看出沈约有沿袭之意。所言及"典定众仪""创理制度""详定晋礼"也均是就施行仪注而言。礼三小序同样提及《后汉志》，并解释了以下两卷收录材料的性质，其所谓"上纪皇王正祀，下录郡国百神"，与《后汉书·祭祀志》"祭祀之道"，二者相同之处不言而喻。

以上对比，已初步可见二者渊源。但沈约对司马彪两《志》体例的继承与改造还有更多值得探讨之处。这就需要先对《后汉志》礼仪、祭祀两分的体例重新认识。④

从两《志》命名及小序看，两《志》收录材料的标准大致依威仪与祭祀加以别择，也就是说，《祭祀志》主要收录天地诸神与人鬼之礼⑤，而与《礼仪志》依照时令次序记各种行政、日常礼仪不同⑥。不过，《后汉志》这种看似简明的分类标准在实际行文中尚有一些模糊与矛盾之处。

例如，《礼仪志》"夕牲"一节：

> 正月，天郊，夕牲。昼漏未尽十八刻初纳，夜漏未尽八刻初纳，进孰献，

① 《后汉书·祭祀志上》，第3157页。
② 卷一所谓录"经国诞章"，从体例上看，确有区别卷三"旧制诞章"的实际意义，具体分析见后。
③ 此注即"仪注"。
④ 此二志显然是参照《汉书》中《礼乐》《郊祀》两志而设。
⑤ 《周礼·天官·大宰》云："以八则治都鄙。一曰祭祀，以驭其神。"（《周礼注疏》，影印《十三经注疏》本，中华书局1980年，第645页中栏）《春官·大宗伯》云："掌建邦之天神、人鬼、地示之礼。"（《周礼注疏》，第757页上栏）
⑥ 《后汉书·礼仪志》依时令录礼，系诸礼间具体次序。这种排序的依据显然源自《月令》，后文将有详述。

太祝送，旋，皆就燎位，宰祝举火燔柴，火然，天子再拜，兴，有司告事毕也。明堂、五郊、宗庙、太社稷、六宗夕牲，皆以昼漏未尽十四刻初纳，夜漏未尽七刻初纳，进熟献，送神，还，有司告事毕。六宗燔燎，火大然，有司告事毕。①

按，所谓"夕牲"，只是属于祭祀前期准备工作的一环。② 而此处所录实际却包含进熟到送神的全部仪节，这套通行于郊庙、明堂、社稷、六宗诸礼的完整仪注在卷首节目及正文中均仅用其中一环节"夕牲"为名，其实是颇有些不伦不类的。③ 此外，《礼仪志》在冠、夕牲二礼之间还记录了斋戒相关仪注④，如果将斋戒与夕牲所包含仪节合并，则更是一套完整的祭神祭祖仪注。这样一批仪节，冠以郊庙之类的名目无疑更为合适。⑤ 而之所以未如此处理，显然是考虑到郊庙、明堂等均属典型的祭祀之礼，以此为名则当入《祭祀志》。⑥ 但这些具体行礼仪注，编纂者又出于某种体例上的考虑，希望列入《礼仪志》，最终造成了"夕牲"一节的名实不符。⑦

再如，《礼仪志上》有先蚕，刘昭注引《汉旧仪》云："蚕神曰菀窳妇人、寓氏公主，凡二神。"⑧ 则先蚕之祀本有主神，且《礼记·祭义》也记录了相关祀仪。⑨ 可

① 《后汉书·礼仪志上》，第 3105 页。
② 刘昭注云："《周礼》'展牲'，干宝曰：'若今夕牲。'"（《后汉书·礼仪志上》，第 3106 页）《周礼·地官·充人》："展牲则告牷。"郑玄注云："郑司农云：'展，具也。具牲若今选牲也。'玄谓展牲若今夕牲也。"（《周礼注疏》，第 724 页下栏）孙诒让推郑玄之意，认为展牲有二：一在初选牲时，一则为祭祀前省牲，后一次行于将祭前日之夕，即祭礼"夕牲"（《周礼正义》卷二十三，中华书局 1987 年）。刘注又引"郊仪"，称"今之郊祀然也"。其仪大略同于《宋志》礼一所记，中所谓"夕牲"皆指省牲、告牷。文烦不具录。
③ 《大唐开元礼》及此后历代礼书均无如此命名者。
④ 斋戒部分虽仪注较详，但并未列入卷首节目之中，显然是因为其并非一独立礼制，而是诸祭礼通行环节。
⑤ 《祭祀志》中有郊、庙礼，但未涉及具体仪注，如此安排，固然是出于体例上的考虑，不过也可以视为因《礼仪志》"夕牲"一节具录仪注带来的"便利"。
⑥ 《祭祀志》中也确有以上名目。
⑦ 此外，《祭祀志》中有封禅礼，也收录了较为详细的仪注，这部分材料却没有列入《礼仪志》，亦可见体例不一之处。
⑧ 《后汉书·礼仪志上》，第 3110 页。
⑨ "古者天子诸侯必有公桑蚕室"以下，《礼记正义》，影印《十三经注疏》本，中华书局 1980 年，第 1597—1598 页。

见,如果依照小序中昭示的体例,先蚕礼实当入《祭祀志》。①

以上指出《后汉志》威仪、祭祀两分体例的一些不严谨之处,主要目的是提示我们,《后汉志》在小序所示两分法之外,其实际编纂体例还体现着另一种对材料的区分标准,即仪节与非仪节的区别。

不考虑日用行政与敬神之别,《礼仪志》所录诸礼均是详记其行礼仪注,这一点非常明显。可见序文中所谓"施行威仪",重点未必全在"威仪",更与"施行"有关。② 再考察《祭祀志》,其中收录诸种祭礼,涉及具体施行仪注的只有三种:灵星、迎春与封禅。③ 如果我们只按照是否祭神这一单一标准来看待《后汉书》两《志》对材料的选择,显然是无法理解这一现象的。

进一步考察,《祭祀志》所收材料大致可分为以下三类:1. 记录坛壝、神位、配位、牲器、用乐等制度;2. 祭祀中一些理论问题及具体仪节的讨论;3. 礼制沿革,历代行礼实录。④

可以看出,除其中第一类可以勉强归入仪注⑤,后两类则大致属于"论"的范畴⑥。也就是说,《后汉志》的编纂其实是遵循了两套标准,既有篇名、小序所示的礼仪、祭祀之别,同时在体例上也有仪注、礼论之别。⑦ 而沈约《宋志》恰恰是对以上两种体例同时继承并加以改造,认识到这一点是以下对《宋志》体例展开分析的首要条件。

---

① 《礼记·月令》季春月有后妃东郊亲蚕之礼,当为《后汉志》所本。此外,高禖之祀从性质上来看也属祭祀。大约是因为《礼记·月令》仲春之月有祀高禖,而《礼仪志》时令录礼的理论依据正是《月令》,故入《礼仪志》。不过若据本志小序所示礼仪、祭祀两分标准,矛盾仍很明显。

② 《左传·襄公三十一年》记北宫文子之说:"有威而可畏,谓之威;有仪而可象,谓之仪。君有君之威仪,……故能有其国家,……臣有臣之威仪,……故能守其官职。"这里体现礼之政治权威性一面,与《礼仪志》小序所云"所以与君臣,序六亲"之"威仪"类似。然《左传》其后又云:"故君子在位可畏,施舍可爱。进退可度,周旋可则。容止可观,作事可法。德行可象,声气可乐。动作有文,言语有章。以临其下,谓之有威仪也。"(《春秋左传正义》,影印《十三经注疏》本,中华书局 1980 年,第 2016 页中栏)在此,威仪又不能不与具体可见的礼文仪节相联系。

③ 还有诸如迎气,但这几种礼中除封禅外,仪注均极为简单。

④ 以上分类可参考后文对具体礼制的分析。

⑤ 《大唐开元礼》即将这一类材料中的一部置于《序例》"神位"一节。

⑥ 礼制沿革,性质实在仪注、礼论之间。本文为论述之便,归为有别于仪注的广义礼论。

⑦ 之所以形成此种体例,笔者以为,主要是《后汉书·礼仪志》参照《礼记·月令》,依时令录礼,自然也承袭了《月令》以仪注为主的写法。如此则非仪注类材料归于《祭祀志》。不过从《祭祀志》所录祭礼均少收仪注这一现象来看,编撰者显然是有意识地在维持仪、论两分体例。

前文已指出,《宋志》两段小序暗示了礼一、礼二,礼三、礼四分别相当于《后汉书》中《礼仪志》《祭祀志》。而从前后两卷材料分配情况来看,《宋志》对《后汉志》威仪、祭祀两分这一标准,固然有所沿用,但主要倾向于从"经国诞章"角度来理解"威仪"。与《后汉志》"威仪"同时包含政治性、日常性礼仪相比,《宋志》前二卷无疑更突出前者。① 另一方面,《后汉志》仪论两分的体例也得到了某种程度的强化。这并不是说,《宋志》的分卷体例用简单的"前二卷仪注加威仪,后二卷礼论加神祀"即能概括。事实上,收录材料更多的《宋志》比《后汉志》面临更为复杂的体例上的难题。双重标准的核心的矛盾在于:威仪、祭祀之别是依据礼制性质,而仪、论之别则涉及记录礼制的材料性质。以下两种情况很难避免:

1. 某种祭祀之礼,其材料为仪注;

2. 某种非神祀类威仪之礼,材料为礼论。

分卷体例上这两种固有矛盾,《宋志》的处理方式很值得研究,也是我们考察其体例的重点。以下通过实例加以说明:

1.《宋志》卷一收南郊、殷祀二礼从斋戒到礼成的详细仪注,而不用《后汉志》"夕牲"之名②,从礼学角度讲更加合理,同时与卷三所收录郊庙礼论材料形成仪论两分。尽管"南郊""殷祀"从名目看并不符合《礼仪志》不录神祀的体例,但若用"经国诞章"亦即政治性的"威仪"来解释,却未必冲突。在这个例子中,面对两种原则的矛盾,《宋志》前二卷强调"经国诞章"的体例确实显示了更好的"弹性"。

2. 上例中,尚有一更重要的原因是,郊庙仪注在诸仪中的核心地位,使《后汉志》与《宋志》编者无法做出其他选择。③ 而同属神祀之日月,其祀仪重要性明显不及,《宋志》却置于南郊之后、宗庙殷祀之前,则显然是因为从性质来看,日

---

① 前文注中指出《后汉志》小序定义与《左传》北宫文子所云近似,但从《礼仪志》实际所收诸礼性质来看,日常类礼仪比例远超强调"经国诞章"的《宋志》前二卷,这与《后汉志》更多依《月令》收礼不无关系。或者说,与月令行政理论相比,《宋志》对"政"的理解更接近现代所谓"政治"。

② 《宋志》南郊仪注,夕牲与斋戒、进熟等并列,与刘昭注《后汉志》"夕牲"所引"今之郊祀"仪注略同。刘注已视夕牲为郊祀仪注中一环节。(《后汉书·礼仪志》,第3106页。《宋志》"太祝史牵牲人",疑当从《后汉志》作"太祝吏",即太祝之属官。)

③ 但同是旨在淡化神祀色彩,以避免与后二卷体例矛盾,《后汉志》冠以"夕牲"之名似乎不如《宋志》强调经国诞章顺理成章,且更凸显礼制自身特性。

月与天郊诸神关系更为密切的原因①,而非拘泥于神祀必入《祭祀志》的原则。可见,《宋志》对具体礼制性质的认识更为深入,并非单纯依据礼仪、祭祀之别划分。

以上两例中出现的本当入后二卷的神祀类材料"流失",正是由于上文指出的第一种矛盾所致。《宋志》的处理似乎昭示了某种对仪论两分原则的坚持,同时也是对威仪、祭祀区分标准的破坏。但如果我们将《宋志》处理方法理解为简单地用一种标准取代另一种,未免失之浅薄,尤其涉及两种原则取舍,难道全无定准? 其实前引两例已然可见,尽管有两种承袭自《后汉志》的标准,《宋志》在材料分配,尤其标准出现矛盾时,往往更多的考虑礼制自身特质及其与临近诸礼关系②,而非单纯援引体例上既定原则。祀日月之例中,二神性质、祀仪与天郊诸神更为密合,才是其出现在这一位置的根本原因。

3. 对礼制性质的精确辨析是《宋志》体例上一大特点。对封禅、巡狩二礼的独特处理是一个很好的例子。《后汉书》封禅礼在《祭祀志》,巡狩礼在同《志》中出现两次③,但并未列入卷首节目④。《宋志》巡狩礼在卷二,相当于《后汉书·礼仪志》位置,而封禅礼却在卷三,相当于《祭祀志》中,位置在郊祀、明堂之后,宗庙之前。《宋志》这种安排并非随意为之,而自有其礼学上依据。"魏明帝世,中护军蒋济奏曰:'夫帝王大礼,巡狩为先;昭祖扬祢,封禅为首。'"⑤依蒋氏之说,巡狩礼有更强的"政礼"意味,封禅所谓"昭祖扬祢",则类似宗庙礼"严父配天"之义。⑥ 蒋说固属一家之言,《宋志》二礼的安排则显然参据了这种理论,所以前者列入体现威仪的礼二,后者则与宗庙同在礼三。这里同样可以看出威仪

---

① 《宋志》云:"明帝太和元年二月丁亥朔,朝日于东郊,八月己丑,夕月于西郊,此古礼也。"又引《白虎通》"王者父天、母地、兄日、姊月"(《宋书》,第348页),证祀日月统于天地,其祀当于郊。《后汉书·礼仪志》"斋戒"条刘昭注引魏文帝诏,中论汉代朝日之礼,注又记魏礼云:"于是朝日东门之外,将祭必先夕牲,其仪如郊。"(《后汉书》,第3104页)按,刘昭将日月之祀的材料置此,而非《祭祀志》中,盖因《祭祀志》无可比附,祀日,"其仪如郊",故与郊庙仪注同在此。
② 此处所谓"自身特质",涉及神祀属性、具体仪注两个层面。神祀性质明显而入前二卷的除日月外,尚有社稷、六宗二礼,原因即涉及其具体仪注与周遭诸礼联系,分析详见后文。
③ 位置在增祀、六宗二礼之后。
④ 后世礼书与政书中巡狩、封禅二礼多并列。
⑤ 《宋书》卷十五《礼二》,第435页。
⑥ 《礼记·祭统》云:"夫鼎有铭,铭者自名也,自名以称扬其祖先之美,而名著之后世者也。"(《礼记正义》,第1606页下栏)

（政治性）与祭祀之别，而这种体例上的精密正是基于对礼制性质的深入考察。

4. 如果说上例是基于其他学者独特的礼学见解，那么《宋志》对社稷、耕籍、亲蚕三事的处理则更能体现编者对体例细致入微的把握。此三礼在卷一出现，所录材料均以具体行礼仪节为主。而卷四中，则依次收录了对二社名义讨论、先农之祀、蚕神之名及其祀仪。社稷相关材料，《宋志》分在两处，体现了仪注、礼论两分的原则，这一点非常明显。《后汉志》社稷在《祭祀志》，但只记录了对神主的讨论，仪注部分则在之前《礼仪志》"夕牲"节。《宋志》的处理承袭《后汉志》，且在材料增加的情况下依旧保持了体例的严整。

耕籍、先蚕的情况又有不同，乍看上去，卷四先农之祀、蚕神之祀均录有祀事仪注，似乎违背仪论两分体例。但详绎文意，先农、蚕神乃为耕籍、亲蚕二礼中出现的主神，与旨在"劝率农功"、体现政治性威仪的二礼本身尚有不同。关于先农、蚕神的礼论材料收入《祭祀志》，符合体例的要求。至于其中出现仪注记载，属于连类而及，也反映了《宋志》同时使用两套分类标准，难免出现矛盾。

通过以上分析不难看出，对《后汉志》确立的威仪、祭祀两分这一标准，《宋志》有沿用，更有合理化。总体看来，体例更趋精严，这主要是由于其对具体礼制性质的认识更加深入，很大程度上缓解了上文指出的第一种矛盾。而这一特点同样体现在对涉及材料性质的仪注、礼论两分标准的贯彻，以及第二种矛盾的处理上。

二、《宋志》收录材料性质分析

《宋志》强化了始见于《后汉志》的仪、论两分原则，其体例大致可概括为：礼一、礼二收录仪注为主，但也掺杂有其他材料；礼三、礼四所收，其礼论性质较《后汉书·祭祀志》则更为明显。以下分别就前后两卷不同情况加以分析：

（一）礼一、礼二所收非仪注材料分析

除仪注外，此二卷所见尚有不少涉及礼论与沿革。尤其其中出现属威仪之礼，然材料性质又属礼论而非仪注，即前文所言体例矛盾第二种情况，是以下讨论的重点。

1. 对具体仪节、牲器制度以及行仪中涉及理论问题的讨论

以冠昏二礼、丧服制度为例,礼一中收录了考论经传中天子冠礼、东晋王彪之议定昏礼等非纯仪注材料①,丧服部分也有较多针对具体疑难服制问题的礼官朝议②。这里违背仪、论两分原则③,笔者推测有两个原因:首先,《宋志》本身性质为史志,而非礼典礼书,势必不能亦不必将各种礼制仪注搜罗详备。④ 其次,如昏礼中纳征用虎皮、陛者设氅头等涉及具体仪注施行问题的讨论⑤,虽可归为礼论,但毕竟是威仪之属,若置于后二卷则又明显违背祭祀的标准。两相权衡,对仪节、器物的讨论终究与仪注关系更为紧密,故置于前二卷中。丧服的情况有些类似,丧服制度不宜入祭祀,丧服本经,习礼者皆知而不烦具录。⑥ 就实际行礼而言,疑难变礼及相关礼官讨论才是更有价值的内容。

这里还须着重辨析的是,如果我们将《宋志》这种处理视为单纯出于对礼制性质区别的重视(非神祀之礼,无论仪注抑或礼论必须入前二卷),似乎亦无不可。随之而来的问题就是,这是否可以视为《宋志》体例上的一贯原则? 或者说,最终编者更为重视的还是威仪、祭祀两分原则,而非仪论之别? 很明显,此处即涉及对前文提出的第二种体例矛盾的处理,下文将与沿革材料一并说明。⑦

至于前二卷出现礼论,还有第二个原因:举凡此类涉及仪节讨论的材料,如不涉及威仪、祭祀之别,本应主要见于礼三、礼四中,实际情况也确实如此。不

---

① 《宋书》,第 333—334、337—339 页。

② 此外,编纂者对仪注、沿革的考论亦不鲜见。这显然与《宋志》三任编者,何承天、徐爰、沈约均曾担任礼官,谙于礼制沿革有关,详见后文。

③ 对于威仪、祭祀有别的体例则并不违背。

④ 冠昏之礼出现在此可能亦与对"经国诞章"的强调有关,《荀子·大略》云:"古者天子诸侯子十九而冠,冠而听治,其教至也。"(王天海:《荀子校释》,上海古籍出版社 2005 年,第 1091 页)二礼在《仪礼》中前后相续,礼书中亦常连称,《周礼·春官·大宗伯》云:"以冠昏之礼,亲成男女。"(《周礼注疏》,第 760 页中栏)不过,《宋志》在排列所录诸礼并非依照《仪礼》次序,而是多沿用《后汉志》,可参看后文论述。

⑤ 《宋书》卷十四《礼一》,第 337、340 页。

⑥ 《晋书》卷十九《礼志上》记挚虞所奏对晋初《新礼》讨论,云:"《丧服》一卷,卷不盈握,而争说纷然。……而颛直书古文经而已,尽除子夏传及先儒注说,其事不可行也。"(《晋书》,中华书局 1974年,第 581 页)

⑦ 可以先指出的是,《后汉志》对材料性质,亦即仪论两分原则把握得比《宋志》更严,究其原因,恐怕与《后汉志》收录关于非神祀之礼的礼论材料较少,无需考虑前后分置,不无关系。假如将《后汉书·礼仪志》刘昭注中所补充的一些沿革、礼论材料阑入正文,体例上势必也会遇到类似《宋志》的难题。

过,《宋志》并未将全部礼论分置于后二卷,这恐怕与每项具体礼制材料多寡亦不无关系。前文分析过的社稷、耕蚕、学校诸礼,其中包含神祀成分,可分在前后两卷。但这也是因为其材料本身仪与论分界明晰①,且两类材料分量相对平衡②。冠昏、丧服即便单从材料的实际情况看,显然也不宜做同样处理。③ 不过,尽管已注意到这一问题,《宋志》的处理也并非尽善尽美,这多是由于就单一礼制而言,即便可能同时具备威仪与祭祀的性质,但经常存在仪注或礼论某一种材料过少,客观上无法支持仪、论两分的编纂体例。

以释奠礼为例,将有限的材料强作仪论两分处理,便难称妥当。卷一云:

> 魏齐王正始中,齐王每讲经,使太常释奠先圣先师于辟雍,弗躬亲。晋惠帝、明帝之为太子,及愍怀太子讲经竟,并亲释奠于太学。太子进爵于先师,中庶子进爵于颜渊。……成、穆、孝武三帝,亦皆亲释奠。……元嘉二十二年,太子释奠,采晋故事,官有其注。④

卷四云:

> 魏齐王正始二年三月,帝讲《论语》通;五年五月,讲《尚书》通;七年十二月,讲《礼记》通;并使太常释奠,以太牢祀孔子于辟雍,以颜渊配。晋武帝泰始七年,皇太子讲《孝经》通;咸宁三年,讲《诗》通;太康三年,讲《论语》通。元帝太兴三年,皇太子讲《论语》通,太子并亲释奠,以太牢祠孔子,以颜渊配。成帝咸康元年,帝讲《诗》通,穆帝升平元年三月,帝讲《孝经》通;孝武宁康三年七月,帝讲《孝经》通,并释奠如故事。……宋文帝元嘉二十二年四月,皇太子讲《孝经》通,释奠国子学,如晋故事。⑤

---

① 当然这几种礼制中归入后二卷的材料都有神祀成分,不违背体例。
② 社稷仪注较少,是因为同于南郊,皆在"夕牲"一节。
③ 冠、昏二礼纯仪注材料较少,亦不够系统。丧服制度的讨论在某种意义上即可视为仪注节文,但如此则"礼论"又几近于无。
④ 《宋书》卷十四《礼一》,第367页。
⑤ 《宋书》卷十七《礼四》,第485页。

释奠属学校礼，中又有孔子之祀，故可在前后同时出现，从"官有其注"亦可见卷一更侧重记录仪注①，但卷四所记，即便视为沿革，实际内容却无多大分别，近乎重复。

2. 礼制沿革材料

《后汉书》这类材料多在《祭祀志》中。②《宋志》两处小序均言及记沿革损益，这些材料既有在前二卷，又有在后二卷，似乎主要由所涉礼制性质，即威仪、祭祀之别决定。不过，出现在前二卷的沿革材料，除因属非祭祀之礼外，又有与"经国诞章"有关，或是因编者顾及不宜有同一种礼过多前后分置。更值得注意的是，这类涉及沿革的材料，即便出现在前二卷，考察其行文，也往往与具体行事仪注紧密联系，这无疑是沈约为标明前二卷体例上属仪注所作的处理。以下以学校、巡狩二礼为例分析。

礼一中学校礼记录了魏晋以来国子学、太学兴废，同时收录了大量诏书、奏议。在此，礼制沿革与诸家礼论密切相关，中如冯怀、庾亮、殷茂、谢石等人奏疏中均以"兴复礼学"为主旨，皆"经国大务"。③这也正是前文指出的体例矛盾第二种情况（礼论形式存在的威仪之礼），编者不得不放弃仪论两分的原则，固然是因为以上材料不具备神祀属性，虽为礼论却无法归入后二卷。但这种处理不应视为单纯的被动放弃仪论两分原则。一方面，材料中对学校"经国大务"的强调，正是对礼制内在性质的挖掘，显示了其契合于"经国诞章"的一面。④另一方面，诏书奏议等材料出现于此，实际上也可以起到填补具体仪注缺失的功用。⑤

再来看巡狩礼的情况，《宋志》以"古者天子巡狩之礼，布在方策。至秦、汉巡幸，或以厌望气之祥，或以希神仙之应，烦扰之役，多非旧典。唯后汉诸帝，颇

---

① 同记释奠事，卷一具录正、配位献官，较之卷四言"太牢祀""配位"，尽管同样简略，但似乎更接近行事仪注。

② 如封禅、明堂诸礼皆记历朝行礼事，与《礼仪志》纯录仪注不同。

③ 见《礼一》录晋元帝诏，云："崧表如此，皆经国大务，而为治所由。"（《宋书》卷十四《礼一》，第362页）

④ 《宋志》前二卷中一系列礼制之所以能视为"经国诞章"，是编者针对每一礼制特点精心选择、排比材料的结果，如果我们将其简化为仅仅是两种原则间的取舍，无疑错过了问题的关键。

⑤ 这里涉及的问题是，某些礼制很难纯用"仪注"概括。国子学、太学兴废，学制、生员变动，均为学校制度之大端，更足以考见政之得失。此种沿革之礼固与"礼单"式的仪注不同，也体现了史志与意在成一代典仪的礼书的不同旨趣。

有古礼焉"。而许魏明帝,"凡三东巡,所过存问高年,恤人疾苦,或赐谷帛,有古巡幸之风焉"①。从沿革中即可见编者着意挖掘巡狩礼有裨于政事的内在特质。② 更值得注意的是,巡狩礼沿革言及晋事,先录武帝诏书,其后还有一段挚虞关于巡狩是否当建旗的讨论。这段材料,与礼三中所录大量礼官对郊庙仪注讨论类似,均属对具体仪制的分析。这则礼论未置于后二卷,避免了过多的礼制分置两处③,也是由于凡欲考见一代礼制沿革者,除礼典仪注外,于礼官学者之论很难忽视④。纵观前二卷诸礼,依照体例,本均当有详细仪注,但实际上只有郊庙、元会等寥寥数种如此。多数礼制的仪注事实上是通过议礼、沿革等礼论材料呈现。例如前文论及的日月之祀,并未直接记录仪注,然其录魏文帝、明帝、东吴、晋武帝四代祀事,所列举史事、奏议、诏书及编者所引经传、史志、诗赋,均是围绕历代行礼时日、地点等具体仪节问题。⑤

不过,对具体仪节的讨论以及礼制沿革的记录与单纯的仪注记录终究尚有不同,《宋志》前二卷强调"经国诞章",一些非仪注材料附录其下,不再分置,这确实很容易让人感觉沈约重视礼制性质超过对材料性质的辨析。⑥ 但正如之前反复指出的,笔者认为这并不意味着仪论两分的原则在很大程度上被忽视。仔细观察,可以发现沈约在行文中往往对仪注着意强调,以凸显前二卷体例。礼一、礼二中除了一些完整的仪注外,很多礼制的记载中都有涉及仪注的刻意说明。以下作一简要分析:

冠礼,云:"新礼今不存",此指东汉曹褒《新礼》,后又引《后汉书·礼仪志》,

---

① 《宋书》卷十五《礼二》,第 379 页。

② 对秦汉巡狩的批评,在某种程度上即否定了神祀的性质,呼应了在体例上归属威仪。

③ 且不论巡狩礼是否可归为神祀,这类零星的材料如果仍分置,显然过于细碎。

④ 如改正朔、军礼等均有类似情况,不烦备举。此外,就先秦礼书体例而言,即使专记仪节,甚至被目为"礼单"的《仪礼》,亦有不纯为仪注之"记"。胡培翚《仪礼正义》卷二引盛氏说,有"经所未备""礼之变异""各记所闻颇与经义相违"几种情况(《仪礼正义》,《续修四库全书》本)。后世礼书,既有如《大唐开元礼》《开宝通礼》之专记仪注,又有如唐《郊祀录》、北宋《太常因革礼》收录沿革、礼论。

⑤ 据前引刘昭注,只云魏代日月祀仪与天地无别。《宋志》则广为征引,钩沉历代祀事,沿革与仪注并重。

⑥ 不过反过来说,前文所述六宗、日月等本属神祀而在前二卷,无非是因为其材料性质更近于仪注,由此我们又不得不承认《宋志》在某些时候似乎更重视仪论两分原则。这样一来,当两种原则矛盾时,何者优先难以判断。其实,种种迹象表明,《宋志》在两种原则中其实并无偏重。

记晋、宋两代冠礼,云"按仪注""官有其注"①,均是就施行仪注而言。

帝昏礼,云:魏礼"其仪不存",江右"无复仪注",晋成帝"仪注不具存",孝武帝纳后"官有其注"②。

临轩,其仪已具录,并云:"官有其注。"③

元会,晋咸宁注已录,并云:宋用旧仪,"损益可知"④。

南郊、殷祀,仪注颇详⑤,又云:"魏及晋初,仪注虽不具存,所损益汉制可知也。江左以后,官有其注。"⑥按,如此例,都是据施行仪注而论礼制沿革。

社稷,云:"夕牲进熟,如郊庙仪。……官有其注。"⑦

六宗,云:"祀仪比太社。"⑧按,六宗本神祀,《后汉书》在《祭祀志》,并无仪注记录。《宋志》置于此,看似于体例不合,但正是因为有对仪注的说明,其实仍未偏离前二卷宗旨。社稷、六宗在郊庙下,也体现了编者对仪节相似性的重视。

合朔,云:"官有其注。"⑨

耕籍,云:晋武帝后,"史注载多有阙"⑩,元嘉中仪注颇详。

养老,云:"今无其注,然汉礼具存也。"⑪

释奠礼,前文已有论述。礼一云:"元嘉二十二年,太子释奠,采晋故事,官有其注。"礼四则云:"宋文帝元嘉二十二年四月,皇太子讲《孝经》通,释奠国子学,如晋故事。"按,此两处记载几乎全同,只是礼一因为体例要求侧重仪注,故多"官有其注"四字。

上年历,云:"官有其注。"⑫

通观全《志》可以发现,大量行文中对仪注的强调以及因仪节相似而影响次

---

① 《宋书》卷十四《礼一》,第334—335页。
② 《宋书》卷十四《礼一》,第336—339页。
③ 《宋书》卷十四《礼一》,第342页。
④ 《宋书》卷十四《礼一》,第344页。魏晋冬至日小会,云:"其仪亚于岁旦,晋有其注。"(第346页)
⑤ 《宋书》卷十四《礼一》,第347、349页。
⑥ 《宋书》卷十四《礼一》,第348页。
⑦⑧ 《宋书》卷十四《礼一》,第350页。
⑨ 《宋书》卷十四《礼一》,第351页。
⑩ 《宋书》卷十四《礼一》,第353页。"注载"疑当作"载注",注即仪注。
⑪ 《宋书》卷十四《礼一》,第367页。
⑫ 《宋书》卷十五《礼二》,第384页。

序的情况主要集中在前二卷,这种现象并非偶然,而当视为编者对仪、论两分体例的有意维护。

(二) 礼三、礼四所收礼论材料分析

从体例上看,礼三、礼四当收录神祇之礼,材料性质则限定为非仪注的礼论。但上文已指出,由于对具体礼制性质的重视,《宋志》亦有突破体例,将这两类材料列入前二卷的情况。不过另一方面,前二卷威仪之礼及仪注材料混入礼三、礼四的情况则比较少见①,这使得后二卷的材料性质相对较为单纯。与《后汉书·祭祀志》相比,《宋志》后两卷中收录的礼论类材料大大增加②,其中不仅仅有对祭礼相关理论问题的说明,更有大量对具体仪节的讨论。这种做法无疑是对《后汉志》开创的仪、论两分体例的一种强化。《宋志》之所以采用这种体例,则与当时出现大量"礼论"类礼学著作这一现象密切相关。

《隋书·经籍志》经部礼类之末收录了一批以"礼论""礼问"为名的礼书③,内容多是对礼制、仪节的讨论,但在体例上并不采用注疏的形式。其中汉人所撰只有《石渠礼论》一部,而自刘宋何承天《礼论》以下,同类著作则近十余种。何书三百卷,因"原有礼论八百卷""删减并重,以类相从"④而成,远引礼经,历数沿革,并集众家论述而成,对当时礼学界,乃至后来历代礼典编修影响极大。⑤《南史》卷二十二《王昙首传附王俭传》云:"俭弱年便留意三礼,尤善《春秋》,……何承天《礼论》三百卷,俭抄为八帙,又别抄条目为十三卷。朝仪旧典,晋宋以来实行故事,撰次谙忆,无遗漏者。"⑥由何氏《礼论》衍生出的还有名为"礼论抄"的礼书,这种体例并非简单的抄撮何书,如刘宋著名礼学家庾蔚之有《礼论钞》二十卷,增续何氏《礼论》,且多载庾氏评骘诸家之论。

①　如前文所举祀先农、先蚕二礼录祀仪,体例上别有原因。
②　两汉书《礼志》中例不录礼论,《后汉书·祭祀志》刘昭注云:"蔡邕表志曰:'宗庙迭毁议奏,国家大体,班固录《汉书》,乃置《韦贤传》末,臣以问胡广,广以为实宜在《郊祀志》,……使祀事以类相从。'"(《后汉书》,第3200页)
③　《隋书》,中华书局1973年,第923页。
④　《宋书》卷六十四《何承天传》,第1711页。
⑤　可参看吴羽:《今佚唐〈开元礼义鉴〉的学术渊源与影响》,《魏晋南北朝隋唐史资料》,武汉大学中国三至九世纪研究所,2010年。
⑥　《南史》卷二十二《王昙首传附王俭传》,中华书局1975年,第595页。

此外,《隋志》还录梁有尚书仪曹郎丘季彬《论》五十八卷,《议》一百三十卷,《统》六卷。其中论、议有别,大约丘氏任礼官时,有机会接触大量议礼奏疏,这与《宋志》中收录的种种礼官奏议应当是同一种材料。

值得一提的是,《宋志》前后三位编者均有担任礼官,预修仪注礼典的经历。何承天事迹已见于上,《宋书》卷九十四《恩倖传》云:徐爰"颇涉书传,尤悉朝仪。……大明世,委寄尤重,朝廷大体仪注,非爰议不行。虽复当时硕学所解过人者,既不敢立异议,所言亦不见从。"①至于沈约,《梁书》卷二十五《徐勉传》所载徐勉《上五礼表》,备述齐、梁置礼局修撰《五礼仪注》之始末,中云:"复以礼仪深广,……更使镇军将军、丹阳尹沈约,太常卿张充及臣同参厥务。"②何、徐、沈三人经历为接触礼官奏议等礼论材料提供了极大便利。

《宋志》后二卷收录礼论材料以刘宋时期最为丰富,而且这些材料明显经过选择。③ 以记礼论较多的宗庙礼为例,告庙以下十余事,以时代为次,从元嘉三年(426)至宋末元徽中。同时,以上诸议礼事又依皇帝、太子、太后为序,丝毫不乱。元嘉中五事均为皇帝亲祀之礼,孝武帝孝建至大明三年(459)四事则关涉太子祀事,孝建三年(456)、大明元年(457)均因皇子出为人后而告庙,以时代为序,固应在此,再从礼制性质分析,告庙虽属庙礼范畴,但涉及皇子事,则恰好与下条大明三年六月太子亲祀事相接,体例上起到了承上启下的功用。更值得注意的是,这部分最后第四条,大明三年十一月议遇雨及举哀停亲祀,这一则材料从内容看似乎与皇太子无涉,不当在此。然据《本纪》,大明三年,因竟陵王刘诞反,孝武帝于是年四月"亲御六师,车驾出顿宣武堂",据《沈庆之传》《竞陵王刘诞传》,战事至七月始平,故上条六月乙丑有司奏有云:"而乘舆辞庙亲戎,太子合亲祀与不?"④可见自四月以来,孝武亲征,这两条材料中,礼官所议"亲祀"均是就监国太子而言。⑤

---

① 《宋书》卷九十四《恩倖传》,第 2310 页。
② 《五礼仪注》共计千余卷,卷帙之浩博,在我国古代礼书修撰史上颇为罕见。齐、梁两代名儒、学者多预其事。其修撰始末及影响可看拙文《齐梁〈五礼仪注〉修撰考》,《文史》,2011 年第 4 期。
③ 《宋志》篇幅尽管超过《后汉志》,但较之何承天《礼论》尚远不如。
④ 《宋书》卷十六《礼三》,第 465 页。
⑤ 这里尚有一疑点,第二则议礼事,《宋志》云在十一月,此时竟陵王早已授首,帝当亲奉庙祭。窃疑十一月当为"七月"之误,七月太子尚监国,故此条置于此。

其后大明五年(461)议皇太子妃服废祭、大明七年(463)议春田荐庙、明帝泰豫元年(472)议有丧废祭三事,仍是依据时代为序,所议均关涉皇帝亲祀。①

后废帝元徽二年(474)议亲祀孝武帝与昭皇后,这条从体例上看仍有承上启下之用,以下五则均为帝后庙祀之事,其中又别依时代为序,孝建元年(454)、大明二年(458)录章后庙,泰始二年(466)二月、六月及元徽二年(474)皆昭后事。

这些材料能够符合以上两种不同排序标准,显然是经过了编者一番精心选择与整理。可见即使排定纯礼论材料时,对具体礼制性质的辨析,仍起了决定性作用。

综上可见,《宋志》体例兼顾对礼制性质与材料性质的考辨。而对于容易造成体例混乱的两种情况,即非神祀类礼制的礼论材料以及神祀类礼制的仪注材料,《宋志》均选择置于前二卷。这对当收祭祀之礼的礼论材料的后二卷而言,尽管有材料的流失,却避免了体例上的矛盾。反观前二卷,在"仪注""威仪"之下,不得不容纳一些异质材料。这种体例,仍本自《后汉志》所主威仪、祭祀之别,前文已有论述。事实上,《后汉书·礼仪志》收录原则亦当非必先着眼于礼仪、神祀之别,而是主要是依据《月令》体系,中已混入祭祀之礼,《祭祀志》再录神祀,则必然重复。这是《后汉志》体例上固有的缺陷。汉末已降,《月令》行政既不复存,《宋志》前二卷部分礼论、沿革与仪注关系密切,尤其所谓"威仪"之礼转而倾向礼之政治性,这也进一步淡化了依据是否神祀区分礼制的标准,使得体例更趋严密。

三、《宋志》诸礼次序及与《后汉志》比较

《宋志》继承自《后汉志》的不仅仅是上文所述针对礼制材料的取舍原则,这种沿袭造成了两志相似的宏观结构。仔细观察还会发现,《宋志》所录诸礼间次序,同样与《后汉志》有着千丝万缕的联系。《后汉书·礼仪志》依时令为序录

---

① 如果但就礼制性质归并,此三则当与元嘉中五事并列,不过沈约的处理同时照顾到了时代次序,同时因此三事较为集中,也并不太显杂乱。

礼,特点鲜明。表面看来,《宋志》礼一、礼二并未采用这一排序原则,但事实上,其次序仍是以《礼仪志》为基础,充分考虑了诸种礼制实际仪节特点后形成。①以下先用表格列出两《志》所录诸礼②,再分析《宋志》诸礼排序依据。

表一

《宋志》	《后汉志》
改正朔、服色、德运、年号③	合朔(含读令、祭日、救日变)
冠、昏、临轩	* 立春④
桃梗	* 五供⑤、上陵
聘享、元会仪注	斋戒⑥
南郊、日月	冠
殷祀	夕牲
社稷	耕
六宗	* 高禖
日蚀	养老
耕籍	先蚕
先蚕	祓禊
学校、养老于太学、乡饮酒、释奠	* 立夏、请雨⑦、拜皇太子、拜王公
军礼	桃印
巡狩、太子监国仪注	* 黄郊、立秋、刘、案户、祀星、立冬、腊、大傩、土牛、遣卫士
读时令、上祀	朝会
丧礼、丧服、上陵	大丧、诸侯王列侯始封贵人薨
官仪三种	

---

① 这里所谓的"仪节特点",指既从仪论之别中"仪注",亦即施行仪节异同角度,同时也考虑礼之"威仪",也就是礼制所蕴含政治属性,来归并、系联诸礼。在前二卷中,这二者共同决定了《宋志》的礼制次序。

② 表一为《宋志》前二卷与《后汉书·礼仪志》,表二为后二卷与《祭祀志》。其中见于《后汉志》而《宋志》未收者以"＊"标记。

③ 为使表格清晰,特将部分相关礼制并列。

④ 四立之礼,《宋志》皆未见。

⑤ 后汉"五供",指正月依次祀南郊、北郊、明堂、高庙、世祖庙。

⑥ 《宋志》斋戒仪注在郊庙仪中。

⑦ 《宋志》有"雩祭",即此请雨。

表二

继位告天、南北郊	继位告天、郊、封禅
明堂、迎气五郊、刘宋明堂	北郊
封禅	明堂
宗庙	*辟雍①
社稷	*灵台
耕籍	迎气
亲蚕	增祀
岳渎	六宗
雩	*老子
祀孔子	宗庙
释奠	社稷（*含五祀）
祭祀功臣、功臣立庙、配享	*灵星
废淫祀	先农
	*迎春

礼一、礼二：

1. 德运、正朔、服色（附年号）：《宋志》第一项礼仪记录的是魏代以降德运、正朔、服色沿革，《后汉志》则以合朔（包括读令行政、救日变两项）开篇。二者对比，即可以看出《宋志》对《后汉志》的模仿与巧妙改造。朝代德运更迭与月令行政看似截然不同，德运正朔尤其不似一般的"施行威仪"，但对后文涉及各种具体礼乐制度而言，二者却均具有某种统摄性②，德运正朔甚至更符合《宋志》前两卷录"经国诞章"的标准。固然"五礼"次序有着经学上的依据，但《宋志》（包括《后汉志》）的做法同样有其内在理据，这种独具匠心的设计在其他礼书、政书体例中是比较少见的。

---

① 《后汉志》辟雍、灵台二礼只记其"未用事"。

② 依据五德终始理论，王者受命必改制以应天（德运）之变，而正朔、服色数者尤为礼制系统中核心要素。如汉武帝太初改制，即以"盖受命而王，各有所由兴"，乃"改正朔，易服色，封太山，定宗庙百官之仪，以为典常"。（《史记》卷二十三《礼书》，中华书局 1959 年，第 1161 页）

2. 冠、昏、临轩:《宋志》中这是一组从性质到仪节均密切联系的礼仪,《后汉志》情况则相对复杂。首先,冠礼在春季礼仪的五供、上陵之后。其次,《后汉志》没有昏礼的相关记载①,而拜太子王公一项,则在夏季礼仪中,与冠礼相距较远。两《志》体例看似迥然不同,但仔细分析仍可见《宋志》沿袭之处。

《宋志》冠礼云:

> 《礼》醮词曰"令月吉日",又"以岁之正,以月之令"。鲁襄公冠以冬,汉惠帝冠以三月,明无定月也。后汉以来,帝加元服,咸以正月。晋咸宁二年秋闰九月,遣使冠汝南王柬,此则晋礼亦有非必岁首也。②

除了客观记录冠礼之月后汉以来多以岁首外③,仍可视为编者对将冠礼置于诸仪注之首原因的暗示,即依照行礼时月为排序依据。以下帝昏礼虽未记录时月而置于冠后,应当主要是出于经礼之学的考虑。拜太子王公,《后汉志》在夏季,可能有经学方面的依据。④《宋志》的临轩礼则显然是考虑到了仪注方面与冠、昏礼有关,连类而及故置于此⑤,这也是宏观上仪论两分结构原则的再次体现。这里已初步看出《宋志》礼仪排序既参考《后汉志》月令行政,但又不过分拘泥,而是更多地从实际行礼情况出发的特点。

3. 桃梗(即后汉桃印):《宋志》云:

> 旧时岁旦,常设苇茭桃梗,磔鸡于宫及百寺门,以禳恶气。《汉仪》,则仲夏之月设之,有桃卯,无磔鸡。案明帝大修禳礼,故何晏禳祭议据鸡牲供禳衅之事,磔鸡宜起于魏也。桃卯本汉所以辅,卯金又宜魏所除也,但未详

---

① 刘昭注云:"汉立皇后,国礼之大,而志无其仪,良未可了。"注遂采蔡质记立宋皇后之仪,以补阙略(《后汉书》,第3121页)。不过此注是附《礼仪志中》"拜诸侯王公之仪"后,其礼为原志所无。

② 《宋书》卷十四《礼一》,第335页。

③ 云"晋礼亦有非必岁首",编者似以岁首为正。

④ 《礼记·月令》云:"立夏之日,天子亲帅三公、九卿、大夫以迎夏于南郊。还反,行赏,封诸侯,庆赐遂行,无不欣说。"(《礼记正义》,第1365页中栏)不过,此处"封诸侯"自郑玄以下即多有以为非"分封诸侯"者。

⑤ 《宋志》于临轩礼云:"凡遣大使拜皇后、三公,及冠皇太子,及拜藩王,帝皆临轩。"(《宋书》卷十四《礼一》,第341页)

改仲夏在岁旦之所起耳。宋皆省,而诸郡县此礼往往犹存。①

《汉志》"桃印"在仲夏令,此处可见《宋志》对依时令录礼原则尚有所依循,由于魏晋实际行礼改在岁旦故将位置提前至此。

4. 聘享、元会仪注:《后汉志》朝会在其依时令所录诸礼最末,"每岁首正月,为大朝受贺"②。《宋志》则与以上行于岁首二礼同列。

5. 南郊、日月、殷祀:《后汉志》郊庙礼在《祭祀志》中,但《礼仪志》夕牲一节实包含相关郊庙仪注,详见上文。《宋志》此三礼位置与《后汉志》夕牲大体相同。

6. 社稷、六宗、救日蚀(附日蚀却元会沿革):《后汉志》社稷、六宗在《祭祀志》,救日变附于《礼仪志》开篇合朔后。与《后汉志》主要依照礼制性质安排不同,《宋志》此处还更多考虑到诸礼在仪注方面的相似性。社稷、六宗,《宋志》云:"祠太社、帝社、太稷,……太祝令夕牲进熟,如郊庙仪。……汉安帝元初六年,立六宗祠于国西北戌亥地,祠仪比泰社。"③这几种礼制祀仪均与郊庙礼类似,故置于此。此外值得一提的是,相对卷四所录沿革、礼论,这则专记仪注的材料篇幅极小,且神祀性质明显,但编者仍选择分置于此,可见对仪论两分原则的重视。

《宋志》对救日变之礼的处理很耐人寻味。《后汉志》此仪在开篇,显然是因为《礼仪志》全篇架构是以月令行政理论为基础,而日蚀恰恰是历法中的异数,所以必须安置在一个显要的位置。从月令行政的礼制观来看,读令行政之"常"与救日之"变",二者也正好形成某种互补关系。《宋志》前二卷尽管多处沿袭《礼仪志》次序,但总体来看已经放弃了月令行政的架构。在《宋志》的体系中,救日蚀已经没有如《礼仪志》那样重要的地位。但日蚀又涉及"元会"这一重要的威仪之礼,且救日变之礼本身神祀性质并不算明显,所以才做出了不同于《后

① 《宋书》卷十四《礼一》,第342页。又,《后汉志·礼仪中》云:"仲夏之月,万物方盛。日夏至,阴气萌作,恐物不楙。其礼:以朱索连荤菜,弥牟朴蛊钟。以桃印长六寸,方三寸,五色书文如法,以施门户。代以所尚为饰。夏后氏金行,作苇茭,言气交也。殷人水德,以螺首,慎其闭塞,使如螺也。周人木德,以桃为更,言气相更也。"则《宋志》"桃卯"疑皆当作"桃印",形近而讹。
② 《后汉书·礼仪志》,第3130页。
③ 《宋书》卷十四《礼一》,第350页。

172

汉志》的安排。

7. 耕籍、先蚕：两《志》位置基本相同，《宋志》在郊庙仪注后，《后汉志》在相当于郊庙的夕牲仪注后。不同之处是，《后汉志》耕籍下尚有高禖、养老礼。养老礼即"养三老、五更于辟雍，行大射礼"。此外"郡县道行乡饮酒于学校，祀周公、孔子"①，亦附记于此。三事同在仲春之月。《宋志》无高禖，养老诸礼则在以下学校礼中。

8. 学校：《宋志》包括学校沿革、养老于太学（三老五更）、辟雍行乡饮酒礼、释奠礼（魏在辟雍、晋宋时于太学）。② 对比《后汉志》，很明显是将养老、乡饮酒二礼调整置于学校礼中。放弃了依时令排序的原则，而从仪节角度考虑，诸礼行礼地点均在学校。《宋志》的改动最终形成的广义"学校礼"序列，虽然破坏了月令时序原则，但从礼学角度看亦有依据。③ 这样的安排乃基于对礼仪特点深入的认识，从而凸显了学校诸礼作为"经国诞章"的性质。

9. 军礼：《宋志》云：

> 献帝建安二十一年，魏国有司奏："古四时讲武，皆于农隙。汉西京承秦制，三时不讲，惟十月都讲。今金革未偃，士众素习，可无四时讲武。但以立秋择吉日大朝车骑，号曰阅兵，上合礼名，下承汉制。"奏可。④

《后汉志》军礼在秋，其后冬令诸礼为《宋志》所无，可视为除丧礼外最后一项。⑤《宋志》位置在礼一之末，亦颇为相似。⑥ 不同之处则是《宋志》军礼与丧礼间尚有以下三种。

---

① 《后汉书·礼仪志上》，第 3108 页。
② 《后汉志》于《礼仪志》"养三老五更于辟雍"，未记释奠。《祭祀志》有"辟雍"，云"未用事"。
③ 乡饮酒礼重敬老养老之义，故《礼记·王制》云："习乡上齿。"（《礼记正义》，第 1342 页上栏）《射义》云："乡饮酒之礼者，所以明长幼之序也。"（《礼记正义》，1686 页下栏）此礼之行亦不拘于乡校，《王制》云："六十养于国，七十养于学。"注云："天子诸侯养老同也，………学，太学也。"（《礼记正义》，第 1345 页中栏）
④ 《宋书》卷十四《礼一》，第 368 页。
⑤ 丧礼不依时令，两《志》同。
⑥ 此外，《宋志》学校礼，军礼并列而不依照时令次序，也可能是考虑到了二礼本有一定联系。《礼记·王制》云："天子将出征，……受命于祖，受成于学。"（《礼记正义》，第 1333 上栏）

10. 巡狩、读时令、上巳:《宋志》礼二首列巡狩及太子监国仪注,《后汉志》巡狩并未列为独立的一项。① 推测《宋志》如此安排,可能是因为巡狩岁非一行,难依时月为序。② 因巡狩而载监国仪注,则体现了前二卷对政治性礼仪的重视。③ 读时令相当于《后汉志》开篇合朔读令行政。但两《志》位置迥异,显然与魏晋以来行礼实践有关。《宋志》卷四之末云:

> 汉安帝元初四年,诏曰:"《月令》'仲秋,养衰老,授几杖,行糜鬻'。方今八月按比之时,郡县多不奉行。虽有糜鬻,糠秕泥土相和半,不可饮食。"按此诏,汉时犹依《月令》施政事也。④

揣其意,则此礼不行久矣,失去了"经国诞章"的实际意义,故附于此。不过,《宋志》对上巳的处理比较奇怪,作为有明确行礼时月而置于此,只能理解为其礼的性质并非威仪,而近于俗礼。⑤

11. 葬礼、丧服、上陵诸礼:与《后汉志》丧礼相当。但《宋志》多载沿革、礼论而无详细仪注,是其异。

12. 官仪三种:中丞出行分道、凌室藏冰、三公黄阁,编者考黄阁相关仪制又引《汉旧仪》。黄阁、分道二事属典型的居官仪制,宗庙、丧礼并须用冰,不专主一礼,《志》又云供"三御殿及太官膳羞"⑥,则不仅关涉祀事,故亦附记于此。此三事皆为《后汉志》所无。

礼三、礼四:

1. 即位告天、南北郊、明堂、迎气五郊:《后汉书·祭祀志上》记光武即位告

---

① 《后汉志》此举颇为可怪。《祭祀志中》载章帝、安帝两次巡狩之事,章帝元和中祀事尤详,位置则分别在增祀、六宗之后。

② 《礼记·王制》记天子每岁四方巡守,分在二、五、八、十一月(《礼记正义》,第1328页中栏)。

③ 巡狩礼本身的政礼属性,见前文。

④ 《宋书》卷十七《礼四》,第488页。要注意的是,这一段没有和卷二"读时令"放在一起,而是出现在全《志》之末。

⑤ 编者引《周礼》"女巫掌岁时祓除"及《韩诗》称"郑国之俗",证此礼非始自后汉,同时也体现了其礼近于俗的性质。《后汉志》云:"上巳官民皆絜于东流水上。"《集解》引惠栋说疑作"宫人"(王先谦:《后汉书集解》,中华书局1984年,第1105页),但无确据。

⑥ 《宋书》卷十五《礼二》,第411页。

天、南郊、封禅，《祭祀志》中有北郊、明堂、迎气五郊。《宋志》封禅系于宗庙，其缘由前文已述。其余诸礼，两志次序大致相同。但此处材料较多，仍有可辨析之处。《宋志》礼三依次记三国、晋、宋即位告天、南北郊、明堂之礼，其中每朝又依时代为次记录诸行礼事。① 宋代部分还记录了孝武孝建三年（456）、大明二年（458）、明帝泰始二年（466）、泰始六年（470）［元徽二年（474）附于此］几次对具体仪节的讨论，皆是典型的礼论材料。在这部分之后，又专门记录了天地二郊神位配位，其沿革涉及两汉、两晋，其中如晋成帝立二郊事及神位至为详尽②，又记宋武帝永初三年（422）二郊配位。以下为晋武帝郊祀春寒而仍亲祀、成帝郊祀遇雨二事。③

再以下为迎气五郊，《后汉志》明堂、迎气间插入了辟雍、灵台④，不过迎气与明堂同祀五帝，《宋志》次序更为合理。《宋志》此后专门记录了刘宋孝武大明五年（461）建立明堂始末，其后还附有同年议明堂用牲、泰始七年（471）议明堂告庙二事。考虑到魏晋明堂礼沿革在此前已有记载。此处单独将刘宋明堂礼列出，且与南北郊礼之间又插入了郊祀遇雨、迎气五郊⑤，不知是有特殊用意还是编纂时之疏漏，抑或今本文有错简。

2. 封禅、宗庙：《宋志》封禅在郊祀与宗庙之间，前文已有说明。宗庙礼后附有大量"礼论"，之前亦有分析。

3. 社稷、耕籍、亲蚕：《后汉志》中社稷（五祀附于此）、灵星、先农（风伯、雨师附于此）三事，其中社稷、灵星之祀相当于《宋志》社稷，先农则与《宋志》耕籍相当。⑥

---

① 《宋志》此处于每朝大致先载受禅即位，以下主要是依时代为序录礼，不再区分南北郊、明堂。考虑到只涉及郊、堂二礼，应该说，这种体例是比较合适的。此外，虽主要以年代为序，但《宋志》对某些礼制性质上的区别仍十分留意。如记刘宋时因大事告郊庙礼，云："文帝元嘉三年，车驾西征谢晦，币告二郊"，此处所告不及宗庙，似有可疑。下文孝武帝时议礼，尚书八座奏云："检元嘉三年讨谢晦之始，普告二郊、太庙。贼既平荡，唯告太庙、太社，不告二郊。"告及太庙，可证。然《礼四》于宗庙礼处又云："元嘉三年十二月甲寅，西征谢晦，告太庙、太社。晦平，车驾旋轸，又告。"乃知前文所记未及告庙并非阙文，而是因郊庙礼之别而将告郊、告庙分在两处，于此可见《宋志》体例之细密。

② 已略见于前文晋代郊礼部分，此处则因专记神位，故重出。

③ 此二事亦见于前，此处似乎重出。

④ 这是就卷首节目而言，实际行文中，只记其"未用事"而已。

⑤ 《宋书》卷十六《礼三》，第433页。

⑥ 《后汉志》祀先农已见于《礼仪志》籍田中，此处云"郡邑礼"，是与《宋志》小异。

4. 岳渎、雩、祀孔子、释奠、祭祀功臣、功臣立庙及配享、废止淫祀：此数种多为《后汉志》所无，不过其次序比较清晰。岳渎亦主地而次于社稷。雩祭与农事相关，《后汉志》"求雨"附于夏令耕籍礼后，但晋时"始祈于社稷山川"①，则因其所祀故置于此。这里同样体现了沈约依照行礼实际情况对《汉志》体例的改动。诸神祀之后则为孔圣②、功臣。最后废淫祀与整体祀典相关。③

综上可见，《宋志》诸礼间次序仍有沿用《后汉志》之处，但又依据具体情况加以调整，形成了既不同于《月令》时序又不同于"五礼"次序的独特体例。

---

① 《宋书》卷十七《礼四》，第484页。
② 《后汉志》有祀老子礼。
③ 《宋志》篇末有论后汉尤依月令行政，似乎可以视为对《后汉志》的呼应。

齐梁《五礼仪注》修撰考

南齐永明年间设礼局、置学士,开撰《五礼仪注》,以定一代之礼。历十余年而其书未成。梁武开国之初沿用齐礼局之制,更访礼学名家为五礼学士,仍修《五礼仪注》,天监十一年(512)书成献上,又以十余年缮写校定,普通五年(524)方始告成。《五礼仪注》共计千余卷,卷帙之浩博,在我国古代礼书修撰史上颇为罕见。而齐、梁两代名儒、学者多预其事,言礼制之书,仪注之体较说经之文切于实用,因而更能反映当时行用仪制,故称此书为南朝礼乐制度之渊薮,实非过誉。然是书经太清之乱,毁去大半,至隋时已不足百卷,故历代学者均未加重视。① 今不揆谫陋,撰文考之,凡修撰之始末、所关涉之人物事迹、礼局学士制度,及其于齐、梁两代乃至后世礼制建设之意义,均在论述之列。

一、修 撰 始 末

齐、梁置礼局修撰《五礼仪注》之始末,以《梁书》卷二十五《徐勉传》所载徐勉普通六年《上五礼表》(以下简称《上表》)所言最详。② 今以徐氏此表所记为主,以其他材料补充辩证。列《上表》中相关部分如下:

---

① 姚振宗《隋书经籍志考证》(《师石山房丛书》,上海开明书店 1936 年)卷十八史部仪注类相关部分对齐、梁修五礼事始末有所考证,然尚有未备,且其书限于体例,未涉及礼局制度等方面。陈寅恪先生《隋唐制度渊源略论稿》(生活·读书·新知三联书店 2001 年)礼仪章为全书之重点,其中隋唐礼三源之说亦久为学界所知,然其论及梁、陈之源,忽略了齐、梁两代《五礼仪注》的影响。梁满仓先生《魏晋南北朝五礼制度研究》(社会科学文献出版社 2009 年)侧重仪制研究,对齐、梁《五礼仪注》成书过程亦未详考。

② 《梁书》,第 379 页。

1. 伏寻所定五礼，起齐永明三年（485），太子步兵校尉伏曼容表求制一代礼乐，于是参议置新旧学士十人，止修五礼。

伏曼容，《梁书》卷四十八《儒林·伏曼容传》云：

> 少笃学，善《老》《易》，倜傥好大言……宋明帝好《周易》……诏曼容执经。齐初，为通直散骑侍郎……卫将军王俭深相交好，令与河内司马宪、吴郡陆澄共撰《丧服义》，既成，又欲与之定礼乐。会俭薨……梁台建，以曼容旧儒，召拜司马，出为临海太守。天监元年卒官，时年八十二。①

《南史》卷七十一《儒林·伏曼容传》云："齐建元中，上书劝封禅，高帝以为其礼难备，不从。"又云："曼容多伎术，善音律、射御、风角。"②

按，曼容历仕三代，可谓南朝名儒。观其为齐代礼制，多有建议。高帝时建言封禅，即是其证。③ 然南齐立国之初，议定礼仪尚有早于伏曼容者。《南齐书》卷二十八《刘善明传》云："又谏立学校，制齐礼……上又答曰：'更撰新礼，或非易制，国学之美，已敕公卿。'"④知建元中，刘善明亦曾建言制齐礼，惟高帝于制礼事较为慎重，二人之议均未准予。⑤

《上表》记伏氏表求制礼在永明三年，《南齐书》卷九《礼志上》云："永明二年，步兵校尉伏曼容表定礼乐，于是诏王俭制定新礼，立治礼乐学士及职局，旧学四人、新学六人、正书令史各一人、钦一人，秘书省差能书子弟二人，因集前代，撰治五礼，吉、凶、宾、军、嘉也。文多不载。"⑥《南齐书》卷十一《乐志》云："永明二

---

① 《梁书》，第 662 页。《梁书》《南史》均不言曼容曾为"太子步兵校尉"，前注引《南齐书·礼志》记其永明二年上表时为"步兵校尉"。《南齐书》卷十一《乐志》云："永明二年，太子步兵校尉伏曼容上表。"卷十七《舆服志》云："永明初，太子步兵校尉伏曼容议。"均与《上表》同。按，《梁书》卷四十八《儒林·伏曼容传》云："永明初为太子率更令，侍皇太子讲。"太子步兵校尉与率更令同为东宫官属，则《上表》所言近是，《南齐志》为省文。
② 《南史》，中华书局 1975 年，第 1731 页。
③ 曼容议礼事迹，可考见者尚有：《通典》卷六十四《嘉礼九》记其永明初议车制，中华书局 1988 年，第 1791 页。《南齐书》卷十七《舆服志》又记其议据五行德运之说改定车旗之色，其议不行。
④ 《南齐书》，第 526 页。
⑤ 《南齐书》卷五十二《文学·王逡之传》云："少礼学博闻……升明中，右仆射王俭重儒学，逡之以著作郎兼尚书左丞，参定齐国礼仪。初，俭撰《古今丧服集记》，逡之难俭十一条。"此为受禅前之议礼事。
⑥ 《南齐书》，第 117 页。

年,步兵校尉伏曼容上表,宜集英儒,删纂雅乐,诏付外详,竟不行。"①则上表事似当在永明二年,当时曼容又议删纂雅乐,其议不行,故表文云"止修五礼"。②此外,下诏及五礼具体开撰时间是否同在永明二年,仍须考证,详下文。

诏书既下,治礼乐学士、令史、书手等员毕备。然其时是否已有专门修礼机构,即礼局之制,尚有疑问。《礼志》所言"立治礼乐学士及职局","职局"据周一良先生考证,"非机构名称,而是官名……乃为低级侍卫人员"③。可知其时虽属员已备,却似仍无礼局之名。

又按,伏曼容以礼学名家又与王俭友善。参议制礼,虽非首倡,然《五礼仪注》之开撰终始于其议。而史籍只云王俭"欲与之定礼乐",未明记其预修五礼,颇为可疑。今考,《梁书》本传云其受王俭之命与司马宪、陆澄共撰《丧服义》,《南齐书》卷二十三《王俭传》云:"少作《古今丧服集记》。"二者殆非一书。④《陈书》卷十六《刘师知传》记陈高祖崩后,师知议灵坐夹御者衣服吉凶之制云:"王文宪《丧服明记》云:'官品第三,侍灵人二十。官品第四,侍灵之数,并达士礼,并有十人。'"后又云:"江德藻又议云:'……刘舍人引王卫军《丧仪》及检梁昭明故事,此明据已审。'"⑤窃疑刘师知所引《丧服明记》,依官品定制,明非专论丧服、考经之书,而颇似仪注文体,或即伏氏等人所撰之《丧服义》⑥,此书当为《五礼仪注》中丧礼部分,因王俭为主修之人故题其名。如此则伏曼容等三人均曾参加《五礼仪注》修撰。⑦ 其子伏暅在梁时总知修五礼事,详后。

---

① 《南齐书》,第 169 页。

② 《礼志》云:"立治礼乐学士",似与此矛盾,或礼乐连言,并无深意。

③ 参看《魏晋南北朝史札记》,中华书局 1985 年,第 433 页。按,除周书所考之外,"职局"(或单云局)似有"建置、职掌"之义,《册府元龟》卷四百五十七《台省部·总序》云:"又有中书监令、侍郎、舍人;又有谏议大夫,而职局所治,本志不载。"《宋书》卷八十四《孔觊传》载其《辞荆州安西府记室笺》曰:"记室之局,实惟华要,自非文行秀敏,莫或居之。"皆可证。详绎《礼志》文,职局若为低级侍卫,似不当列在学士、令史之前。《南齐书》卷十六《百官志》记总明观建置云:"玄、儒、文、史四科,科置学士各十人。正令史、书令史二人,欹一人,门吏一人,典观吏二人。"门吏、典观吏职责与职局相似,以此例之,原文或作"立治礼乐学士,职局:旧学四人、新学六人",然无相关异文可证,存之以待考。

④ 《南齐书》,第 438 页。又,《南齐书》卷五十二《文学·王逡之传》云:"初,俭撰《古今丧服集记》,逡之难俭十一条。"知是书成书较早。

⑤ 《陈书》,第 229 页。

⑥ "义"或为"仪"之误,故江德藻称之为《丧仪》。

⑦ 三人是否亦尝为治礼乐学士,难以详考。至于《丧服义》(或即《丧服明记》)一书,即便不是王俭掌修《五礼仪注》中一篇,亦当与治礼事有密切关系。齐、梁两代主持修礼者多分撰丧礼,详后文。

2. 咨禀卫将军、丹阳尹王俭,学士亦分住郡中,制作历年,尤未克就。

《南齐书》卷二十三《王俭传》云:

> 时大典将行,俭为佐命,礼仪诏册,皆出于俭。齐台建,迁右仆射,领吏部,时年二十八……永明元年,进号卫将军……二年,领国子祭酒、丹阳尹,本官如故。三年,领国子祭酒。①

又云:

> 俭长礼学,谙究朝仪,每博议,证引先儒,罕有其例。八座丞郎,无能异者……少撰《古今丧服集记》。②

《南史》卷二十二《王昙首传附王俭传》云:

> 俭弱年便留意三礼,尤善《春秋》……何承天《礼论》三百卷,俭抄为八帙,又别抄条目为十三卷。朝仪旧典,晋宋以来实行故事,撰次谙亿,无遗漏者。③

按,王俭为南朝一代大儒,亦是南齐永明七年以前礼制建设之核心人物。④史传既称其长于故事仪注之学,其议礼之言史籍见载极多,无烦再引。⑤俭既领

---

① 《南齐书》,第434页。《文选》卷四十六任昉《王文宪集序》云:"二年,以本官领丹阳尹……国学初兴……复以本官领国子祭酒。三年,解丹阳尹……余悉如故。"(上海古籍出版社1986年,第2077页)按,南齐国子学建元四年因国讳废,至永明三年复立。其间省助教以下,而祭酒、博士不省,事见《百官志》。故本传、任昉文记王俭二年、三年领国子祭酒。
② 《南齐书》,第436页。
③ 《南史》,第595页。
④ 王俭在南朝经学史上的地位,可参看焦桂美先生的博士论文《南北朝经学史》第二章第三节。
⑤ 王俭议礼事见于《南齐书·礼志》者即有十余条。《南齐书》卷二十二《豫章王嶷传》记世祖与豫章王议仪仗事云:"汝若有疑可与王俭诸人量衷,但令人臣之仪无失便行也……吾昨不通仪事,俭已道,吾即令答,不烦有此启。"卷十一《乐志》云:"永明二年……尚书令王俭造二庙郊配辞。"《南史》本传又载:"时朝仪草创,衣服制则,未有定准",王俭据礼定制。知王俭于仪仗、乐章、服制诸仪无不参与创定。

命修撰五礼,表文及前引《礼志》中又云有助撰学士、职局、令史之设。礼局之建置,学士之职掌,本文后有专章讨论。南齐总明观学士与修五礼事密切相关,不得不先详考。

《南史》卷二十二《王昙首传附王俭传》云:

> 宋时国学颓废,未暇修复。宋明帝泰始六年,置总明观以集学士,或谓之东观……置儒、玄、文、史四科,科置学士十人,其余令史以下,各有差。是岁以国学既立,省总明观,于俭宅开学士馆,以总明四部书充之,又诏俭以家为府。①

《资治通鉴》卷一百三十六齐武帝永明三年节云:

> 初,宋太宗置总明观以集学士,亦谓之东观。上以国学既立,五月乙未,省总明观。时王俭领国子祭酒,诏于俭宅开学士馆,以总明四部书充之,又诏俭以家为府。

注云:

> 分经、史、子、集为甲、乙、丙、丁四部,又据《宋纪》,明帝泰始六年立总明观,征学士以充之,举士二十人,分为儒、道、文、史、阴阳者五部学,言阴阳者,遂无其人。②

按,《南齐书》卷二十三《王俭传》云:"是岁省总明观,于俭宅开学士馆,悉以四部书充俭家,又诏俭以家为府。"③与上引相同。表文"学士分住郡中"之"郡"当即王俭之郡府宅,以俭时任丹阳尹,故云。如此,则永明三年治礼乐学士入俭

---

① 《南史》,第595页。
② 《资治通鉴》,中华书局1976年,第4266页。按《通鉴》记学士人数为二十人,与《南史》《南齐书·百官志》不同,未知孰是。
③ 《南齐书》,第436页。

宅,同年又因国子学立,废总明观,总明学士亦入俭宅。《南齐书》卷十六《百官志》云:

> 总明观祭酒一人。右泰始六年,以国学废,初置总明观。玄、儒、文、史四科,科置学士各十人。正令史一人、书令史二人,敏一人,门吏一人,典观吏二人。建元中掌治五礼。永明三年,国学建,省。①

南齐总明观学士亦掌制礼②,其入俭宅时间与新立治礼乐学士如此接近,不能不令人生疑。窃疑表文此节所记与前引诸种材料实为同时之事,新立治礼乐学士即由原总明学士中的一部分兼掌。《上表》记伏曼容表定礼乐、诏立治礼乐学士均在永明三年,前考曼容上表事当依《南齐书·礼志》,在永明二年。然《礼志》未云下诏立学士及正式开撰在二年或三年,意者下诏修礼固然可能为永明二年事③,然立礼乐学士及正式开撰仍当在永明三年总明学士入俭宅之后。此次修撰至永明七年王俭卒时,尚未最终成书。

3. 遗文散逸,后以事付国子祭酒何胤,经涉九载,尤复未毕。

按,表文自王俭之后记事有遗漏,今考如下:

《艺文类聚》卷三十七梁简文帝《征君何先生墓志》云:

> 永明中,王文宪俭受诏撰礼,未竟而卒。属在司徒文宣王,王以让先生,因广加刊缉……乃毁车挂冠,拂衣东岭,始居若耶,来从秦望。④

《梁书》卷五十一《处士·何点传附何胤传》云:

> 尚书令王俭受诏撰新礼,未就而卒,又使特进张绪续成之。绪又卒,属

---

① 《南齐书》,第315页。
② 《南齐书·百官志》列总明观学士为太常属官,《南齐书》卷三十六《谢超宗传》云:"有司奏立郊庙歌,敕……总明学士刘融、何法冏、何昙秀等十人并作。"
③ 《通典》卷四十一《礼典·序》云:"齐武帝永明二年诏尚书令王俭制定五礼。"其说当据《南齐书·礼志》文。
④ 《艺文类聚》,中华书局1982年,第660页。

在司徒竟陵王子良,子良以让胤。乃置学士二十人,佐胤撰录。永明十年,迁侍中,领步兵校尉,转国子祭酒。①

《册府元龟》卷五百六十四《掌礼部·仪注》云:

　　何胤,仕齐为国子博士,时尚书令王俭受诏撰新礼,使特进张绪续成之,绪又卒,属在司徒竟陵王子良,子良以让胤,乃置学士三十人佐胤,撰录有《政礼》十卷、《士丧仪注》九卷。(按,《南齐书·列传》,中书郎刘绘、吴郡杜栖并助胤撰礼仪。)②

据此则永明七年王俭卒后,至何胤接掌之前,尚有张绪、竟陵王萧子良二人。张绪,《南齐书》卷三十三《张绪传》云:

　　迁为祀部尚书,复领中正,迁太常……(建元)四年,初立国学,以绪为太常卿,领国子祭酒……长于《周易》,言精理奥,见宗一时……世祖即位,转吏部尚书,祭酒如故。永明元年,迁金紫光禄大夫,领太常。明年,领南郡王师,加给事中,太常如故……七年,竟陵王子良领国子祭酒,武帝敕王晏:"吾欲令司徒辞祭酒,以授张绪,物议以为云何?"子良竟不拜。以绪领祭酒,光禄、师、中正如故。③

　　观张绪仕宋、齐,历官祀部尚书、太常、国子祭酒,均与治礼相关。④然其学并不以礼而见长。又史传只记其卒年六十九,未云卒于何年。意其继王俭后领修五礼事,未几即卒。

萧子良,《南齐书》卷四十《武十七王·竟陵文宣王萧子良传》云:

---

① 《梁书》,第 735 页。
② 《册府元龟》,第 6475 页。又,此段前两处"何胤",校定本均作"裔",《校勘记》云:"裔,原作胤,据宋本改。"前卷载《上表》,此节表文作"后以事付国子祭酒何裔"。《校勘记》云:"裔,原作胤,据宋本改,宋人避讳,下同。"按,宋人避胤,故作裔,原文当作何胤为是,疑两处《校勘记》有误,今不从。
③ 《南齐书》,第 600 页。《梁书》卷二十一《张充传》云:"父绪,齐特进。"
④ 张绪分别于建元四年、永明七年时两任国子祭酒,然其在位均不久。

世祖第二子也……世祖即位,封竟陵郡王……少有清尚,礼才好士……天下才学皆游集焉……五年,正位司徒……移居鸡笼山邸,集学士抄《五经》、百家,依《皇览》例为《四部要略》千卷……(七年)寻代王俭领国子祭酒,辞不拜。①

《梁书》卷十九《宗夬传》云:

齐司徒竟陵王集学士于西邸,并见图书,夬亦预焉。②

按,子良以宗室显贵而爱好学术,《梁书》卷一《武帝纪上》云:"竟陵王子良开西邸,召文学,高祖与沈约、谢朓、王融、萧琛、范云、任昉、陆倕等并游焉,号曰八友。"③西邸学士中颇多当时名儒文士④,又多有从事修撰之经验。然子良既让治礼事于何胤,此学士集团似终未大规模参与《五礼仪注》修撰,殊为憾事。

何胤,《南史》卷三十《何尚之传附何胤传》云:

师事沛国刘瓛,受《易》及《礼记》《毛诗》……尚书令王俭受诏撰新礼,未就而卒,又使特进张绪续成之。绪又卒,属在司徒竟陵王子良,子良又以让胤,乃置学士二十人佐胤撰录。后以国子祭酒与王莹同为侍中,时胤单作祭酒,疑所服,陆澄博古多该,亦不能据,遂以玄服临试……建武初……于是遂买宅欲入东……(梁武)遣领军司马王杲之以手敕谕意,并征谢朓……(著)《礼记隐义》二十卷、《礼答问》五十五卷。⑤

何胤少年时受学于当时儒宗刘瓛,颇受赏识⑥,其为人任情放诞,建武中遂

① 《南齐书》,第692页。
② 《梁书》,第299页。
③ 《梁书》,第2页。
④ 西邸学士相关问题可参看林家骊先生《竟陵王西邸学士及其活动考略》,《文史》,第45辑。
⑤ 《南史》,第790页。
⑥ 《梁书》卷五十一《处士·何点附何胤传》云其"纵情诞节,时人未之知也,惟瓛与汝南周颙深器异之"。又,前引简文帝《征君何先生墓志》云:"与沛国刘瓛、汝南周颙为友。"本传云其"师事刘瓛",二人关系似在师友之间,刘瓛事迹详本文后章。

隐居不仕,《南史》本传云:"世论以点为孝隐士,以弟胤为小隐士,士人多慕从之。"①尤可注意者,何胤亦曾任国子祭酒,《南齐书》卷十六《百官志》云:"(永明)八年,国子博士何胤单为祭酒,疑所服,陆澄等不能据,遂以玄服临试,月余日,博议定,乃服朱服。"②正与《南史》本传所记合。③

按,南齐初期似有将修撰五礼事专委国子祭酒之定制。永明七年,王俭卒后,武帝命竟陵王辞祭酒让与张绪,张绪继任祭酒并接掌五礼事。不久,萧子良接掌五礼,又让与何胤。而何胤又于永明八年时单做祭酒。④ 张绪、萧子良、何胤三人相继为祭酒、又相继掌治五礼。两事分观似无关系,合观则可见南齐掌修五礼者居官必为国子祭酒之通则。盖当时武帝欲用张绪修礼,必先任为祭酒,故令竟陵王辞之以授。不久张绪离任,子良再任祭酒并掌治礼事,顺理成章。子良后又将治礼事付何胤,何胤又不得不单为祭酒,以符制度。

《隋书·经籍志》等目录中收录何胤著作数种,因与修礼事有关,考证如下。

《隋书·经籍志》史部仪注类云:

> 《政礼》十卷,何胤撰。⑤

姚振宗《隋书经籍志考证》(以下简称《考证》)云:

> 《唐书·艺文志》何点《理礼仪注》九卷。按,章氏以《理礼仪注》即是书而不言其所然……今考,是书本名当是《治礼仪注》,唐人讳治,故曰理。而

---

① 《南史》,第788页。

② 《南齐书》,第315页。

③ 按,前引《梁书》记何胤任祭酒在永明十年,其实不够准确。《南史》云其以国子祭酒为侍中,较得其实,何胤永明八年先单做祭酒并掌五礼,后任侍中,以符合修礼及国子祭酒相关制度,详下文。

④ 《南齐书》卷十六《百官志》云:"建元四年,有司奏立国学,祭酒准诸曹尚书……选经学为先,若不备,给事中以还明经者以本官领。"按,祭酒之选,虽云"以经学为先",然前任祭酒张绪、王俭均以别官兼领,已见前文。《南齐书》卷三十九《陆澄传》云:"(建元)四年,复为秘书监,领国子博士……永明元年……寻领国子博士……加给事中,中正如故。寻领国子祭酒。"陆澄任国子祭酒当在永明元年,只在任一年,亦以给事中兼领。

⑤ 《隋书》,第970页。中华书局本《校勘记》据姚振宗之说改为《政礼仪注》。笔者以为姚说固然有据,然作《政礼》实亦可通,当出校不改原文较好。

本志改治为政，总集类李文博《治道集》改为《政道集》，与此治礼改政礼相同，而又敓"仪注"二字……然则是书乃治礼馆之仪注杂事……何胤《本传》及徐勉《五礼表》乃是其事之本末也。《唐志》做何点，点为胤之兄，栖隐不预是事，胤则历其事者凡九年，是出于胤为多也。①

《隋志》注云：

> 梁有何胤《士丧仪注》九卷，亡。

《考证》云：

> 《唐书·艺文志》何胤《丧服治礼仪(注)》②九卷。按，此或胤在齐时所修五礼之一篇，后人析出别行者。《唐志》做《丧服治礼仪注》，则又似依《仪礼·丧服传》之制度以为仪注，自为一家之学，在五礼之外者。③

按，姚氏以《新唐书·艺文志》何点《理礼仪注》九卷当作《治礼仪注》，且此书即是《隋书·经籍志》《政礼》十卷，作者当为何胤，所记为南齐"治礼馆之仪注杂事"。其说不为无据，然笔者以为尚有可推敲之处。

首先，姚氏推测《新唐志》之《理礼仪注》当作《治礼仪注》，其说可从。然以此书为记治礼馆杂事，则未必是。古书中以仪注为名者，有职仪、典仪之别，目录分在职官、仪注两类。以《隋志》收书为例，职官类有《晋新定仪注》十四卷，《考证》云：

> 章氏《考证》云："仪注类有傅《晋新定仪注》四十卷。"其意盖以书名相同疑此十四卷即四十卷而重出其目也。然彼四十卷是五礼之仪注，晋初为荀颉所修，此则百官之仪注，乃裴秀所定，名虽同而实不同也。④

---

① 《隋书经籍志考证》，《师石山房丛书》本，上海开明书店 1936 年，第 284 页。
② 原文脱去"注"字，据《新唐志》及下文补。
③ 《隋书经籍志考证》，第 284 页。
④ 《隋书经籍志考证》，第 275 页。

姚氏此处订正章宗源之误，其说甚是。

以某部门仪注为书名者亦有两种，《隋志》职官类有《梁尚书职制仪注》卷四十一，《梁书》卷五十三《良吏·丘仲孚传》云："丘仲孚为左丞……撰尚书具事杂仪，行于世焉。"① 《考证》以为即是此书。② 此当为尚书省职仪。仪注类有《晋尚书仪》十卷，《考证》云：

> 《新唐志》有徐广《晋尚书仪曹新定仪注》四十一卷，又有无名氏《晋尚书仪曹吉礼仪注》三卷，《旧唐志》同，《新志》又有《晋尚书仪曹事》九卷，大抵与此十卷皆残缺不完者。③

又，《新唐志》仪注类有《梁尚书仪曹仪注》十八卷又二十卷。④ 此则均为某部门所修撰之行礼仪注。尚书省仪曹主礼仪事，故此类仪注多冠以尚书、尚书仪曹之名。⑤

如此则一书以"仪注"或"某部门仪注"为名，若无其他材料佐证，实难区别当居职官或仪注类。窃以为这种情况下当依原目录分类为好。《隋志》所收《政礼》，即便如据姚说为《治礼仪注》之误，其性质仍宜视为治礼馆所定典礼仪注，并非记"仪注杂事"之职仪。⑥

其次，姚氏以《隋志》《政礼》十卷为《新唐志》《理礼仪注》九卷，既改《隋志》书名，又有泯灭卷数差异之嫌。其实《新唐志》并列何胤《丧服治礼仪注》、何点《理礼仪注》（可改为治）均为九卷⑦，此二书当为重出，何氏兄弟，题名不一。何胤掌治《五礼仪注》凡九年，故书名题"治礼"，或因实为治礼馆学士所撰，而称

---

① 《梁书》，第 772 页。
② 《隋书经籍志考证》，第 280 页。
③ 《隋书经籍志考证》，第 282 页。
④ 《新唐书》，中华书局 1975 年，第 1479 页。
⑤ 《南史》卷四十九《王谌传附孔逭传》云："好典故学，与王俭至交，升明中为齐台尚书仪曹郎，屡篿阙礼，多见信纳，上谓王俭曰：'真所谓仪曹，不忝厥职也。'"可为仪曹掌撰仪注之佐证。所谓"职仪"，则当为《汉官》之类，与此不同。
⑥ 《陈书》卷三十三《儒林·沈不害传》云："五年……入为尚书仪曹郎……敕治五礼……著《治五礼仪》一百卷。"可为旁证。
⑦ 《新唐书》，第 1489 页。

"治礼",则与前引尚书省撰《仪注》名《仪曹仪注》类同。《隋志》注(即《七录》)中"梁有何胤《士丧仪注》九卷,亡",亦即此书①,为何胤主持修五礼时分撰。至于《隋志》所录十卷《政礼》,固有可能为《治礼仪注》之误,则与前所言三者为同种仪注,或仍有别为一书的可能。②

要之,以上所言诸书均已亡佚,《考证》与笔者所论均为就目录著录推测。③可确知者,何胤主修五礼事时撰有一种言丧服、丧礼之《仪注》。

何胤掌治五礼,佐撰录学士可考见者尚有杜栖、刘绘二人。

杜栖,《南齐书》卷五十五《孝义·杜栖传》云:

> 从儒士刘瓛受学……子良数致礼接,国子祭酒何胤掌礼,又重栖,以为学士,掌冠昏仪。④

杜栖为助撰学士,掌修冠礼、婚礼。知何胤主持修撰时,治礼学士已有分工。《新唐书》卷四十九《艺文志》史部仪注类,何胤《丧服治礼仪注》、何点《理礼仪注》二书下又有"《冠婚仪》四卷"⑤,疑即杜栖分撰之作。

刘绘,《南史》卷三十九《刘勔传附刘绘传》云:

---

① 《经义考》云:"何胤《丧服治礼仪注》,《七录》作《士丧仪注》。"则朱彝尊即以二者为一书,笔者以为姚氏对二书性质的推测虽不为无据,然似有节外生枝之嫌。此外,还有一个旁证,《隋志》:"梁《吉礼仪注》十卷明山宾撰;梁《宾礼仪注》九卷贺场撰。"注云:"案梁明山宾撰《吉仪注》二百六卷,录六卷……司马褧《嘉仪注》一百一十二卷,录三卷并亡,存者唯士吉及宾十九卷。"按,《吉礼仪注》《宾礼仪注》原必不仅为士礼,而《隋志》称为"士吉及宾",盖隋时随见已非完书,惟存士礼部分。以此例之,《治礼仪注》《丧服治礼仪注》《士丧仪注》均为九卷,或云"士丧",或云"丧服",或只云"仪注",意其皆为同种仪注不完之本乎?
② 《南史》卷三十《何尚之传附何胤传》记梁武践祚之初,遣王杲之征何胤出仕,胤谓之云:"吾昔于齐朝,欲陈三两条事:一者欲正郊丘,二者欲更铸九鼎,三者欲树双阙……圜丘南郊,旧典不同。南郊祀五帝灵威仰之类,圜丘祀天皇大帝、北极大星是也。往代合之郊丘,先儒之巨失。今梁德告始,不宜遂因前谬。卿宜陈之。"按,何胤所云三事,均关乎为政之重礼,殆即出其《政礼》。
③ 《册府元龟》卷五百六十四《掌礼部·仪注》云:"何胤……撰礼有《政礼》十卷、《士丧仪注》九卷。"第6475页。按,《册府》所记与笔者推测吻合,然其说当本于目录,故只能为旁证。
④ 《南齐书》,第966页。
⑤ 《新唐书》,第1489页。按,《新唐志》将三种《仪注》列在一处,似乎暗示诸书均与何胤掌修《五礼仪注》有关。

历位中书郎,掌诏诰,敕助国子祭酒何胤撰修礼仪。①

《南齐书》卷四十八《刘绘传》云:

> 永明末,京邑人士盛为文章谈义,凑竟陵王西邸,绘为后进领袖,机悟
> 多能。②

《南齐书》卷三十九《刘瓛传》云:

> 子良遣从瓛学者彭城刘绘、从阳范缜将厨于瓛斋营斋。③

刘绘亦为刘瓛弟子,作为西邸学士与修五礼。值得注意的是,刘绘乃奉敕而为治礼学士,非当时主修撰者何胤所选。

4. 建武四年,胤还东山,齐明帝敕委尚书令徐孝嗣,旧事本末,随在南第。永元中,孝嗣于此遇祸,又多零落。

"建武四年,胤还东山",指何胤入会稽山归隐事,已见前。

《南齐书》卷四十四《徐孝嗣传》云:

> 会王俭卒,上征孝嗣为五兵尚书,其年上敕仪曹令史陈淑、王景之、朱玄
> 真、陈义民撰江左以来仪典,令咨受孝嗣……永元初辅政……自尚书下省出
> 住宫城南宅,不得还家。④

徐孝嗣为明帝朝之重臣,《南齐书》本传云:"世祖问俭曰:'谁可继卿者?'俭曰:'臣东都之日,其在徐孝嗣乎?'"⑤卷六《明帝纪》云:"四年……二月甲子,以

---

① 《南史》,第 1009 页。
② 《南齐书》,第 841 页。又,《南齐书》卷九《礼志上》记"建武二年,前军长史刘绘"议礼事。
③ 《南齐书》,第 679 页。
④⑤ 《南齐书》,第 772 页。

右仆射徐孝嗣为尚书令。"①本传又称其"爱好文学,器量弘雅,不以权势自居,朝野称之"。"永元初受遗诏辅政,东昏侯失德。潜谋废立,议不能决,召入华林省,赐鸩,卒。"②

按,徐孝嗣以尚书令接掌五礼事,实违南齐此前以国子祭酒掌治五礼之定制。③ 盖明帝"明审而有吏才"④,而于礼制建设措意较少。《梁书》卷四十八《儒林·伏曼容传》云:"建武中入拜中散大夫,时明帝不重儒术。"⑤《南史》卷五十《明僧绍传附明山宾传》云:"诏使公卿举士,左卫将军江祏荐山宾才堪理剧,齐明帝不重学……遂不用。"⑥皆为其证。明帝既不重儒学,故治礼事只委一重臣,具体负责修撰"仪曹令史陈淑、王景之、朱玄真、陈义民"等人,《上表》未言是否为治礼学士,此数人生平亦无考。

此前王俭、何胤在任时修成之五礼仪注存于"南第"。据本传及表文,孝嗣既于华林省遇祸,则南第之位置当在宫城内⑦,或即本传所言之"宫城南宅"。

5. 当时鸩敛所余,权付尚书左丞蔡仲熊,骁骑将军何佟之共掌其事。时修礼局在国子学中门外,东昏之代,频有兵火。其所散失,又逾泰半。

蔡仲熊,《南齐书》卷三十九《刘瓛传》云:

> 仲熊历安西记室,尚书左丞。⑧

卷九《礼志上》云:

> 永明二年,兼太常丞蔡仲熊议。⑨

---

① 《南齐书》,第 90 页。
② 《南齐书》,第 773 页。
③ 《梁书》卷十三《沈约传》云:"明帝继位……迁国子祭酒。"依此前之制,此时本当用沈约掌修五礼。
④ 《南齐书》,第 92 页。
⑤ 《梁书》,第 662 页。
⑥ 《南史》,第 1243 页。
⑦ 张金龙先生认为"南第"具体位置当在宫城西掖门内,见《魏晋南北朝禁卫武官制度研究》下册,中华书局 2004 年,第 413 页。
⑧ 《南齐书》,第 680 页。
⑨ 《南齐书》,第 123 页。

《南史》卷五十《刘瓛传附蔡仲熊传》云：

> 时济阳蔡仲熊礼学博闻，谓人曰……瓛亦以为然。仲熊执经议论，往往
> 与时宰不合，亦不改操求其同。故坎壈不进，历年方至尚书左丞，当时恨其
> 不遇。①

按，仲熊既尝任礼官，其学又为当时礼学名家刘瓛肯定。则用其掌修五礼可
谓得人。

何佟之，《梁书》卷四十八《儒林·何佟之传》云：

> 少好三礼，师心独学，强力专精，手不释卷，读《礼论》三百篇，略皆上
> 口，时太尉王俭为时儒宗，雅相推重……起家扬州从事，仍为总明馆学士，频
> 迁司徒车骑参军事，尚书祠部郎。齐建武中，为镇北记室参军，侍皇太子讲，
> 时步兵校尉刘瓛、征士吴苞皆已卒，京邑朔儒，惟佟之而已。佟之习明事数，
> 当时国家吉凶仪则，皆取决焉……历步兵校尉、国子博士……中兴初，为骁
> 骑将军。高祖践祚，尊重儒术，以佟之为尚书左丞，是时百度草创，佟之依礼
> 定议，多所裨益……著礼义百许篇。②

《南史》卷七十一《儒林·何佟之传》云：

> 仕齐初为国子助教，为诸生讲丧服……都下称其醇儒……所著文章、礼
> 议百许篇。③

按，何佟之为南朝名儒，更为南齐后期至梁天监初礼制建设之关键人物。其

---

① 《南史》，第 1238 页。
② 《梁书》，第 663 页。按，"读《礼论》三百篇"之《礼论》当即何承天《礼论》，中华书局本未加专名号，今
　正。后引文中标点不涉文义者，均径改不出注。
③ 《南史》，第 1734 页。又，佟之著"礼议百许篇"。《梁书》作"礼义"，未知孰是。

议礼事迹今见于记载者极多①,《梁书》本传言其建武中"国家吉凶仪则,皆取决焉",梁初"百度草创,佟之依礼定议,多所裨益"。殆非虚言。观史传所记其在齐时仕履,既尝任尚书祀部郎,又先后为总明观学士、国子助教、博士。此诸职均掌治礼、议礼事。梁初开撰《五礼仪注》,又以佟之总知其事,详后文。《隋书》卷八《礼仪志三》云:

> 天嘉元年八月癸亥………沈洙议:"……齐建元中,太子穆妃丧,亦同用此礼。唯王俭《古今集记》云,心制终二十七月,又为王逡所难。何佟之《仪注》用二十五月而除。"②

沈洙所云之何佟之《仪注》,既未见于隋唐两代目录,亦不知其作于齐时或梁时。然其既于齐末、梁初均掌修五礼。前考王俭、何胤主持修礼期间分别撰有言丧礼之《仪注》,似乎主修撰者分撰凶礼为当时惯例,则此书作于佟之在任时,可能颇大。

何、蔡二人主持时,修礼局设在在国子学中,国子学之位置、礼局建制等相关问题详本文后章。

6. 天监元年,佟之启审省置之宜,敕使外详。时尚书省参议……宜俟隆平,徐议删撰,欲且省礼局,并还尚书仪曹。诏旨云:

> 礼坏乐缺,故国异家殊,实宜以时修定,以为永准,但顷之修撰,以情取人,不以学进。其掌知者,以贵总一,不以稽古。所以历年不就,有名无实……外可议其人,人定,便即撰次。

梁武建国之初,颇留意典章制度建设。天监初,先后下诏制礼、乐、律令。

---

① 何氏在齐、梁议礼事迹分见《南齐书·礼志》《隋书·礼仪志》,其例甚多,本文后章亦多有涉及,此处不备引。
② 《隋书》,第152页。按,此"王逡"当为"王逡之"之误,参见本书第178页注引《王逡之传》。

《梁书》卷四十八《儒林传·序》云："高祖有天下，诏求硕学，治五礼、定六律。"①卷二《武帝纪中》云："诏中书监王莹等八人参定律令。"②《隋书》卷十三《音乐志上》云："武帝思弘古乐，天监元年，遂下诏访百寮。"③《五礼仪注》是其典制建设重要组环节。

　　武帝本人既通礼学，尤精音律。④ 在齐为西邸学士，于齐代修礼事亦当有所见闻⑤，践祚之初，即驳尚书省立议，而决意修礼，其留心礼制之态度固与齐高帝大异。而其沿用南齐礼局制度，则是齐、梁礼制建设因革之大事。

　　又，梁武此诏于南齐修礼多有不满，今考其说如下。所谓"以情取人，不以学进"，就南齐历任主事者而言，王俭、何佟之均为南朝名儒。何胤、蔡仲熊亦精礼学。张绪、萧子良虽不以仪注之学见长，然掌事未久。惟徐孝嗣以权臣而兼掌修礼事，然其在任亦不久。若以从事修撰学士之选择标准而言，伏曼容学术精深且与王俭交好，此或得言"以情取人"，而史籍未明言曼容预修五礼。至于何胤为刘瓛门人，助其撰录学士刘绘、杜栖亦从刘瓛问学。然刘瓛为当时儒宗，天下士人，靡然向风，修撰学者多出其门，亦无足怪。至于刘瓛本人未能入礼馆从事修撰，固是憾事。然历代集学者修书，均不能举天下贤才而无一遗漏，大可不必深责。况其本人无意仕进。故笔者以为，武帝所谓"不以学进"实当指梁初明山宾等五礼学士，此五人均仕南齐，而未有从事修礼之记载，详见后文。至于责其"掌知者，以贵总一，不以稽古"，南齐《仪注》今可见者太少，无法判断。

　　7. 于是尚书仆射沈约等参议，请五礼各置旧学士一人，人各自举学士（《通鉴》第4603页作学古，当误）二人相助抄撰。其中有疑者……请旨断决。乃以

---

① 《梁书》，第661页。按，具体下诏修礼时间据表文似在天监元年，卷四十八《儒林·严植之传》云："天监二年……高祖诏求通儒治五礼。"二者所记相差不远。
② 《梁书》，第38页。诏文见《隋书》卷二十五《刑法志》。
③ 《隋书》，第287页。诏文又见于《初学记》卷十五。
④ 《隋书》卷十三《音乐志上》云："梁武帝本自诸生，博通前载，未及下车，意先风雅，爰诏凡百，各陈所闻。帝又自纠摘前违，裁成一代。"按，此处主要就梁武制雅乐事而言，其实也可扩展到整个梁初礼制建设情况，同卷又记："天监四年，掌宾礼贺玚，请议皇太子元会出入所奏……是时礼乐制度，灿然有序。"可见史臣对天监间礼制建设颇为赞许。
⑤ 萧衍梁初议礼、制乐事迹见载《隋书·礼志》《乐志》者极多，《南齐书》卷九《礼志上》载"永明二年……司徒西阁祭酒梁王议（按，此梁王当即萧衍。然《梁书》卷一《武帝纪上》记武帝尝为王俭府东阁祭酒，未知孰是）明堂、南郊配祀之制"，是其在南齐曾参与议礼。梁武帝之礼学成就，可参看陈成国先生《中国礼制史》（魏晋南北朝卷），湖南教育出版社1995年，第256、268页。

旧学士右军记事参军明山宾掌吉礼;中军骑兵参军严植之掌凶礼;中军田曹行参军兼太常丞贺𬘡掌宾礼;征虏记事参军陆琏掌军礼;右军参军司马褧掌嘉礼,尚书左丞何佟之总参其事。

《资治通鉴》卷一百四十七天监十一年节注云:

> 旧学士十人共修五礼,今请分五礼各置学士。①

按,永明初王俭主持修礼时,未明言学士有分工。自何胤接任,命杜栖掌冠、婚礼,则彼时已有分掌。又,五礼旧学士各自举学士助撰,梁代修他书亦有此制,《梁书》卷四十八《儒林·孔子祛传》云:"贺琛受敕撰《梁官》,启子祛为西省学士,助撰录。"②

明山宾等五礼旧学士乃梁修《五礼仪注》之关键人物,诸人议礼事多见于《隋书·礼仪志》,不俱录。今摘录史传中与治礼相关事迹如下:

明山宾,《梁书》卷二十七《明山宾传》云:

> 七岁能言名理,十三博通经传,居丧尽礼……梁台建,为尚书驾部郎,迁治书侍御史,右军记室参军,掌治吉礼,时初置《五经》博士,山宾首膺其选……大通元年卒,时年八十五。③

《南史》卷五十《明僧绍传附明山宾传》云:

> 诏使公卿举士,左卫将军江祏上书荐山宾才堪理剧,齐明帝不重学,谓祏曰:"闻山宾读书不辍,何堪官邪",遂不用。④

按,山宾在齐时,其学不得用。至武帝时受命掌治吉礼。又,《梁书》卷四十

---

① 《资治通鉴》,第4603页。
② 《梁书》,第680页。
③ 《梁书》,第405页。
④ 《南史》,第1243页。

八《儒林传·序》云:"四年春……诏曰……置五经博士各一人。"①卷三《武帝纪下》亦云:"修饰国学,增广生员,立五馆,置《五经》博士。"②梁天监四年立《五经》博士,开馆授徒,之前修礼学士多入选,详后文。

严植之,《梁书》卷四十八《儒林·严植之传》云:

> 少善庄老,能玄言,精解丧服、《孝经》《论语》。及长,遍治郑氏《礼》《周易》《毛诗》《左氏春秋》……天监二年,板后军骑兵参军事,高祖诏求通儒治五礼,有司奏植之治凶礼。四年,初置《五经》博士,各开馆教授,以植之兼《五经》博士……植之讲,五馆生毕至,听者千余人六年,迁中抚军记室参军,犹兼博士……七年,卒于馆,其年五十二。③

按,植之在齐时亦曾从刘瓛受学。《南齐书》卷三十九《刘瓛传》载:"初,瓛讲《月令》毕,谓学生严植曰"云云。④ 此"严植"当为"严植之"之误。《册府元龟》卷五百六十四《制礼部·仪注》云:"天监初,板后军骑兵参军事。"与本传所记同。⑤ 表文此处言其历官"中军骑兵参军",史传未见。

贺旸,《梁书》卷四十八《儒林·贺旸传》云:

> 少传家业,齐时沛国刘瓛为会稽府丞,见旸深器异之。尝与俱造吴郡张融,指旸谓融曰:"此生神明聪敏,将来当为儒者宗。"荐之为国子生。举明经,扬州祭酒,俄兼国子助教。历奉朝请、太学博士、太常丞,母忧去职。天监初,复为太常丞,有司举治宾礼……四年,初开五馆,以旸兼《五经》博士,别诏为皇太子定礼……悉礼旧事,时高祖方创定礼乐,旸所建议,多见施行。七年,拜步兵校尉,领《五经》博士……九年,卒于馆……于礼尤精,馆中生徒常数百,弟子明经、对策至数十人。⑥

① 《梁书》,第661页。
② 《梁书》,第96页。
③ 《梁书》,第671页。
④ 《南齐书》,第680页。
⑤ 《册府元龟》,第6475页。
⑥ 《梁书》,第672页。

按，贺瑒为著名学者贺循之孙，《艺文类聚》卷三十七简文帝《征君何氏墓志》云："陆琏、贺瑒之徒，更道北面。"①其既见重于刘瓛，又从何胤问学，观其历官国子助教、太学博士、太常丞，均与礼仪事相关，然不见其在南齐时预修《五礼仪注》之记载。②

陆琏，《梁书》《南史》均未记其事迹。《南史》卷七十一《儒林传·序》云：

> 天监四年，乃诏开五馆，建立国学。总以《五经》教授，置《五经》博士各一人。于是以平原明山宾、吴郡陆琏、吴兴沈峻、建平严植之、会稽贺瑒补博士，各主一馆。③

《隋书》卷六《礼仪志·序》云："梁武始命群儒，裁成大典……军礼则陆琏。"④卷八《礼仪志三》云："梁天监初，陆琏议定军礼。"⑤知其亦先预修五礼后又为《五经》博士。⑥

司马褧，《梁书》卷四十《司马褧传》云：

> 父燮，善三礼，仕齐官至国子博士，褧少传家业，强力专精，手不释卷，其礼文所涉书，略皆遍略，沛国刘瓛为儒者宗，嘉其学，深相赏好……初为国子生，起家奉朝请，稍迁王府行参军，天监初，诏通儒治五礼，有司举褧治嘉礼。除尚书祠部郎中。是时创定礼乐。褧所建议，多见施行……褧学尤精于事

---

① 《艺文类聚》，第 660 页。
② 《艺文类聚》卷五十三载刘潜《为江仆射礼荐士表》云："陛下缉礼裁乐，化俗移风……伏见兼太学博士会稽贺瑒，字德琏。幼能斧藻，长则琢磨……如使联事宗伯，握兰建礼，庶用得其才，人知自勖。"按，此表为刘潜在齐时为尚书仆射江佑作，"握兰""建礼"均指尚书郎而言，"联事宗伯"则有用为礼官之义。
③ 《南史》，第 1370 页。
④ 《隋书》，第 107 页。
⑤ 《隋书》，第 159 页。
⑥ 据前引简文帝《征君何氏墓志》，陆琏曾从何胤问学。其事迹可考见者尚有，《梁书》卷四十七《孝行·滕昙恭传》云："天监元年，陆琏奉使巡行风俗，表言其状。"又，诸书又常误其名为"陆玮"，严可均辑《全梁文》，分陆琏、陆玮为二人。《隋书·礼仪志》记梁礼部分亦有作"陆玮"处，均当正。

数。国家吉凶礼,当世名儒明山宾、贺玚疑不能断,皆取决焉。①

据此,则司马褧礼学造诣,犹在明山宾、贺玚之上。《隋书》卷六《礼仪志一》记,"(天监)七年……博士陆玮(笔者按,当作琏。)、明山宾、礼官司马褧议"南郊一献礼。② 其中司马褧独称礼官,盖因其天监中任祠部郎中。则其于制礼事负有双重之责任。

按,此五人皆饱学之士,除明山宾外,均曾受学或见重于名儒刘瓛③,而诸人于南齐均未预修五礼。知前引梁武诏,指齐时修礼择人"不以学进",并非无的放矢。诸人至梁时方受重用,先委以修礼事,至初立《五经》博士,除司马褧外又均入选。

梁武帝之前不采尚书省"还礼局于尚书仪曹"之议,一方面保留礼局机构,另一方面在修礼人选上尤加措意,更以南齐末任修礼主事何佟之总参其事,保障了梁修五礼的质量。

8. 何佟之亡后,以镇北咨议参军伏晅代之,后又以晅代严植之掌凶礼,晅寻迁官,以五经博士缪昭掌凶礼。

《册府元龟》所录表文与此处不同。其上节述五礼旧学士分职中无"中军骑兵参军严植之掌凶礼"句,此节则作"佟之后以镇北咨议参军伏晅、严植(笔者

---

① 《梁书》,第 567 页。
② 《隋书》,第 110 页。
③ 《南齐书》卷三十九《刘瓛传》云:

少笃学,博通《五经》,聚徒教授,常有数十人……素无宦情,自此不复仕……除尚书祠部郎,并不拜……太祖践祚,敕瓛使数入,而瓛自非诏见,未尝到宫门……后以母老阙养,重拜彭城郡丞,谓司徒褚渊曰:"自省无廊庙之才,所愿唯保彭城丞耳。"上又以瓛兼总明观祭酒……终不就……除步兵校尉,并不拜。瓛姿状纤小,儒学冠于当时,京师士子贵游莫不下席受业……竟陵王子良亲往修谒,七年,表世祖为瓛立馆……未及徙居,遇病,子良遣从瓛学者彭城刘绘将厨于瓛宅营斋……所著文章皆是礼义。

按,刘瓛为当时儒宗,亦是南齐儒学复兴关键人物,可参看成林《刘瓛与南朝宋齐之际儒学复兴》,《江西社会科学》,2008 年第 12 期。齐、梁两代预修五礼学者中,何胤、刘绘、杜栖、蔡仲熊、严植之等人或从瓛问学,或曾蒙其奖掖,竟陵王萧子良对其尤加礼敬。刘瓛本人礼学最精,然其决意仕进,故并未参与五礼修撰事。永明七年,王俭卒,张绪接掌之后又离任,武帝本委竟陵王子良接任五礼,子良转付于何胤,推测也是因为其与刘瓛关系密切。

案,此处当脱"之"字)掌凶礼,暅寻迁官,以五经博士缪昭掌凶礼"①。今按,《梁书》《南史》表文所记五人分职整齐,似无误。《册府》表文前节既无掌凶礼者,此处又云以伏暅、严植之代佟之掌凶礼,其意盖以之前佟之总知五礼事又兼掌凶礼,然又未记伏暅任总知事。二者未知孰是。前考南齐两任主修礼者王俭、何胤均兼修丧礼,何佟之亦有言丧礼《仪注》未知作于齐或梁时。若此书为其在梁初时作,则确有如《册府》所录表文所记,先以何佟之总参并兼掌凶礼之可能。《隋书》卷八《礼仪志三》云:

> 天监四年,掌凶礼严植之定《仪注》,以亡月遇闰,后年中祥,疑所附月。②

卷七《礼仪志二》云:

> (天监)四年……佟之曰:"《祭统》云:'献之属,莫重于裸。'今既存尸卒食之献,则裸鬯之求,实不可阙。又,送神更裸,经记无闻,宜依礼革。"奏未报而佟之卒。③

严氏之《仪注》恰在佟之亡后④,且其后伏暅总参其事又兼凶礼,亦可推见之前何佟之职掌。或《册府》所见为原本,后人以其行文不够严整而妄改耶?

伏暅,《梁书》卷五十三《良吏·伏暅传》云:

> 曼容之子也,幼传父业,能言玄理……起家奉朝请,仍兼太学博士……高祖践祚,迁国子博士,父忧去职,服阙为车骑咨议参军,累迁司空长史、中书侍郎、前军将军、兼《五经》博士。与吏部尚书徐勉、中书侍郎周舍总知五

---

① 《册府元龟》,第6461页。
② 《隋书》,第153页。
③ 《隋书》,第132页。
④ 《新唐书·艺文志》史部仪注类有《士丧礼仪注》十四卷,在严植之名下。

礼事。①

伏暅先代何佟之总知五礼，天监七年严植之卒，又代严植之掌治凶礼。表文言其在任不久即迁官，本传记其"总知五礼事"后"出为永阳内史"，又"征为新安太守"②，是其离京为官后退出修礼事。

《五经》博士缪昭，事迹无考。

9. 复以礼仪深广……更使镇军将军、丹阳尹沈约，太常卿张充及臣同参厥务，臣又奉别敕总知其事。末又使中书侍郎周舍、庾于陵二人复豫参知。

据前《伏暅传》，与伏氏总知五礼事为徐勉、周舍。徐勉此表则云其"奉别敕，总参其事"。又先有沈约、张充，后有周舍、庾于陵参知。盖徐勉所云为伏暅离任后之事③，《伏暅传》则将先后任总知者并举，以致与《上表》小有差异。今分列诸人与治礼相关事迹如下：

徐勉，《梁书》卷二十五《徐勉传》云：

起家国子生。太尉文宪公王俭时为祭酒，每称勉有宰辅之量……寻迁太学博士……高祖践祚，拜中书侍郎……尝于殿内讲《孝经》，临川靖惠王、尚书令沈约备二傅，勉与国子祭酒张充为执经……时选极亲贤，妙尽时誉。④

《南史》卷六十《徐勉传》云：

又除尚书仆射、中卫将军……博通经史，多识前载，齐世王俭居职以后，莫有逮者。朝仪国典，昏冠吉凶，勉皆预图议。⑤

按，徐勉为梁代名相，又长于仪注之学，《南史》本传记"初，勉受诏知撰五

①② 《梁书》，第774页。
③ 《伏暅传》记其任新安太守后，复为国子国子博士，因"意望不满，多托疾居家"，又往"会稽筑宅"，终起为豫章内史。则其离任后再未参与五礼修撰事。
④ 《梁书》，第377页。
⑤ 《南史》，第1479页。又记其"齐时撰《太庙祝文》二卷"。

礼,普通六年功毕,表上之曰"云云,即为本文所引之表。

周舍,《梁书》卷二十五《周舍传》云:

> 博学多通,尤精义理……起家齐太学博士……迁太常丞……梁台建,为奉常丞。高祖即位,博求异能之士,吏部尚书范云与颙素善,重舍才器,入为中书通事舍人……累迁中书侍郎、鸿胪卿。时王亮得罪归家,故人莫有至者,舍独敦旧恩,及卒,身营殡葬,时人称之。召拜尚书祠部郎,时天下草创,礼仪损益,多自舍出……迁尚书吏部郎,太子右卫率,右卫将军……国史诏诰,仪体法律……皆兼掌之。[1]

《南史》卷三十四《周朗传附周舍传》云:

> 于是勉、舍同参国政……二人俱称贤相。[2]

周舍在齐时曾任太常丞,入梁又为祠部郎,可知其熟习仪注之学。表文云其以中书侍郎参知五礼事,《梁书》卷十六《王亮传》记亮于天监二年因元会失礼,贬为庶人,天监九年卒。[3]《隋书》卷七《礼仪志二》记,"(天监)七年,舍人周舍议"祭日乘玉辂事[4]。则周舍任中书侍郎、始参知五礼事当天监七年至九年间。《伏暅传》记其为总知,而表文只言参知五礼,或周舍参与修礼事虽晚,然其位望较高,故有称其为总知者。

沈约,《梁书》卷十三《沈约传》云:

> 时竟陵王亦召士,约与兰陵萧琛、琅琊王融、陈郡谢朓、南乡范云、乐安任昉等皆游焉,当世号为得人……(齐)明帝即位……迁国子祭酒……明帝崩,归政于冢宰,尚书令徐孝嗣使约撰定遗诏……高祖受禅,为尚书仆

---

① 《梁书》,第375页。
② 《南史》,第896页。
③ 《梁书》,第268页。
④ 《隋书》,第133页。

射……天监二年,遭母忧……起为镇军将军、丹阳尹……十二年,卒官。时年七十三。①

《南史》卷五十七《沈约传》云:

> 历仕三代,该悉旧章,博物洽闻,当世取则。②

按,表文记沈约以镇军将军、丹阳尹参五礼事,《梁书》本传言其任此二职在天监二年为母服丧中,"服阙,迁侍中、右光禄大夫"。则其开始参与修礼约在天监二年至四年之间,同时在任又有徐勉、张充,三人参知修礼事时何佟之尚任总知,三人在任较伏暅为早,其后徐勉又奉旨总参修礼事,则在伏氏离任之后。

沈约在南齐曾任国子祭酒,何胤之后本当接掌五礼事,但明帝最终任用徐孝嗣,已见前文。沈约既以博学闻名,又擅长音律,天监初武帝下诏访古乐,沈约即多有建议。其后梁之乐章亦多出自其手,事见《隋书·音乐志》③,此处不备引。

张充,《梁书》卷二十一《张充传》云:

> 父绪,齐特进,金紫光禄大夫,有名前代……后为司徒咨议参军……并为司徒竟陵王宾客……高祖霸府开……迁梁王国郎中令、祀部尚书……天监初,除太常卿……充长于义理,登堂讲说,皇太子以下皆至。④

按,张充治学以义理见长,又曾任礼官,均与其父相似。《梁书》卷二《武帝纪中》云:"(天监)五年……二月庚戌,以太常张充为吏部尚书。"⑤则其参知五

---

① 《梁书》,第233页。
② 《南史》,第1413页。
③ 《隋书》,第293页。
④ 《梁书》,第327页。
⑤ 《梁书》,第43页。

礼事,当不晚于天监五年。

庾于陵,《梁书》卷四十九《文学·庾于陵传》云:

> 七岁能言玄理。及长,精警博学,有才思。天监初,齐随王子隆为荆州,召为主簿,使与谢朓、宗夬抄撰群书……迁骠骑录事参军,兼中书通事舍人……累迁中书黄门侍郎,舍人、中正并如故。①

以上概述齐、梁修《五礼仪注》始末,并列举参与修撰者事迹,参照《梁书》及《南史》《儒林传》,可以看出此次修撰几乎囊括了齐、梁间所有以礼学知名的学者。未参与修礼学者中,崔灵恩自北齐归梁,已在天监十三年五礼修成以后,皇侃师事贺㻛,"精力专门,尽通其业",当因其资历尚浅,未被选为五礼旧学士,但仍有可能以助撰学士身份参与了修礼。其余如司马筠,天监初尝为祀部郎,《隋书·礼仪志》载其参议修定梁礼,因非直接参与修撰事,故不论。② 汇集了众多礼学名家,《五礼仪注》的修撰实可称得上是齐、梁经学与南朝现行礼乐制度的一次"亲密接触"了,单就修撰者学识而言,此次制礼活动的学术含量在整个礼书修撰史上也是罕有其匹的。

二、齐梁《五礼仪注》在礼制史上的意义

齐代《五礼仪注》最终未能修成,但在指导南齐行礼实践时发挥了重要作用,而其之于南北朝礼制沿革,同样意义重大。陈寅恪先生指出:

> 隋文帝继承宇文氏之遗业,其制定礼仪则不依北周之制,别采梁礼及后齐《仪注》,所谓梁礼并可概括陈代,以陈礼几全袭梁旧。

又指出:

---

① 《梁书》,第43页。
② 以上诸人事迹见《梁书》卷四十八《儒林传》。

惟北齐《仪注》即南朝前期文物之蜕嬗,其关键实在王肃之北奔。①

又云:

> 王俭以熟练自晋以来江东之朝章国故,著名当时,其《丧服记》本为少时所撰,久已流行于世……仲宾卒年为永明七年,王肃北奔之岁为北魏太和十七年,即南齐永明十一年,在俭卒以后,是肃必受其宗贤之流风遗着所熏习,遂能抱持南朝之利器,遇北主之新知,殆由于此欤?②

陈先生敏锐地注意到了南齐礼仪制度对北朝乃至隋唐礼的影响。笔者认为可补充的是,王肃在南齐所熏习的礼乐制度不仅仅来自王俭及其《丧服集记》,毕竟丧服只是丧礼及五礼制度的一部分。真正由王肃传至北朝并助其创制的应该是正在修撰中的南齐《五礼仪注》。③

梁天监初开撰《五礼仪注》是其国初典章制度建设的一个重要组成部分。武帝在齐时曾任王俭司徒府祭酒,并参与议礼,加之与竟陵王西邸学士交游颇多,应该对齐代修五礼事有所了解。其本人礼学造诣精深,所选用治礼学士也均为当时一流学者,齐代未竟之五礼修撰事业至此方得以完成。此外,梁初曾短暂的使用过南齐《仪注》,指导行礼实践,基础就在于彼时齐代所修《仪注》尚存,而在梁代最初拟定的《仪注》中颇有齐仪的成分,本文之前均已详述。梁代一方面继承了南齐礼局制度,甚至开撰之初径用齐代旧人何佟之主持,另一方面起用了在南齐未受重用的礼学专家分掌五礼,又设置参知等职。议礼程序也更加完备,从制度建设角度看,较之南齐更为独立。天监四年,置《五经》博士,五礼旧学士

---

① 《隋唐制度渊源略论稿》,第 13 页。

② 《隋唐制度渊源略论稿》,第 16 页。

③ 《北齐书》卷二十九《李浑传附李绘传》记北魏修礼事云:"时敕侍中西河王、秘书监常景选儒学十人缉撰五礼,绘与太原王乂同掌军礼。"按,其中"儒学十人"很容易让人联想到南齐永明初,立治礼乐学士,"旧学四人,新学六人",似乎从形式上北魏也在模仿南齐五礼修撰制度,而且这种相似性不应仅仅视为南北朝五礼修撰常规化背景下的巧合。卷三十七《魏收传》记其"掌诏诰,除尚书右仆射,总议兼五礼事,位特进。收奏请赵彦深、和士开、徐之才共兼……多引文士执笔,儒者马敬德、熊安生、权会实主之"。相比较而言,至少人员组成方式上,北齐与南齐、北魏已无相似,这并不是否定三代礼制一脉相承,而是南齐五礼及修撰制度在北朝发展的自然过程。

大多入选,从某种意义上,可以说是五礼学士制度促成了后来的《五经》博士制度。

梁修《五礼仪注》对陈代礼制影响,就修礼制度而言,《陈书》卷三十三《儒林·沈德威传》云:"天嘉元年,征出都……寻授太学博士,转国子助教……迁太常丞,兼五礼学士,寻为尚书仪曹郎,后为祀部郎。"知陈初沿用梁制,亦设五礼学士。《隋书》卷六《礼仪志·序》云:"梁武帝始命群儒,裁成大典……陈武克平建业,多依梁旧,仍诏尚书左丞江德藻、员外散骑常侍沈洙、博士沈文阿、中书舍人刘师知等,或因行事,随时取舍。"①陈代历朝五礼修撰情况,据《陈书》诸传简述如下②:

文帝,卷三十三《儒林·张崖传》云:

> 天嘉元年为尚书仪曹郎,广沈文阿《仪注》,撰五礼。③

《儒林·沈不害传》云:

> 五年……入为尚书仪曹郎,迁国子博士,领羽林监,敕治五礼……著《治礼仪注》一百卷。④

废帝,卷二十四《周弘正传》云:

> 废帝嗣位,领都官尚书,总知五礼事。⑤

宣帝,卷二十九《宗元饶传》云:

---

① 《隋书》,第107页。
② 《隋书经籍志考证》仪注类陈代《仪注》处亦有总结,可参看是书第286页。
③ 《陈书》,第441页。
④ 《陈书》,第448页。
⑤ 《陈书》,第309页。

高宗初即位……迁御史中丞,知五礼事。①

卷三十《顾野王传》云:

(太建)六年……迁黄门侍郎、光禄卿,知五礼事。②

后主,卷三十《蔡征传》云:

至德二年……授左民尚书,与仆射江总撰五礼事。③

陈寅恪先生论隋唐礼仪制度,有北魏、北齐、梁陈三源之说。论梁陈之源云:

明克让、裴政俱以江陵俘虏入西魏,许善心以陈末聘使,值国灭而不归,其身世与庾信相似。虞世基、袁朗在陈时即有才名,因见收擢,皆为江南之名士,而家世以学业显于时者也。隋修五礼,欲采梁陈以后江东发展之新迹,则兹数子者,亦犹北魏孝文帝之王肃、刘芳,然则史所谓隋"采梁仪注以为五礼"者,必然由此诸人所输入,无疑也。④

礼仪制度传承,大致经有习礼之人及仪注之书两种途径。陈说特重家学传承及礼学人才流动。笔者以为,如从典籍流传角度来看,梁代《五礼仪注》大部分亡于侯景兵火,时《五经》博士沈峻有部分藏稿,当为《五经》典书处所存副本。后由其子沈文阿于陈天嘉中修订成八十卷⑤,又经张崖增广。其后陈代历朝五礼,当如《隋志》所云,为随事增修。其中尚有多少天监新礼成分已难确定。《刘

---

① 《陈书》,第385页。
② 《陈书》,第400页。
③ 《陈书》,第392页。
④ 《隋唐制度渊源略论稿》,第57页。
⑤ 《南史》卷七十一《儒林·沈峻传附沈文阿传》记其在文帝即位初,议谒庙仪制云:"奠挚不珪,致享无帛,公王同璧,鸿胪奏贺,若此数事,未闻于古,后相沿袭,至梁行之……岂同于惟新之礼乎……谨撰谒庙还升正寝,君臣陪荐仪注如别。"按,由此可见沈文阿对其父所传之梁《五礼仪注》并非遵行不改。

师知传》记高祖崩后,刘师知、徐陵等礼官、学者议夹灵服制诸仪,惟能引《昭明仪注》,而不能据严植之《凶礼仪注》,其时尚在梁初,则陈代有书可据之梁仪似颇为有限。① 《仪注》的缺乏,给梁天监礼在后世流传带来了很多困难。

《隋书》卷六《礼仪志·序》云:

> 陈武克平建业,多准梁旧……高祖命牛弘、辛彦之等采梁及北齐《仪注》,以为五礼云。②

卷八《礼仪志三》云:

> 开皇初,高祖思定典礼。太常卿牛弘奏曰:"圣教陵替,国章残缺,汉晋为法,随俗因时,未足经国庇人,弘风施化。且制礼作乐,事归元首,江南王俭,偏隅一臣,私撰仪注,多违古法。就卢非东阶之位,凶门岂设重之礼? 两萧累代,举国遵行。后魏及齐,风牛本隔,殊不寻究,遥相师祖。故山东之人,浸以成俗。西魏以降,师旅弗遑,宾嘉之礼,尽未详定。今修明启运,宪章伊始,请据前经,革兹俗币。"诏曰:"可。"弘因奏征学者,撰仪礼百卷。悉用东齐《仪注》以为准,亦微采王俭礼。③

隋初拟定五礼时,命礼官"采梁及北齐《仪注》"。后牛弘等人撰成,"悉用东齐《仪注》以为准,亦微采王俭礼",最终未言用梁礼。而牛弘表文中对王俭《仪注》并齐、梁及北魏、北齐沿用其礼均大加诋斥,其意殊为难解。陈氏以为:

> 牛弘诋斥王俭,而其所修隋朝《仪礼》,仍不能不采俭书,盖俭之所撰集乃南朝前期制度之总和。即经王肃输入北朝,蔚成太和文治之盛,所以弘虽

---

① 《陈书》卷十六《刘师知传》,第 229 页。此次议礼参与者甚多,其中引用王俭《丧服明记》及梁昭明太子丧礼相关《仪注》诸书,唯独没有引及天监《五礼仪注》。
② 《隋书》,第 106 页。
③ 《隋书》,第 156 页。

由政治及地域观点立论,谓"后魏及齐风牛本隔",然终于"遥相师祖,故山东之人,浸以成俗"也。又史言弘"撰《仪礼》百卷,悉用东齐《仪注》以为准",而奇章反讥前人取法江左,可谓数典忘祖,无乃南北之见有所蔽耶?或攘其实而讳其名耶?①

笔者认为,隋文帝最初的制礼设想中并未讳言采用梁礼,若言牛弘奉命修礼,却囿于"南北之见"指斥魏、齐沿用王俭《仪注》,似显牵强。至于推测牛弘实用北齐《仪注》而讳言之,亦无直接证据。② 其实,联系隋文帝最初拟参用梁礼、牛弘表文中言论及隋代最终定礼实际情况来看,还有一种合理的推测。如本文之前所论,梁天监礼之书籍载体《五礼仪注》至陈初已所剩无多,陈代《仪注》固多有梁礼成分,然多本于侯景之乱后之梁礼,经历朝"随事增修",水平似乎并不甚高。牛弘欲遵帝意,采梁礼以修隋代《仪注》,其时可谓无书可据。牛弘既不敢明违帝意,则必曲为之说,以梁礼不足据而不用。然其又不愿空言以责之,只能先指王俭《仪注》之失,再言"两萧累代,举国遵行",以明其不用梁礼之意。其称王俭《仪注》,亦非齐《五礼仪注》,而当是王俭少作《古今丧服集记》。通观牛弘之论,称王俭《仪注》不可据,只能引丧礼中就庐、凶门之失。若其得见齐、梁之《五礼仪注》,当不至如此以偏概全。另外,在笔者看来,比起探究牛弘这番言论含义更为重要的问题是③,对于隋唐礼梁、陈之源的论述与《隋志》关于牛弘定礼最终只用东齐《仪注》这一说法间的矛盾,陈书还欠缺更为合理的解释。如果说参与到隋礼修撰工作中具有梁、陈礼背景的一批学者,最终并未将梁、陈仪制注入隋礼中,那么梁、陈仪制借由此诸人而融入隋唐礼的说法在一定程度上就失去了意义。

本文之前谈到,齐代《仪注》梁初尚存,并用于指导行礼。甚至在五礼学

---

① 《隋唐制度渊源略论稿》,第16页。
② 《隋唐制度渊源略论稿》,第17页。
③ 对于牛弘所言的确切含义,还可以有很多推测,但似乎均不够妥当。比如,固然可以再假设,牛弘修礼时参用了梁代仪制而讳言其实。但这一思路还有几点问题,首先,仍与史言隋礼最终未参用梁制之说矛盾。其次,隋文帝本人并未讳言用梁礼,即便我们将文帝拟用梁及北齐仪注一事发生时间推至牛弘上此表之后,矛盾仍然存在。最后,许善心、虞世基与牛弘一同参与隋礼修撰事,其地位故在弘之下,但毕竟同为修撰,牛弘是否敢于无视诸人尚有疑问。

士最初修定《五礼仪注》中也颇有齐仪成分。① 然而随着梁《五礼仪注》修撰的不断完善,一系列有别于南齐乃至前代礼制的独特仪节开始出现,这些我们在上章引用梁初议礼材料时已经讨论过。可以说最终修成的天监《五礼仪注》与南齐仪制(包括受其影响的北魏、北齐礼)之间已有了较大的差异。通过对梁、陈间仪注书流传的考证,我们认为"太清之乱"后,梁初五礼散佚严重,所以陈代继承的天监礼颇为有限,至于之后隋、唐两代欲参用梁礼,自然也更加困难了。

当然,评价梁、陈仪制因革及二者对隋唐礼影响,需要更为具体的仪节对比,陈文在这一方面已有很好的考证②,但笔者以为仍有进一步研究的余地。通过对《隋书·礼仪志》中所记梁、陈两代《仪注》具体行礼仪节进行比对,不难发现梁代,尤其是武帝朝,以《五礼仪注》为代表的梁礼与陈制颇有一些区别,《隋志》称陈礼"悉用梁旧"的说法固然无大误,但在一定程度上掩盖了梁、陈礼的不同。现以《隋志》开篇所记郊祀仪制为例③:

> 陈制……有事南郊,以皇考德皇帝配,除十二辰座,加五帝位,其余准梁之旧。北郊……以皇妣昭后配,从祀亦准梁旧。及文帝天嘉中,南郊改以高

① 这里要指出的是,总体而言,历代礼仪中相同之处都要大于不同。这些相同点大部分可以追溯至先秦三礼。所以齐、梁礼有继承之处非常正常。本文主要关注的则是以天监《五礼仪注》代表的梁初礼的创新性及传承问题。

② 《隋唐制度渊源略论稿》,第57页。

③ 此前还须说明确在利用仪节比较方法来确定礼制沿革问题时的原则,也就是说,如果一种具体仪节(包括静态的诸如祭品种类、祭祀对象以及动态的即具体行礼方式两个方面)为先秦以降历代通用,则称其为某代沿用某代之制,固然无误,但就礼制沿革研究而言,实无意义,因为类似这种历代通行之制实成为中华民族礼制中最为基干的部分。这些从先秦沿用的制度,就其源头可称之为古礼,但其实在历代礼制中生生不息,算得上是"活着的古礼"。陈成国先生和阎步克先生均认为在隋唐礼三源之外有必要加上古礼、汉晋礼二源(可参看阎步克:《服周之冕》第九章《隋朝冕制三题》,中华书局1999年,第317页)。也是考虑到了历代礼制有共通之处,所以更看重隋唐礼对古礼中前代沿用较少部分的利用,即所谓"复古"现象,因为还有大量礼制亘古未变,早已化身为汉晋礼、南北朝礼、隋唐礼而绵延不息了。

至于真正反映历代礼制沿革,也是需要着力考证的是某代所用(包括缺失)某种独特仪节,此仪节又为其后朝代沿用这种情况(历代用《三礼》之制复古其实也可归为此类)。例如梁武帝天监十六年下诏宗庙断荤,此制为古代祭祀礼之独创,久为学者所知。《北齐书》卷十四《上洛王思宗传附王元海传》云:"文宣天保末年敬信内法,乃至宗庙不血食,皆元海所谋。"天保末年距武帝下诏虽有数十年,但在判断梁、北齐宗庙不血食是因为笃信佛法而分别做出的制度改变同时,仍须考虑北朝参用梁制的可能。至于前文所举南齐、北齐均行先裸后献等例,通过联系这些独特仪制的传承脉络考证历代礼制沿革,与陈氏通过考察习礼之人事迹得出的结论相符,则更为显证。

祖配,北郊以德皇帝配。太中大夫、领大著作摄太常卿许亨奏曰:"昔梁武帝云:'天数五,地数五,五行之气,天地俱有。'故南北郊内,并祭五祀。臣按……五神位在北郊,圜丘不宜重设。"制曰:"可。"亨又奏曰:"梁武帝议,箕、毕自是二十八宿之名,风师、雨师自是箕、毕下隶。非即星也。故郊雩之所,皆两祭之。臣按……而今南郊祀箕、毕二星,复祭风伯、雨师,恐乖祀典。"制曰:"若郊设星位,任即除之。"亨又奏曰:"《梁仪注》云:'一献为质,三献为文。事天之事,故不三献。'臣按……梁武此义为不通矣……今请凡郊丘祀事,准于宗祧,三献为允。"制曰:"依议。"①

按,《隋志》所谓陈代"准梁旧"者,主要涉及从祀神位、星位等,其中亦偶有变易之处。许亨奏改梁礼中不当者三事,其中南郊不当祭五祀、风伯、雨师尚属配祀神位,而议改一献为三献,则属于较为重大的仪制改变。② 前文记梁郊礼云:

> 七年,帝以一献为质,三献为文。事天之道,理不应然,诏下详议……博士陆玮(当作琏)、明山宾、礼官司马褧,以为"宗祧三献,义兼臣下,上天之礼,主在帝王,约理申义,一献为允"。自是天地皆一献,始省太尉亚献,光禄终献。

知郊祀改一献为梁初议礼之结果,实为梁礼之独创。③ 从郊祀仪制沿革来看,陈制同于梁礼者多为历代变化较少的部分,而真正《五礼仪注》中较有独创性的仪制,陈代并未继承。④

郊祀礼后,《隋志》又记历代明堂仪制。梁代天监十年,仪曹郎朱异议,明堂

---

① 《隋书》,第 111 页。

② 祭礼之献数是礼家聚颂的问题之一,可参看孙诒让《周礼正义》卷三十八《司尊彝》节,中华书局 1987 年,第 1523 页。

③ 前边我们还提到何佟之主张"郊不应祼",议改定《仪注》,《周礼·小宰》注云:"惟人道宗庙有祼,天地大神,至尊不灌,莫称焉。"郊祀无祼灌则献数少于宗庙,梁代之制在这方面可以说很有复古之意。祭天行祼礼,盖始于晋,可参见《宋书·礼志一》所记南郊仪注。梁代去天地之祼,隋唐礼郊祀行三献,亦无祼礼,但据《隋书·音乐志》所记北朝祭祀乐章,北齐、北周郊祀同样有郁鬯之设,如此看来,隋、唐郊祀无祼这一仪节设定很难说就是沿用梁礼。

④ 同卷下文记云:"(陈代)后主嗣位,无意典礼之事,加旧学宿儒,渐以凋丧,至于朝亡,竟无改作",陈代中期以后,修礼人才凋零,恢复天监旧制的可能更小了。

"请依郊仪,止一献清酒。且五帝天神,不可求之于地,二郊之祭,并无黍肉之礼。并请停灌及授俎法"。其所建议,"帝并从之"①。陈制,"明堂殿屋十二间,中央六间,依齐制,安六座。四方帝各依其方,黄帝居昆维护,而配飨坐依梁法。"②隋代,"皇帝、太尉、司农行三献礼于青帝及太祖。自余有司助奠。祀五官于堂下,行一献礼"③。按,陈代既用许亨之议,郊礼复为三献,则明堂亦不当仍用梁礼,其明堂结构、配飨杂用齐、梁之制,也可见梁、陈礼相异之处。隋制,明堂祭五帝亦用三献,而不采用梁代创制之一献礼。④ 此外据朱异所述,梁代郊礼祭毕无分授牲肉于与祭者之仪,《隋书》卷十五《音乐志下》记隋代圜丘乐章云:"皇帝饮福酒,奏《需夏》辞:'……惠均撤俎,祥降受厘。'"⑤《大唐开元礼》卷四《皇帝冬至祀圜丘》记祭典将毕时之仪注云:"诸祝各进,跪,彻豆,兴,还尊所,奉礼曰:'赐胙。'"⑥是隋、唐祭天帝,礼毕均有赐胙之礼,不与梁代同。

以上利用《隋志》材料比较了梁、陈、隋唐在郊祀、明堂仪制方面的异同。已经可以看到,梁初新礼多涉及仪制中较为重要的环节,而这些创新仪节至陈代及隋唐往往不再沿用。梁、陈礼相近之处固然不少,但若泛泛而言陈用梁旧,实在是掩盖了梁天监礼创新之处。至于隋代,文帝定礼之初拟用梁礼,然就材料所见,其参用梁礼中有代表性的仪节颇少⑦,这与本文之前通过对仪注书流传研究

---

① 《隋书》,第 120 页。按,朱异所议尚有改用漆俎,牲用特牛等事,因缺乏陈、隋仪制中相应材料,今不备引。

② 《隋书》,第 121 页。

③ 《隋书》,第 122 页。

④ 魏晋以来,历朝多行三献,至梁武创新改为一献,陈代又复为三献,然隋、唐同用三献不必一定为袭用陈代之制。

⑤ 《隋书》,第 360 页。

⑥ 《大唐开元礼》,影印文渊阁《四库全书》本第 646 册,第 76 页。

⑦ 本文之前提到南齐、北齐及梁初同用的先献后祼之仪,梁修《五礼仪注》时已作了更正,隋、唐行礼顺序均为祼在献前,这种仪节的设定是否参考了梁礼呢? 笔者认为,由于在陈代与后周相关材料中无法找到行先献后祼的证据,假定两代次序已与梁时相同应该是合理的,毕竟类似南齐、北齐那种异于寻常的行礼顺序很容易在祭祀乐章中有所反映。陈代当是受到了梁礼的影响,而后周之制除了可能受梁代影响外,其本朝修礼者自行改定的可能性仍很大。

前引《北齐书》,魏收武平中监修五礼,参与修撰者中有名儒熊安生,为实际主事者之一。《周书》卷四十五《儒林·熊安生传》记,周太祖灭齐后对熊氏礼遇有加,"至京,敕令于大乘佛寺参议五礼"。熊安生在齐、周均参与修礼,则周初之制恐与齐代相近之处。至周军入金陵,大收法物、乐器,事见《隋书·礼仪志》《音乐志》,《周书》卷三十二《唐瑾传》记其:"一无所取,惟得书两车,载之以归。"如果周人所得典籍中有梁之仪注书,则确实存在梁初之礼乐制度输入后周的可能。但仅就祼献次序这一仪节而言,梁、陈属一系,梁礼是一个较近的源头,但是隋礼受同样较近的北周礼影响的可能同样存在。本文之前谈到梁代取消送神祼礼,北周、隋唐祭祀材料中也没有送神之祼的记载,其中源流问题应该与此例类似。

得出的结论是一致的。应该说,在礼制沿革过程中,尤其涉及繁复的仪注之学,仅仅靠具有某朝礼学背景的学者来传承还是有所不足的。此外,陈文举例多涉舆服制度,以下再举一例:

《隋志》云:

> 高祖元正朝会方御通天服,郊丘宗庙尽用龙衮衣,大裘黼黼皆未能。及平陈,得其器物,衣冠法服始依礼具。然皆藏御府,弗服用焉。及大业元年,炀帝始诏吏部尚书牛弘、工部尚书宇文恺、兼内史侍郎虞世基、给事郎许善心、仪曹郎袁朗等宪章古制,创造衣冠,自天子达于胥皂,服章皆有等差,若先所有者,则因循取用。弘等议定乘与服合八等焉。①

陈氏认为:

> 故梁陈旧人若虞世基、许善心、袁朗等尤为制定衣冠不可少之人,此隋制礼兼资梁陈之证也。②

笔者以为,若讨论梁、陈之源,则必须先区别梁、陈之人与梁、陈之礼。就冕服制度而言,梁、陈礼间的区别亦不可忽视③,《隋书》卷十一《礼仪志六》记陈武帝即位之初用徐陵议,"乘舆服制,皆采梁之旧",后"至天嘉初,悉改易之,定令俱依天监旧事,然亦往往改革"④。按,陈初所采,当是梁后期制度,文帝时又依天监《五礼仪注》改定。据前考,天嘉年间有张崖,"广沈文阿《仪注》,撰五礼",而沈氏之《仪注》,乃据其父沈峻所藏梁《五礼仪注》增补而成,两代《仪注》流传线索正与仪制变革相吻合。⑤ 而陈代此次依照梁初礼改定服制,又多有革新。其中一项重要改革,据阎步克先生所考,是陈代继梁武恢复了大裘冕与衮冕后,

① 《隋书》,第262页。
② 《隋唐制度渊源略论稿》,第65页。
③ 阎步克先生《服周之冕》对梁、陈冕服制度沿革、异同考证极详,本文此处多用其说。
④ 《隋书》,第218页。
⑤ 冕服之制可依赖实物传承,此次依天监礼定令未必全据仪注书完成。

进一步备齐了《周礼》六冕,可以说在冕服制度方面达到了彻底的复古。① 准确地讲,隋初得到的这套冕服其实代表着陈礼而非梁礼。② 至于许善心等梁、陈旧人所做的"因循取用"的工作,其中有多少是依据梁礼或陈礼,尚无足够材料可以说明。③

要特别指出的是,本文目的不是论证陈氏每个例子均有问题,而是试图指出,无论是研究梁、陈礼制沿革,还是隋唐礼之源,都应该更重视梁初《五礼仪注》与陈礼、隋礼间的断层问题,而不应该简单地将梁、陈礼视为相似度极高的一个系统。同时,除了具有某朝礼学背景的学者朝代间活动外,仪注书的流传也是影响南北朝至隋唐礼制沿革流变的主要途径,需要加以关注。而在具体的仪节比对时,某代具有独创性的仪节是否为后代采用,才是两个朝代礼制传承的最主要标志。在这个意义上讲,陈文也确实举出了隋用梁礼很好的例证。

《隋书》卷十二《礼仪志七》云:

> 始后周采用周礼,皇太子朝贺皆衮冕九章服。开皇初自非助祭皆冠远游冠。至此,牛弘奏云:"皇太子冬正大朝请服衮冕。"帝问给事郎许善心曰:"太子朝谒着远游冠,有何典据?"对曰:"《晋令》皇太子给五十朝服远游冠,至宋泰始六年更议仪注……兼左丞陆澄议:'……宜遵前王之令典,革近代之陋制,皇太子朝请服冕。'至宋以下始定此仪,至梁简文之为太子,嫌于上逼,还远游冠,下及于陈,皆依此法,后周之时亦言服冕入朝,至于开皇,复遵魏晋故事。臣谓皇太子着远游冠谦不逼尊,于礼为允。"帝曰:"善。"竟用开皇旧式。④

① 《服周之冕》第七章《南朝冕服的复古与创新》,第 275 页。
② 当然可以认为陈代六冕是对梁初服制复古的一种延续,从而将梁、陈礼列为一个系统。但据阎步克先生考证,陈代这次改制实为对西魏、北周制度复古的一种响应,不一定与梁代有关。总之,从此例可以看出,在探讨礼制因革时,多发掘梁、陈礼不同之处,其意义更为重大。
③ 阎步克先生即认为开皇冕服制度实际是脱胎于北周之制,举出证据有两代均无大裘冕,且衮服九章等均与梁制差别较大,其说可从,参看《服周之冕》,第 313 页。如果说梁、陈旧人用北朝之制定隋之冕服,则梁、陈对于隋礼的影响也只局限为其提供制礼人才,而不是梁陈礼本身融入隋唐之制了。
④ 《隋书》,第 263 页。

陈氏云：

> 此节可取作例以为证明者，即隋代制礼实兼采梁陈之制。虽北周之制合于经典，牛弘亦所同意，然炀帝从许善心之言，依魏晋故事，不改开皇旧式，盖不欲泥经典旧文，而以江东后期较近之故事为典据，可知北齐间接承袭南朝前期之文物尚有所不足，不得不用梁陈旧人佐参定也。①

　　这个例子确实体现了隋文帝采用有梁礼背景礼官根据梁礼提出的建议②，应该说许善心的梁代礼学背景在这次议礼过程中与其所引用的梁代仪制十分契合③。笔者认为，这样的例子方能显示礼学人才作为某朝礼制的代表影响朝代间礼制因革。问题是这样的例子并不是很多。④

　　礼仪制度是一个包含多个层面制度的复合体，之前谈及郊祀、明堂行礼仪节和冕服制度，笔者还想从尊彝制度来考察梁及北朝直至隋唐礼之间的异同。

---

① 《隋唐制度渊源略论稿》，第66页。

② 尽管此例中梁初之制是来源于魏晋，但是所谓的独创性仪节并不一定就是某种前所未有的制度。此外，还要考虑其他方面的证据。在本例中，参照许善心的提议，毫无疑问，隋代受梁礼影响更为直接。又，《隋书·许善心传》云其"家有旧书万余卷"。善心父许亨在陈初议礼时屡引梁《五礼仪注》，似其有书可据，许善心或亦得见。可想而知，仪注书在礼学世家中的传承也是家学很重要的一个体现。

③ 当然，这次议礼的背景也可以再深入探讨。首先，开皇冕服制度是准备依北朝之制设计的，《隋书》卷十二《礼仪志》记隋代服云："高祖初即位，即改周制。"经过裴政建议，"于是定令，采用东齐之制"。这一记载与隋初整个仪注修撰方略是一致的。阎步克先生认为隋初冕服制度源出周代，"周代因子"影响大于南朝。不过阎先生也指出，"开皇冕服外观，除了章数不同，与北齐还是有不少相似之处的"（《服周之冕》，第314页下注）。而开皇冕制太子用远游冠其实是据魏晋之制而来，裴政论及五时冕色即以汉晋制度为准，可为旁证。

　　其次，大业年间这次冠制讨论中，许善心又特别提出了梁、陈有意降低太子用冕等级的旧事，其实也是有原因的。《隋书》卷十二《礼仪志七》云："开皇中，皇太子冕同天子，贯白珠。及仁寿元年，炀帝为太子，以白珠太逼，表请从青珠。"可见杨广对于太子冕制早有心得，至于其自居谦抑，实际想法是什么就不为人知了。总之这次命许善心参议，恐怕是有些明知故问的，所幸许氏体察圣意，没有如牛弘般不识时务。

④ 具体仪节方面，隋唐用梁礼的例子还是有的。《隋书》卷六《礼仪志一》云："（天监）五年，明山宾以为……及郊庙受福，惟皇帝再拜。明上灵降祚，臣下不敢同也，诏并依议。"按，受福后再拜礼，《三礼》中没有明确规定，明氏此议主要目的当然是为突出帝位至尊，不过仍算是合情合理。《大唐开元礼》郊、庙仪注均记受福酒后皇帝再拜（《开元礼》其他仪节有"在位者皆再拜""某官以下再拜"之说，知其言皇帝再拜并非省文。当然，唐代大祀均行三献礼，所以亚献、终献官饮福也行再拜），由于陈及北朝历代没有相关记载，至少目前可以认为《开元礼》此制袭梁礼。不过这种例子终究太少，也印证了天监《五礼仪注》过早散佚对梁礼流传造成了极大影响。

213

《周礼》中《春官·司尊彝》等章节所记载的六尊、六彝及五齐、三酒配合使用的制度是古代祭祀仪节中十分重要的部分①,但自秦汉以降,关于尊彝形制的说法众说纷纭,酒齐做法失传均导致历代尊彝制度较三礼所记简陋了许多②。而梁初定礼及北朝复古,此项制度又有了向先秦回归的倾向,到隋唐时尊彝制度复古基本完成。

先看梁代之制,《隋书》卷七《礼仪志二》云:

> (天监)五年,明山宾议:"樽彝之制,祭图唯有三樽:一曰象樽,周樽也;二曰山罍,夏樽也;三曰著樽,殷樽也。徒有彝名,竟无其器,直酌象樽之酒,以为珪瓒之实。窃寻祼重于献,不容共樽,宜循彝器,以备大典。案礼器有六彝,春祀夏礿,祼用鸡彝鸟彝。王以珪瓒初祼,后以璋瓒亚祼,故春夏两季,俱用二彝。今古礼殊,无复亚祼,止循其二(按,即云无亚祼,此处疑当作'止循其一')。春夏鸡彝,秋冬斝彝,庶礼物备矣。"帝曰:"鸡是金禽,亦主巽位。但金火相伏,用之同夏,于义为疑。"山宾曰:"臣愚管,不奉明诏,则终年乖舛。案鸟彝是南方之物,则主火位,木生于火,宜以鸟彝春夏兼用。"帝从之。③

今按,所谓祭图只有三樽,六彝有名无器,包括祼礼时只从象樽中取酒无专门之盛器,说的应该都是梁初袭用南齐之制。④ 在明山宾的建议下,梁初这次尊彝制度改革,主要是完善了尊彝种类,《隋书》卷十三《音乐志》记梁宗庙皇帝初献奏登歌,其辞云:"牺象既饰,罍俎斯具。我郁载馨,黄流乃注。"⑤在前代三樽之外又提到了牺尊,估计应当是六尊齐备了,然而《周礼》盛郁鬯所用六彝,经过与武帝与礼学士讨论后,却没有全部恢复,理由是近代已不行皇后祼礼,故而只

---

① 从狭义的祭仪角度讲,尊彝酒齐其实是比舆服车制更为核心的制度。但相比历代服制、车制,对于南北朝隋唐间尊彝制度,学者一直关注较少。
② 王肃、郑玄关于牺尊形制的不同说法,以及郑玄据汉代制酒之法推测先秦五齐三酒可见孙诒让《周礼正义》(中华书局1987年)卷九《酒正》、卷三十八《司尊彝》等节相关考述。
③ 《隋书》,第133页。
④ 今本阮谌《三礼图》有牺尊,明氏所云《祭图》未详,似为前代仪注之书。
⑤ 《隋书》,第299页。

保留了春夏之鸡彝与秋冬之斝彝①,其后梁武又用五行之说将鸡彝换成了鸟彝。总的来看,梁初此次尊彝复古因为彝制有阙,显得并不是那么彻底。

再来看北齐之制,《隋书》卷十四《音乐志中》记北齐庙祭,太祝祼地奏登歌乐辞云:"郁鬯惟芬,珪璋惟洁。彝斝应时,龙蒲代用。"②北齐是否有六尊之制,文献中没有确证。不过就六彝制度来讲,高齐要比梁代复古得更彻底,天监议礼因为皇后不预庙祭,所以六彝中皇后所用就省略了。而后齐乐辞中"珪璋"之"璋",正是皇后酌郁鬯祼地求神所用之璋瓒,亦与《隋书·礼仪志》记后齐庙礼"皇后预祭"吻合,看来其乐章之词并非用典而不顾事实。当然祼礼由太祝负责,则璋瓒应当也是由太祝代用。这里不妨再考查一下两代《仪注》的经学背景,《礼记·郊特牲》郑注云:"祭齐加明水,三酒加玄酒。"这是说古人贵质,祭祀酒齐都要配以清水,也就是所谓明水。具体的配合方法据《郑志》所云为"一鸡彝盛明水,鸟彝盛郁鬯"③。以春夏祭为例,樽酒配置就应该是,鸡彝盛水,鸟彝盛郁鬯,秋冬及禘祫之制可以此类推。用郑说来比较两代之制,北齐祭祀材料中没有明确提到明水,暂且不论。梁初之制以帝后分用鸡彝、鸟彝,显然是与郑说不同了,《通典》卷四十九《吉礼八》云:"时享,王酌鸡彝,后酌鸟彝。"孙诒让指出此制与郑说不同④,不过看来《通典》所记倒是与梁初实际行礼制度一致⑤。

后周宇文氏大力推行制度复古,在尊彝酒齐方面也当有所作为,不过由于材料有限,以下只就确实可考者言之。《隋书》卷十四《音乐志中》记后周圆丘,初献及献配帝毕登歌辞云:"鬱金酒,凤凰樽。"⑥《司尊彝》郑注云:"鸡彝、鸟彝,谓刻而画之为鸡、凤凰之形。"这里的凤凰樽很有可能指的就是鸟彝⑦,而且以鸟彝盛郁鬯,也许前引郑说相符。同卷记宗庙歌辞,《皇夏》章辞云:"雕禾饰斝,翠羽承樽。"⑧

---

① 《周礼》六彝中虎彝、蜼彝据郑玄说乃用于禘祫,在时享之外,此处暂不论。
② 《隋书》,第 322 页。
③ 见《司尊彝》孔颖达疏引。《周礼注疏》,《十三经注疏》,中华书局 1980 年,第 773 页中栏。
④ 《周礼正义》,第 1516 页。
⑤ 至于二者源流问题现已难以详考了。
⑥ 《隋书》,第 334 页。
⑦ 六尊中的象樽据郑玄说亦为刻画凤凰之形,不过笔者认为此处所指应该还是鸟彝。
⑧ 《隋书》,第 339 页。

《司尊彝》郑注云："斝读为稼,稼,彝画禾稼也。"此则为后周有斝彝之证。①

隋唐尊彝制度复古的趋势更为明显,《隋书》卷十五《音乐志下》记隋代宗庙歌辞,其中有"幽金既荐""彝斝尽饰"之类描述,均是隋代有盛郁鬯器之证,《大唐开元礼》卷三十七《皇帝时享太庙》陈设章云："春夏每室鸡彝一、鸟彝一、牺樽二、象樽二、山罍二;秋冬每室斝彝一、黄彝一、著樽二、壶樽二、山罍二。"又晨裸节夹注云："鸡彝、斝彝及牺尊、著尊、壶尊之上尊皆实以明水,山罍之上尊实以玄酒。鸟彝、黄彝实以郁鬯。"②

总的来看,《开元礼》尊彝之制与《周礼》虽有小异,但可算得上是极大程度的复古了。比较历代之制,梁礼虽拟古而不彻底,在涉及亚裸用器时根据当时实际情况做了改动,这种做法固然无可厚非,甚至合情合理,但与北朝包括唐礼相比,复古的程度就要差很多了。北齐皇后预祭,古礼为亚裸设计的璋瓒酌鸟彝、黄彝也备齐了。周代后亦预祭,相应裸器史籍无考,不过《隋书》卷七《礼仪志二》云:周代"亦以皇后与祭,其仪与后齐同,所异者,皇后亚献讫,后又荐加豆之笾"③。可见周代皇后参与行礼尚多于后齐,亚裸用器存在可能很大。《开元礼》六尊六彝齐备,但没有了皇后参与的环节,这一点可以说是制礼者对南朝传统的妥协,却不能单纯视为沿用梁礼。④ 更重要的是,唐礼中郁鬯、明水与彝器配合之法显然接近郑玄之说而与梁制及《通典》所记不同。至少在尊彝制度这个微观层面上,梁代的复古做法及其背后的经学取向从一开始就独树一帜,与北朝、隋唐礼拉开了距离。

通过以上对现存仪注材料的分析,我们发现以天监《五礼仪注》为代表的梁初礼,其独创性较之南北朝其他时期非常突出,这些梁礼创新之处本来很可能借由梁、陈两代礼学人才参与创制隋礼等途径而融入隋、唐仪制。但是最终,《五礼仪注》的亡佚极大地妨碍了天监礼流传,这使得我们只能遗憾地说,梁《五礼仪注》之于礼制史最大的意义其实正在于其过早的湮灭无闻。

---

① 在此不妨回顾南齐之制,我们推测之前明山宾所言为南齐或梁初情况,而南齐祭祀材料中也确实没有提及盛郁鬯的六彝,《南齐书·音乐志》载《藉田乐章》中有"琼斝尽饰",但此斝乃为饮器中之斝爵,并非盛郁鬯器,可见齐代祭祀乐章基本写实而没有夸张。
② 《大唐开元礼》,第 272 页。
③ 《隋书》,第 136 页。
④ 可参看《魏晋南北朝史札记》"皇后预祭宗庙"条,第 427 页。

这部汇集了齐、梁间诸多礼学名家修成的《仪注》巨制最终没有对后世产生应有的影响,让我们在叹惋之余,对于隋唐五礼的源流也有了一些新的认识。①

①　阎步克先生继陈戌国先生后,明确地提出隋唐制度五源之说,即在原有三源外,增加了汉晋之制及古礼(《服周之冕》,第 316 页)。随着对新的制度源头的发掘,是否意味着原有三源中有被过高估计之处呢? 笔者以为从礼制层面看,至少梁初之制对隋唐礼的影响是应当重新审视的。

第四编

正史礼志校勘献疑

中华书局本《晋书·礼志》
《宋书·礼志》校勘献疑

　　《晋书·礼志》《宋书·礼志》是记录晋、宋两代礼乐祭祀制度的最重要文献，《晋书·礼志》材料源自唐时可见的诸家《晋书》或沈约《宋书》相关部分，现已难考。但《宋志》记事多追溯晋代制度、史事，同时收录了颇多晋代礼官奏议、皇帝诏旨原文，这就造成了两史《礼志》记事行文多有相同之处，由此形成的异文材料为校勘两《志》提供了极有价值的参考。

　　中华书局点校本《晋书》《宋书》校勘精审，是目前二史最完善之精本，久为学界所推重。然两书《礼志》部分牵涉祭祀、职官制度及两代史事较多，颇为繁杂，标点本偶有疏失，亦属在所难免。本文试就几处校勘问题粗陈拙意，与点校本商榷。末学肤受，不敢自信，大雅君子，幸垂教焉。

《晋书·礼志》

　　1.《晋书》卷十九《礼上》："明乎一谦三益之义，而教化行焉。"①

　　按，"三"疑当作"四"，字之误也。"一谦四益"典出《周易》，《谦》卦彖辞云："天道亏盈而益谦，地道变盈而流谦，鬼神害盈而福谦，人道恶盈而好谦。"②《汉书》卷三十《艺文志》云："道家者流，盖出于史官。……合于尧之克让，易之嗛嗛，一谦而四益，此其所长也。"③

---

① 房玄龄等撰：《晋书》，中华书局1974年，第580页。
② 孔颖达等撰：《周易正义》，中华书局1979年，第31页上栏。
③ 班固：《汉书》，中华书局1962年，第1732页。

2.《晋书》卷十九《礼上》:"尚书左丞王纳之独曰。"①

按,"纳"当作"讷"。说详点校本《宋书》卷十六《礼三》"尚书左丞王纳之独曰"句《校勘记》。②

3.《晋书》卷十九《礼上》:"散骑常侍领太史令高堂隆以为:'黄于五行,中央土也,王四季各十八日。土生于火,故于火用事之末服黄,三季则否。其令则随四时,不以五行为令也,是以服黄无令。'"③

《校勘记》云:"高堂隆'其令则随四时'之说,盖本于《春秋繁露·五行之义》《白虎通·五行》'土不名一时'之说,谓不以土行为令也。《通典》七十于此,'五'作'土',当是。"

按,此校疑误,"五行"不当改,"令"疑当作"分",原文当为"不以五行为分也"。"分""令"形近而讹,或涉下文"服黄无令"误。《宋书》卷十五《礼二》亦引高堂隆语,正作"不以五行为分"④,《宋志》亦未出校。

据文义,曹魏于春夏秋冬四季读时令,但夏季末大暑不读令。对此礼制的解释,高氏认为,四时之令若按五行分为五,则土行王于每季末十八日,均当服黄,均当别行土令,但其实依礼只有夏季末服黄。所以,此言"不以五行为分"即指土令所王之日既然已在四时,则不应再因五行有别而与四时之令"分开"单独而行,如此正合下文"服黄无令"之意。且上文言"随四时",此言"不以五行分",文气顺畅。《通典》作"不以土行为令",其实上文明言土令"随四时",并非无令。《校勘记》引"土不名一时"之说,于礼制无误,但本文重在论证土令不当离四时而单行,依《宋志》文既可通,实不当轻改。

4.《晋书》卷十九《礼上》:"江左元帝将修耕藉,……贺循答:'汉仪无正有至尊应躬祭之文。'"⑤

《校勘记》云:"《拾补》'正有'二字衍。按,《通典》四六无,应删。"

按,此校据《群书拾补》说及《通典》文,径删去原文二字,似未确。"正有"疑

---

① 《晋书》,第585页。
② 沈约:《宋书》,中华书局1974年,第457页。
③ 《晋书》,第588页。
④ 《宋书》,第385页。
⑤ 《晋书》,第589页。

当作"正月",形近而讹。《后汉书》卷十四《礼仪上》言耕籍事云:"正月始耕。"①

5.《晋书》卷十九《礼上》:"乃使侍中成粲草定其仪,……公主、三夫人、九嫔、世妇、诸太妃、太夫人及县乡君、郡公侯特进夫人、外世妇、命妇皆步摇,衣青,各载筐钩从蚕。"②

按,《宋书》卷十四《礼志一》亦载晋成粲所定先蚕之制,"太夫人"作"公太夫人,公夫人"③,余皆同,疑是。考晋先蚕车服之制,《晋书》卷二十四《舆服志》载:"诸王妃、公太夫人、夫人、县乡君、诸郡公侯特进夫人助蚕,乘皂交路安车,驾三"④,亦有"公太夫人,夫人",正与前引《宋志》文相符。又《宋书》卷十五《礼志五》云:"晋《先蚕仪注》,……九嫔及公夫人五钿。"⑤《晋书》卷二十四《舆服志》言蚕衣之制又云:"郡公侯县公侯太夫人,夫人银印青绶;……公特进侯(夫人)卿校世妇,……绀缯帼。"⑥两史志文均有省,然《宋志》言及"公夫人",《晋志》"公夫人"与"特进夫人""侯夫人"并举,殆因三者均为非宗室者妻,正与上文郡、县公侯妻相对。另据历代先蚕之制,王公显要之妻均与祭,公官秩一品,无由独阙。要之,此处疑误,当以出校为宜。

6.《晋书》卷十九《礼上》:"封人所掌社壝之无稷字,说者以为略文,从可知也。"⑦

《校勘记》云:"原脱'社'字,今据《周礼·地官》《通典》四五及上文补。"

按,此校可商,原文自可通。本句出自傅咸上表,《校勘记》所云上文与同页"《周礼》封人掌设社壝,无稷字"亦为表文,语出《周礼·地官》⑧,无疑义。傅咸先引《周礼》之文,但此处再论封人职事则未必需要再重复引用,此节主旨在论

---

① 孔颖达等撰:《春秋左传正义》,中华书局 1979 年,第 3106 页。

② 《晋书》,第 590 页。

③ 《宋书》,第 356 页。

④ 《晋书》,第 764 页。

⑤ 《宋书》,第 506 页。

⑥ 《晋书》,第 774 页。笔者按,先蚕礼与祭者以女性为主,历代皆然,不当有公、特进及侯,窃疑"侯"字下脱去"夫人",当作"公、特进、侯夫人;卿、校世妇",《宋书》卷十五《礼志五》引晋《先蚕仪注》文正如此,《隋书·礼仪志六》言梁蚕衣制,作"公、特进、列侯、卿、校、中二千石夫人",礼制代有相沿,亦可为旁证。

⑦ 《晋书》,第 592 页。

⑧ 孔颖达等撰:《周礼注疏》,中华书局 1979 年,第 720 页上栏。

封人所掌设为社壝并稷壝,抑或如经文所云只社壝,均言"壝"事,故行文以"掌壝"统言之。《宋书》卷一十四《礼志四》引此表作"封人设壝之无稷字"①。《册府元龟》卷五百七十四《掌礼部·奏议二》作"封人所掌壝之无稷字"②。俱可证。《册府》此卷所引均为晋代奏议,则其所据《晋书》本无"社"字。

7.《晋书》卷十九《礼上》:"元帝既即尊位,上继武帝,于元为祢,如汉光武上继元帝故事也。"③

按,"于元为祢"之"元"疑当作"礼",涉上下文"元帝"而误。《宋书》卷十六《礼志三》《通典》卷四十七《吉礼六》引此句均作"礼"。④ 这段话主语是元帝,"即尊位,上继武帝"者均为元帝,如依原文作"于元为祢",只能变换主语,理解为"武帝之于元帝为祢",否则则成"元帝于元帝为祢"。而且史籍中少有以"元"代指元帝的用法,《宋志》《通典》文义较优,当据改。

8.《晋书》卷二十《礼志中》:"及李亡,诜疑制服。"⑤

《校勘记》云:"《拾补》:《通典》四八'制'作'晖',盖诜子也,与下文'为晖也母'相应。"

按,此校似不必出。前文云:"零陵李繁姊先适南平郡陈诜为妻,产四子而遭贼。姊投身于贼,请活姑命,贼略将姊去。诜更娶严氏,生三子。繁后得姊消息,往迎还诜,诜籍注领二妻。"此言李繁姊亡,陈诜为妻服丧当无疑问,则其所疑丧服之制必为其子为母之服,且"制服"一词为言丧服礼时常用语,后文司马王愆期之议:"为诜也妻,则为晖也母,晖之制服无所疑矣。"即是,均围绕子为生母、继母服展开。《通典》文义固然较确,然史志因上下文语境而省,亦无歧义。

9.《晋书》卷二十一《礼志下》:"江左以来,太子婚,纳征礼用玉璧一,兽皮二,未详何所准况。或者兽取其威猛有班彩,玉以象德而有温润。"⑥

按,两"兽"字疑并当作"虎",后人避唐讳改字。钱大昕《廿二史考异》卷三

---

① 《宋书》,第480页。
② 王钦若等撰,周勋初等校订:《册府元龟》,凤凰出版社2006年,第6612页。
③ 《晋书》,第603页。
④ 《宋书》,第447页;杜预撰,王文锦点校:《通典》,中华书局1988年,第1306页。
⑤ 《晋书》,第642页。
⑥ 《晋书》,第669页。

十四《隋书二》云："唐人讳虎,史多改为武,或为兽。"《宋书》卷十四《礼志一》《册府元龟》卷五百七十六《掌礼部·奏议四》并作："有司奏:'按晋江左以来,太子婚,纳征,礼用玉一,虎皮二,未详何所准况。或者虎取其威猛有彬炳,玉以象德而有温润。'"①

10.《晋书》卷二十一《礼志下》："太元中,公主纳征以兽豹皮各一具礼,岂谓婚礼不辨王公之序,故取兽豹以尊革其事乎!"②

《校勘记》云:"周校:'革'当在'兽豹'下,文乃顺。"

按,两"兽豹"疑并当作"虎豹",说见上则。又,此段文字亦见《宋书》卷十四《礼志一》博士裴昭明议:"案《周礼》,纳征,玄缥束帛俪皮。郑玄注云:'束帛,十端也,俪,两也。两皮为庭实,鹿皮也。'晋太子《纳妃仪注》,以虎皮二。太元中,公主纳征,以虎豹皮各一具。岂谓婚礼不辨王公之序,故取虎豹皮以尊革其事乎?"③《宋志》此作"虎豹皮"者,若依周说,作"虎豹皮革",似不文。《晋志》此段文盖源于《宋志》,而行文有省略。详绎《宋志》文义,盖谓因皇室尊贵,用虎豹皮为纳征礼,以变革《周礼》士婚用鹿皮之制,文义通顺,无烦校改。"礼"字据《宋志》或为衍文。"具"作量词可用于席状物,《史记》卷一百二十九《货殖列传》云:"旃席千具。"④此处"虎豹皮各一具"即虎豹皮各一之义。

11.《晋书》卷二十一《礼志下》："赵王伦篡位,三日会天泉池,诛张林。怀帝亦会天泉池,赋诗。陆机云:'天泉池南石沟引御沟水,池西积石为禊堂。'"⑤

按,三"天泉池"并当作"天渊池",后人避唐讳而改。"天渊池"自魏代即为皇家行禊事之所,《宋书》卷十五《礼志二》云:"魏明帝天渊池南,设流杯石沟,燕群臣。"⑥《南齐书》卷九《礼志上》全载《晋志》此段文,亦作"天渊池"。⑦ 俱可证。

---

① 《宋书》,第340页;《册府元龟》,第6634页。
② 《晋书》,第670页。
③ 《宋书》,第340页。
④ 司马迁:《史记》,中华书局1959年,第3274页。
⑤ 《晋书》,第671页。
⑥ 《宋书》,第386页。
⑦ 萧子显:《南齐书》,中华书局1972年,第149页。

《宋书·礼志》

1.《宋书》卷十四《礼志一》：

> 成帝咸康二年（336），临轩，遣使兼太保领军将军诸葛恢……拜皇后
> 杜氏。①

按，"使"下疑当有"持节"二字，此言晋成帝时事，《晋书》卷二十一《礼志下》所引帝婚礼使诸葛恢列衔正作"遣使持节、兼太保，领军将军"②。"使持节"为官名，《晋书》卷二十四《职官志》云："使持节为上，持节次之，假节为下。使持节得杀两千石以下。"③《宋书》卷十四《礼志一》云："晋武帝泰始十年（274），将聘拜三夫人九嫔……于是临轩使使持节兼太常拜夫人。"④《晋书》卷二十一《礼志下》载穆帝时王彪之所制帝婚纳彩等六礼版文，作"今使使持节、太常某，宗正某"⑤，行某事云云。则晋代三帝婚礼同用使持节拜后，亦可证。

2.《宋书》卷十四《礼志一》：

> 康帝建元元年（343），纳后褚氏。而仪注陛者不设旄头。殿中御史奏：
> "今迎皇后，依昔成恭皇后入宫御物，而仪注至尊衮冕升殿，旄头不设，求量
> 处。又案昔迎恭皇后，唯作青龙旗，其余皆即御物。今当临轩遣使，而立五
> 牛旗旗，旄头毕罕并出。即用旧制，今阙。"⑥

《校勘记》云：

---

① 《宋书》，第 336 页。
② 《晋书》，第 665 页。
③ 《晋书》，第 729 页。
④ 《宋书》，第 341 页。
⑤ 《晋书》，第 666 页。
⑥ 《宋书》，第 337 页。

"即用旧制今阙"各本并作"即用故至今阙",据《通典·礼典》改。

按,此校据《通典》改本文,疑未确。《晋书》卷二十一《礼志下》全引此段文,末句作"旄头毕罕并出即用,故致今阙"[1]。与《宋志》诸本同,唯"至"作"致",疑此处文字、标点均当从《晋志》。此段文述晋康帝时御史奏称迎后仪注有疑,主旨在论仪注所定皇帝升殿无"旄头"仪仗之不当,考《宋书》卷十四《礼志一》所记晋、宋两代帝婚礼,均有皇帝服衮冕升太极殿,临轩遣使之仪,升殿时"虎贲、旄头遮列,五牛旗皆入"[2]。故御史奏称,"仪注至尊衮冕升殿,旄头不设,求量处"。究其原因则在于仪注拟于遣使迎后仪卫中设"五牛旗","旄头毕罕并出"迎后,如此则皇帝升殿时仪卫有阙。

御史又引成帝迎恭后旧制作为证据,彼时迎后只用"青龙旗""五牛旗",而"旄头""毕罕"均不用,故帝之仪卫有"旄头"。可见此处"今当临轩遣使,而立五牛旗旗,旄头毕罕并出即用,故致今阙"实与前文"仪注陛者不设旄头""仪注至尊衮冕升殿,旄头不设"相呼应,"即用"指的是"旄头",而非"旧制","故致今阙"自然是指此次仪注中因为"旄头"用于迎后,而皇帝仪卫有阙。同页下文又有康帝诏曰:

> 所以正法服、升太极者,以敬其始,故备其礼也,今云何更阙所重而彻法物邪!又恭后神主入庙,先帝诏后礼宜降,不宜建五牛旗,而今犹复设之邪,既不设五牛旗,则旄头毕罕之物易具也。

寻文义,康帝亦以升殿临轩遣使之礼为重,而否定仪注用"五牛旗""旄头"等仪卫于后,正与上文御史所奏相符。要之,此处文义大体通顺,字句容有伪夺("即"疑作"既"),《宋志》作"至今",文义已稍显不明,《通典》作"即用旧制"文义则正相反,且与下文帝诏文之义不相呼应,此殆杜氏依《宋志》文而参己意改之,故不可从。

---

[1] 《晋书》,第665页。
[2] 《宋书》,第341页。

3.《宋书》卷十四《礼志一》：

> 汉仪,则仲夏之月设之,有桃卯,无磔鸡。……桃卯本汉所以辅,卯金又宜魏所除也。①

按,两"桃卯"并当作"桃印",形近而讹。《后汉书》卷十五《礼仪志中·桃印》云:"仲夏之月,万物方盛。……以桃印长六寸,方三寸,五色书文如法,以施门户。代以所尚为饰。……周人木德,以桃为更,言气相更也。汉兼用之……"②按,"桃印"之制,汉人追溯至周代,又搀以五行德运之说,故《后汉志》"桃印"条注、《晋书》卷十九《礼志上》并云:"桃印本汉制,所以辅卯金。魏除之也。"③与《宋志》作"桃卯本汉所以辅"相比,文义较优。疑当据补"制"字,并改标点。

4.《宋书》卷十四《礼志一》：

> 取民妻六人为蚕母。④

《晋书》卷十九《礼志上》、《通典》卷四十六《吉礼五·先蚕》并作"取列侯妻六人为蚕母"⑤。《群书拾补》云:"《宋志》作取民,此避民讳,当言百姓,不当言列侯。"⑥点校本晋、宋两志此句均未出校。

按,卢校以《宋志》作"民"为正,并改《晋志》"列侯"为"百姓",疑其说未确。《宋志》此处乃述晋武帝时事,《宋书》卷十八《礼志五》记晋先蚕礼服云:"晋《先蚕仪注》,……公特进列侯夫人,卿校世妇,二千石命妇年长者,绀缯帼。"⑦《晋书》卷二十五《舆服志》云:"公特进侯卿校世妇,中二千石二千石夫人绀缯

---

① 《宋书》,第342页。
② 《后汉书》,第3122页。
③ 《后汉书》,第3122页;《晋书》,第600页。
④ 《宋书》,第356页。
⑤ 《晋书》,第590页;《通典》,第1289页。
⑥ 卢文弨:《群书拾补》,《丛书集成初编》本,中华书局1991年,第265页。
⑦ 《宋书》,第505页。

帼。"①则两志所记晋先蚕服制中均有列侯夫人。礼服据与祭者而定,《宋书》礼志文若作"民妻"或"百姓妻",则"列侯夫人"有祭服无掌事,于礼不合。又按,《宋志》原文上有"郡公侯夫人",依先蚕之制,各级公侯妻据参加行礼,亦无由独阙"列侯夫人"。卢校所据为校勘学致误通例,虽有理据,终属外证。点校本《晋志》校记不取,实为有见。然两史《礼志》所记同为一事,文既不同且文义迥异,仍当于此处出校为宜。

5.《宋书》卷十四《礼志一》:

> 公主、三夫人、九嫔……各载筐钩从。蚕桑前一日,蚕宫生蚕着簿上。②

按,此处标点宜作:"各载筐钩从蚕。桑前一日,蚕宫生蚕着簿上。"文义较明。先蚕礼主祭者为皇后,公主等从祀,故曰"从蚕"。"桑前一日"之"桑"乃谓采桑行礼,主语为祭者而非蚕,下文云:"躬桑日,……皇后东面躬桑,采三条。"中"桑"字用法正同。此段文依时间顺序分述行礼前一日与行礼当日事,若依原标点则文理有欠通顺。《晋书》卷十九《礼志上》亦载此仪注,作"各载筐钩从蚕。先桑二日,蚕宫生蚕着簿上。"③标点无误,可参考,唯作"二日"与《宋志》异,未知孰是。

6.《宋书》卷十五《礼志二》:

> 驸马都尉奉朝请徐道娱上表曰:"谨案晋博士曹弘之议,立秋御读令,上应着缃帻,遂改用素,相承至今……"④

按,"应"上疑脱去"不",当作"上不应着缃帻,遂改用素"。《说文新附·糸部》:"缃,帛浅黄色也。""缃帻"为浅黄色,故曰"遂改用素"。《晋书》卷二十五《舆服志》云:"汉仪,立秋日猎,服缃帻。及江左,哀帝从博士曹弘之等议,立秋御读令,改用素白。"⑤其义正同,可证。

---

① 《晋书》,第774页。笔者按,"侯"字下当依《宋志》有"夫人"二字,说详本文第5则。
② 《宋书》,第356页。
③ 《晋书》,第590页。
④ 《宋书》,第384页。
⑤ 《晋书》,第771页。

7.《宋书》卷十五《礼志二》：

> 中将军羊祜等奏曰："……辄敕御府易服，内省改坐，太官复膳……"①

按，"内省"疑当作"内者"，形近而误。"内者"为官名，掌帝所用帷帐等物，《汉书》卷九十七《王莽传》中云："予以二月建寅之节行巡守之礼，太官斋糒干肉，内者行张坐卧。"②《后汉书》卷十《皇后传上·和熹邓太后》李贤注引《汉官仪》云："内者，主帷帐。"③均是其证。"内省"乃指宫禁或宫中所设之官署，非专掌帷帐坐具之司。此奏为晋武帝时群臣劝帝除丧即吉所上，《晋书》卷二十《礼志中》引此奏文正作"内者改坐"④。

8.《宋书》卷十六《礼志三》：

> 诏曰："有司前奏郊祀权用魏礼。朕不虑改作之难，今便为永制。众议纷互，遂不时定，不得以时供飨神祇……"⑤

按，"今"当作"令"，形近而讹。"令便为永制"指的是"朕之前因为没有考虑到改定礼制的困难，便下令命礼官制定晋礼"，所以造成了下文所谓"众议纷互，遂不时定，不得以时供飨神祇作"的后果。如作"今"则文义难通。《晋书》卷十九《礼志上》引此诏正作"令"⑥，可据改。

9.《宋书》卷十六《礼志三》：

> 太常顾和表曰："……及中兴草创，百度从简，合北郊于一丘。"⑦

---

① 《宋书》，第388页。
② 《汉书》，第4133页。
③ 《后汉书》，第442页。
④ 《晋书》，第614页。
⑤ 《宋书》，第423页。
⑥ 《晋书》，第583页。
⑦ 《宋书》，第424页。

按，"北郊"疑当作"七郊"，涉上文"始建北郊"而误。"七郊"指天地二郊与迎气五郊，《后汉书》卷十八《祭祀志中》云："迎时气，五郊之兆，……兆五郊于洛阳四方。"①卷十四《礼仪志上》云："于是七郊礼乐三雍之义备矣。"②可证东汉有"七郊"之礼，《晋书》卷二十二《乐志上》载有武帝时傅玄作词祭祀乐章：《祀天地五郊夕牲歌》《祀天地五郊迎送神歌》及《饗天地五郊歌饗》③，则晋初亦有"七郊"之礼。《宋书》卷十六《礼志三》云："汉明帝据《月令》有五郊迎气服色之礼，因采元始中故事，兆五郊于洛阳，祭其帝与神，车服各顺方色。魏晋依之。江左以来，未遑修建。"④是元帝时，东晋未及建五郊迎气坛，然迎气之事未必则无，《晋书》卷十九《礼志上》言元帝郊祀，"是时尚未立北郊，地祇众神共在天郊"⑤，可推知其时迎气之祭亦当权在天坛。又，《晋书》卷十九《礼志上》、《册府元龟》卷五百七十五《掌礼部·奏议五》均引顾和表，并作"七郊"⑥，前言"百度从简"，亦不合只涉北郊。《晋志》"七郊"与《宋志》此处"北郊"文义迥异，须当出校，依笔者浅见，似当作"七郊"为是。

10.《宋书》卷十六《礼志三》：

> 太康十年(289)十月，乃更诏曰……晋武帝太康三年(282)正月，帝亲郊祀。皇太子、皇弟、皇子悉侍祠，非前典也。⑦

按，此处行文顺序疑有舛误。依本志通例，武帝太康三年事当在太康十年事前，且记某帝一朝之事，帝号亦当在行文之前。《晋书》卷十九《礼志上》行文之序正先言"晋武帝太康三年"云云，再言"太康十年十月"事⑧，唯少"皇弟""非前典也"六字。

11.《宋书》卷十六《礼志三》：

> 太常顾和表曰："……魏承后汉，正月祭天，以地配，而称周礼，三王之

---

① 《后汉书》，第3181页。
② 《后汉书》，第3108页。
③ 《晋书》，第680页。
④ 《宋书》，第433页。
⑤ 《晋书》，第584页。
⑥ 《晋书》，第585页；《册府元龟》，第6620页。
⑦ 《宋书》，第424页。
⑧ 《晋书》，第584页。

郊,一用夏正。"①

按,《晋书》卷十九《礼志上》亦引此表,作"魏承后汉,正月祭天以地配。时高堂隆等以为礼祭天不以地配,而称《周礼》三王之郊一用夏正。"②文义较具。

12.《宋书》卷十六《礼志三》:

> 有司奏:"晋时既出遇雨,顾和亦云宜更告。"③

《校勘记》云:

> "更告"《通典·礼典》作"更择吉日"。

按,此校似不必出。"更告"谓郊时遇雨改日而再次告于宗庙,后文徐禅云:"若得迁日,应更告庙与不。"可证。《通典》引文往往有改动,既不关涉文义,无烦出校。

---

① 《宋书》,第 424 页。
② 《晋书》,第 585 页。
③ 《宋书》,第 428 页。

点校本《南齐书·礼志》献疑

　　《南齐书·礼志》是记录南齐一代礼乐祭祀制度的重要文献,中华书局标点本点校精审,久为学界推重,然礼学繁难,《礼志》行文中往往记录礼官就某一仪节反复辩论,这就要求校勘时除了一般的印证他书引文等方法外,更须贯通议礼者思路,以上下文互证,方能更好的考见原文面貌。点校本的工作尚存在一些可商之处,包括疑误当出而未出、标点不当影响文义等,共计十一处,均须加以订正。

　　1.《南齐书》卷九《礼志上》云:

　　　　八座丞郎通关博士议。曹郎中裴昭明、仪曹郎中孔逷议:……①

　　点校本《校勘记》云:

　　　　按"曹郎中"三字疑有伪,或"曹"上夺一字。《元龟》五百七十七"八座丞郎通关博士议"下叠一"议"字,然有仪曹郎中而无议曹郎中;且下云仪曹郎中裴昭明、孔逷,如裴昭明亦为仪曹郎中,则当云"仪曹郎中裴昭明、孔逷",不当在孔逷姓名上更着职位也。据《良政·裴昭明传》但言泰始中为太学博士,历祠部通直郎,不及历官郎中事。

　　按,此校考证详明,然仍有探讨之余地。"曹郎中"疑当作"兼郎中","兼"

_____

① 《南齐书》,中华书局1972年,第118页。

"曹"形近而讹。兼职之制,多见于史文,同卷即有"兼祠部郎何佟之"①。尚书省分曹治事,兼任各曹郎中者可称兼某曹郎,《梁书》卷三十六《孔休源传》云:"高祖亦素闻之,即日除兼尚书仪曹郎中。"②卷五十《文学下·陆云传》云:"召兼尚书仪曹郎,倾之即真。"③《南齐书》卷五十三《良政·虞愿传》言其仕履,"除太常丞,尚书祠部郎,通直散骑侍郎,领五郡中正,祠部郎如故"④。《宋书》卷十六《礼志》云:"有司奏前兼曹郎虞愿议:……"⑤此处兼曹郎当即《南齐书》所云之"祠部郎"。"通直"所谓通员直之义,与兼职相近,宋、齐仪曹均属祠部,故《裴昭明传》记其任祠部郎与此处所言兼仪曹郎可能即为一事,或本传言其仕履文有省略。裴氏与孔遐同属仪曹,既已详于孔遐之列衔,故只言裴绍明为兼郎中。

2.《南齐书》卷九《礼志上》云:

> 高堂隆表,二郊及明堂宗庙各一日,挚虞《新礼》议明堂南郊间三兆,禋天饗帝共日之证也。⑥

按,"共"字上疑脱去"不",当作"禋天饗帝不共日之证也"。否则语意正相反。此句出自陆澄奏议,永明二年(484)时群臣议定南郊、明堂行礼是否当在一日,诸人各有主张。陆澄此议开篇云:"郊宗地近,势可共日。不共者,义在必异也",即表明其主张郊宗之祭理当分日,以下又云:"元始五年(5)正月六日辛未,郊高皇帝以配天,二十二日丁亥,宗祀孝文于明堂配上帝。永平二年(59)正月辛未,宗祀五帝于明堂,光武皇帝配。章帝元和二年(85),巡狩岱宗,柴祭,翌日,祠五帝于明堂。"引汉代平帝、明帝、章帝时南郊、明堂行礼均不共日为证,故云:"郊堂宜异,于例益明。"陆氏于其议之末更建议:"今明堂用日,宜依古在北郊后。"⑦此均为其主张明堂南郊之祭不当共日行事之证。引文中高堂隆之说亦

---

① 《南齐书》,第137页。
② 《梁书》,中华书局1975年,第520页。
③ 《梁书》,第726页。
④ 《南齐书》,第915页。
⑤ 《宋书》,第431页。
⑥⑦ 《南齐书》,第125页。

同,则引虞挚《新礼》亦当为证明郊堂不共日之说。要之,此处疑误,须出校为宜。

3.《南齐书》卷九《礼志上》云:

> 贺循《祭义》犹用鱼十五头。①

按,"《祭义》"疑当作"《祭仪》",贺循所作言祭祀仪制之书。《通典》卷四十八《吉礼七·诸侯士大夫宗庙·晋》云:"贺循《祭仪》云:'祭以首时及腊,……'"②以下言所用祭品、仪节甚详,疑《南齐志》所云"用鱼十五头"即出自此书。

4.《南齐书》卷九《礼志上》云:

> 建元四年(482)正月,诏立国学,置学生百五十人。其有位乐入者五十人。③

按,"有位乐入者五十人",文义不明,若言生员在国学中预留有席位,则无所谓乐与不乐,疑当作"有位乐人者","人""入"形近而讹。先秦即有以学生为典礼乐人之制,《礼记·月令》云:"仲春,……上丁,命乐正习舞,释菜。……仲丁,又命乐正入学习乐。"④《王制》"乐正崇四术"注云:"乐正,乐官之长,掌国子之教。"⑤《投壶》云:"乐人及使者、童子皆属主党。"注云:"乐人,国子能为乐者。"⑥皆为其证。汉代文献虽未有明确记载太学生参与典礼乐舞,然仍有迹可寻,《后汉书》卷三十五《百官志二》注引卢植《礼注》云:"汉《太乐律》,卑者之子不得舞宗庙之酎,除吏二千石到六百石及关内侯到五大夫子,取适子高五尺以

---

① 《南齐书》,第134页。
② 《通典》,中华书局1988年,第1340页。
③ 《南齐书》,第143页。
④ 《礼记正义》,影印《十三经注疏》本,中华书局1980年,第1362页。
⑤ 《礼记正义》,第1342页。
⑥ 《礼记正义》,第1667页。

上,年十二到三十,颜色和身体修洁者为舞人。"①而汉之太学最盛之时,生员中往往以官吏子弟为多,《后汉书》卷六十九《儒林传·序》云:"本初元年,梁太后诏曰:'大将军下至六百石,悉遣子就学。'"②可知当时太学生必有充作典礼乐人者,此制至南朝时尤未改。

5.《南齐书》卷九《礼志上》云:

> 尚书令王俭议:"中朝以来,释菜礼废,今之以来,释奠而已。……方之七庙则轻,比之五礼则重。"③

按,"释奠"之祭,自晋至唐,历朝祀典均列于五礼中之吉礼,其礼固轻于宗庙,然言"比之五礼则重",其义难明,疑"五礼"当作"五祀","礼""祀"形近而误。礼书中所谓"五祀"之祭有二,《周礼·春官·大宗伯》云:"以血祭祭社稷、五祀、五岳。"郑注云:"此五祀者,五官之神在四郊。四时迎五行之气于四郊,而祭五德之帝,亦食此神焉。"④此为祭五行之神。《礼记·曲礼下》:"天子祭天地,祭四方,祭山川,祭五祀,岁徧。"注云:"五祀,户、灶、中霤、门、行也。此盖殷时制也。《祭法》曰:'天子立七祀……'谓周制也。"⑤此则为小神之祭,等级较之庙礼相去太远,疑王俭所云"五祀"当为四郊迎气之祭。

6.《南齐书》卷九《礼志上》云:

> 尚书令王俭议:"皇孙冠事,历代所无……案《士冠礼》'主人玄冠朝服,宾加其冠,赞者结缨'。郑玄云:'主人,冠者之父兄也。'寻其言父及兄,则明祖在,父不为主也。《大戴礼记·公冠篇》云:'公冠自为主,四加玄冕,以卿为宾。'"⑥

---

① 《后汉书》,中华书局1965年,第3577页。
② 《后汉书》,第2547页。
③ 《南齐书》,第144页。
④ 《周礼注疏》,影印《十三经注疏》本,中华书局1980年,第758页。
⑤ 《礼记正义》,第1268页。
⑥ 《南齐书》,第145页。

按,"则明祖在,父不为主也",疑当作"则明祖在不为主也"。"在"字下衍一"父"字。王俭此议盖因永明五年(487),皇孙南郡王萧昭业当行冠礼,仪注有疑而发。王俭认为,晋宋以来"太子冠则皇帝临轩,司徒加冠,光禄赞冠。诸王则郎中加冠,中尉赞冠",均有成例,而南郡王为皇帝嫡孙,其冠礼"同于储皇则重,依于诸王则轻"①,所以其奏议中引经据典,先后指出拟将皇孙冠礼同于太子及诸王之误。《士冠礼》郑注说以冠者之父兄为主人,其意本甚为明了,但王俭为论证皇孙冠礼不当如太子之制,以皇帝为主人,故云"则明祖在不为主也"。若云"父不为主",不仅不合于经义,亦与王俭立论之初衷相违。《通典》卷五十六《嘉礼一·皇太子冠·齐》引王俭之议,即作"则明祖在不为主也"②,惟点校者据《南齐志》之文又增一"不"字,实为误改,亦当正之。

7.《南齐书》卷九《礼志上》云:

是故中朝以来,太子冠则皇帝临轩,司徒加冠,光禄赞冠。诸王则郎中加冠,中尉赞冠。③

按,"郎中"下疑脱一"令"字,当作"郎中令加冠"为是。郎中令与中尉同列,皆为国官中之重臣,《南齐书》卷十六《百官志》云:"国官,郎中令、中尉、大农为三卿。"④太子冠礼,加冠、赞冠之司徒、光禄,为三公九卿之属。诸王冠礼,所用亦当为王国高官,郎中仅为郎中令之下属,实不当与三卿中之中尉同预冠礼。此处行文有违于典礼常例,当以出校为宜。

8.《南齐书》卷十《礼志下》云:

贺循云:"从墓之墓皆设奠,如将葬庙朝之礼。"⑤

按,"庙朝"二字疑误倒,当作"朝庙"为是。"朝庙"指夕哭之后,死者下葬之

---

① 《南齐书》,第146页。
② 《通典》,第1577页。
③ 《南齐书》,第146页。
④ 《南齐书》,第330页。
⑤ 《南齐书》,第157页。

前,尚须移尸至宗庙行告庙之礼。其仪制,《仪礼·既夕礼》所记甚详,《既夕礼》云:"迁于祖,用轴。"郑注云:"迁,徙也。迁于祖,朝祖庙也。"①即为"朝庙"之义,若作"庙朝"则不文。《通典》卷一百零二《凶礼·改葬返虞议》亦引贺循之议,正作"朝庙",②可据乙正。

9.《南齐书》卷十《礼志下》云:

> 贺循云:"既窆,设奠于墓,以终其事。"虽非正虞,亦粗相似。③

按,此处标点有疑,"虽非正虞,亦粗相似"亦当为贺循之语,标点宜作"贺循云:'既窆,设奠于墓,以终其事,虽非正虞,亦粗相似。'"《通典》卷一百零二《凶礼·改葬返虞议》云:"循答曰:'既设奠于墓,所以终其事。必尔者,虽非正虞,亦似虞之一隅也。但不得如常虞还祭殡宫耳。'"④《通典》文虽小有不同,然其中"虽非正虞,亦似虞之一隅也"正与《南齐志》所谓"虽非正虞,亦粗相似"同义,均为贺循之议。此外《通典》云"既设奠于墓",而《南齐志》文作"既窆,设奠于墓",多一"窆",言设奠在下葬之后,与下文"所以终其事"呼应,实较《通典》为优。

10.《南齐书》卷十《礼志下》云:

> 皇太子穆妃服,尚书左丞兼著作郎王逡问左仆射王俭……⑤

按,"王逡"下疑脱去一"之"字,当作"王逡之"为是。今见南齐史料中并无名"王逡"者,《南齐书》卷五十二《文学·王逡之传》云:"逡之少礼学博闻。……升明末,右仆射王俭重儒术,逡之以著作郎兼尚书左丞,参定齐国仪礼。初,俭撰《古今丧服集记》,逡之难俭十一条。"⑥《文学传》之"王逡之",历官及与

---

① 《仪礼注疏》,影印《十三经注疏》本,中华书局 1980 年,第 1147 页。
② 《通典》,第 2685 页。
③ 《南齐书》,第 157 页。
④ 《通典》,第 2685 页。
⑤ 《南齐书》,第 161 页。
⑥ 《南齐书》,第 902 页。

王俭议丧服之制,均与《礼志》所记合,二者当即一人。

11.《南齐书》卷十《礼志下》云:

> 建元三年(481),太子穆妃薨,南郡王闻喜公国臣疑制君母服。俭又议:"……今皇孙自是藩国之王公,太子穆妃是天朝之嫡妇。宫臣得申小君之礼,国官岂敢为夫人之敬。当单衣白袷素带哭于中门外,每临辄入,与宫官同。"①

按,"国官岂敢"下疑脱去"不"字,当作"国官岂敢不为夫人之敬"为是。王俭此议,盖谓国官、宫臣均当为太子妃之丧行礼,故下文云:"(国官)当单衣白袷素带哭于中门外,每临辄入,与宫官同。"若作"岂敢为夫人之敬",文义则正相反,此处必有讹误,须当出校。

---

① 《南齐书》,第162页。

图书在版编目(CIP)数据

古代礼学礼制文献研究丛稿/闫宁著.—北京：
商务印书馆,2018
(雾光人文丛书)
ISBN 978-7-100-15315-7

Ⅰ.①古… Ⅱ.①闫… Ⅲ.①礼仪-古籍-中国-文
集 Ⅳ.①K892.9-53

中国版本图书馆 CIP 数据核字(2017)第 223602 号

古代礼学礼制文献研究丛稿
闫 宁 著

商 务 印 书 馆 出 版
(北京王府井大街36号　邮政编码100710)
商 务 印 书 馆 发 行
山东鸿君杰文化发展有限公司印刷
ISBN 978-7-100-15315-7

2018 年 1 月第 1 版　　　开本 710×1000　1/16
2018 年 1 月第 1 次印刷　　印张 15.75

定价：48.00 元